海南省哲学社会科学 2012 年规划课题

  （项目编号：HNSK（Z）12—50）

海南大学学科建设专项基金资助项目

  （项目编号：ZXBJH—XK018）

风险社会与人的发展

张治库 著

人民出版社

责任编辑:陈寒节

装帧设计:朱晓东

图书在版编目(CIP)数据

风险社会与人的发展/张治库 著. – 北京:人民出版社,2015.4

ISBN 978 – 7 – 01 – 014547 – 1

Ⅰ.①风…　Ⅱ.①张…　Ⅲ.①人学 – 研究　Ⅳ.①C912.1

中国版本图书馆 CIP 数据核字(2015)第 038589 号

风险社会与人的发展

FENGXIAN SHEHUI YU REN DE FAZHAN

张治库　著

人民出版社 出版发行

(100706　北京市东城区隆福寺街 99 号)

北京龙之冉印务有限公司印刷　新华书店经销

2015 年 4 月第 1 版　2015 年 4 月北京第 1 次印刷

开本:710 毫米×1000 毫米 1/16　印张:19

字数:300 千字　印数:0,001 – 2,000 册

ISBN 978 – 7 – 01 – 014547 – 1　定价:45.00 元

邮购地址:100706　北京市东城区隆福寺街 99 号

人民东方图书销售中心　电话:(010)65250042　65289539

目　录

第一章　风险社会的来临

　　正如德国著名社会学家乌尔里希·贝克在其《风险社会》一书中所指出的那样,现代社会是一个不仅不断生产和创造着风险,而且也通过其经济的、法律的和政治的制度将这种风险分配到社会的各个领域与各个阶层,从而使得社会构成的每一个体都时刻面临着风险侵袭的风险社会。① 事实正是如此,当人类社会的发展走出了由自然主导的封闭而自足的文明演化之后,就开始步入了一个由人类自我主导的社会大变革与文明大发展的时代。这个时代的到来,是以人自身主体性力量的扩张、客观化与异在化作为主要标志的,因而这个时代文明的发展必然会呈现出由技术创造与应用的无向性而导致的二重性。一方面,技术的持续进步与发展必然会为人类文明的进步注入越来越强劲的动力;另一方面,新的技术与新的产品在人类社会生产、社会生活领域无边界的应用,也必然会为人类现实的社会生活带来或造成巨大的风险。并且,其风险性是伴随着技术的进步与应用的深入发展而同步增长与扩延的。正是在这一意义上而言,由人的技术创造所主导的现代文明社会是一个蕴含着高度风险的社会。

　　现代社会的序幕是由人类的技术发明、创造及其应用所主导的工业革命而揭开的。我们知道,制造和使用工具是人类区别于动物的一个根本性的标志。人类基于生存的需求而对技术的发明与创造,不仅日益改变着社会生产与社会生活的方式,而且也极大地改变着人类社会的结构与组织形

---

　　① 参见乌尔里希·贝克:《风险社会》第一部分"生活在文明的火山上:风险社会概观",凤凰出版传媒集团译林出版社 2003 年版,第 13—57 页。

式以及社会生活的整体面貌。当然,技术进步对于人类社会生产与社会生活方式、社会结构与组织形式以及社会生活整体面貌的改造所具有的力量,虽然一方面与技术本身所具有的特质相关,另一方面也与其在人类社会生产与社会生活中的应用状况直接相联系,但是,在总体上而言,人类技术发明与创造对于人类社会的改造与社会文明进步的提升,其量能呈现着累积倍增的特征。人类技术的发现、发明及其创造与社会变革、社会发展之间所具有的这一关系特征,决定了技术进步与发展对于人类社会的变革及其发展的支持与推动,必然会呈现出由量能累积与倍增所引致的爆发性跃迁的景象与态势。传统社会的转型及其现代社会的发轫,正是由于人类技术的发明与创造在近现代以来突飞猛进的发展所导致的社会演进过程中的急剧变动与爆发性跃迁的反映。

工业革命时代的开启及其纵深化的发展对人类社会生产与社会生活方式、社会结构与组织方式以及社会生活整体面貌的改变所带来的巨大而深远的影响,是人类社会发展与演变过程中前所未有的。与人类已经历过的一切社会形态及其变迁不同,由现代科学技术的进步与发展支持并引致的工业革命所开启的现代社会的到来,标志着人类社会与人类文明的发展已跃迁到一个新的历史阶段。这一历史阶段的到来,不仅开启了人类社会与人类文明发展的技术整体依赖时代,而且也开启了人类社会生产、社会生活与文明演进的全面风险时代。正如马克思所指出的那样:"在我们这个时代,每一种事物好像都包含有自己的反面。……技术的胜利,似乎是以道德的败坏为代价换来的。随着人类愈益控制自然,个人却似乎愈益成为别人的奴隶或自身的卑劣行为的奴隶。甚至科学的纯洁光辉仿佛也只能在愚昧无知的黑暗背景上闪耀。"①

一、大变革时代的社会

基于现代科学技术进步与发展而发端的工业革命所开启的现代社会的

---

① 马克思、恩格斯:《马克思恩格斯全集》(第 12 卷),人民出版社 1962 年版,第 4 页。

到来,真正将人类社会与人类文明的发展带入到了一个整体大变革的时代。这一时代的到来,既是人类文化性累积增长的结果,也是人类社会在持续而不断的新的知识、技术的创造与广泛应用基础之上自在演进的必然。我们知道,由于人类对新的知识的创造、新的技术的发明与应用始终所持有的热忱与追求,因而使得人类社会的演变与发展呈现出由缓慢到较快、由较快到日益加速的特征。正如摩尔根所说:"人类发展进度始终是按照几何比例的,虽不是严格遵循这个规律,但基本上是如此。"①事实也正是如此。在工业革命为主导的现代文明到来之前,人类社会的发展与进步始终局限于各文明圈内部的自在演进而无法超越同一文明圈的限制,而真正超越同一文明圈内部自在演进状态限制的全球性的社会大变革,则是从英国的工业革命开始的。

工业革命之所以揭开了人类社会大变革的序幕,其根本的原因就在于:第一,工业革命是建立在现代科学技术支持基础之上的一场社会产业革命,它在结束人类社会生产对人力与自然力依赖时代的同时,开启了社会生产的工业技术依赖时代,从而揭开了人类社会产业革命与社会生产方式大变革的序幕;第二,工业革命引致的社会产业与社会生产方式的大变革,必然会深刻地影响并有力地推动人类社会组织结构、社会组织方式和社会关系形态的巨大变化,它在结束以血缘与地域为纽带的自然性社会组合的同时,开启了人类社会的个体性组合时代,从而揭开了人类社会现代化发展的序幕;第三,工业革命发展所带来的社会结构、社会生产方式、社会关系形态的变化,必然会深刻地影响到人类社会生存的基础以及社会意识形态的巨大变革,它在结束人类社会生活单一、封闭与稳定时代的同时,开启了多元、开放与变动的时代,从而将人类的社会生活带入到了一个发展与风险并存的时代。

纵观工业革命以来人类社会生产、社会生活方式与社会生活面貌的发展变化,可谓日新月异,翻天覆地。与建立在自然力(人力与畜力)依赖与

---

① 路易斯·摩尔根:《古代社会》,京华出版社 2000 年版,第 37 页。

地域性自然经济基础之上的传统的农业社会不同,工业革命所开启的现代社会是一个基于现代科学技术依赖所建构的产业高度分工与商品经济基础之上的开放、多元而复杂的社会形态。正因为如此,工业文明奠定并构建的现代社会必然有着与传统社会相区别的显著特征。因此,考察现代社会的发展变化及其在发展变化过程中所形成并呈现出来的区别于传统社会的特征,对于我们准确认识与把握工业革命以来社会的变迁与发展,以及这种变迁与发展对于人类生存与发展所带来的巨大、深刻而又深远的影响,无疑有着重要的价值与意义。

(一)工业革命以来的社会变化

从人类社会发展的历史进程来看,工业革命以前,人类社会的演进在总体上而言并未能突破地域性与自然性的限制,无论是社会生产力的提升、社会生产方式的变革,还是人类自身文化性的增长、社会生活方式的转变,抑或社会文明的演进与文明量能的增扩,都明显地受到地域性和自然性的制约,呈现出封闭性、自在性与稳定性的特征。因此,工业革命之前人类社会文明的演进,在总体上而言,是以一种多元线性的方式而展开的,是人类不同文明圈内部的自在演进,因而未能突破文明生长所依附的自然性与地域性的限制。但是,工业革命以降,人类社会文明的演进与发展却呈现出了前所未有的图景,或者说,出现了史无前例的大变革。正是这一史无前例的大变革,不仅将人类社会文明的演进与发展带入了一个对新的知识、新的技术、新的观念与新的思想依赖的现代化发展的时代,而且也将人类社会文明的演进与发展带入到了一个突破时空与疆域限制的全球化发展的时代。

1. 生产方式的革新与发展

我们知道,人类社会的发展与变迁,通常是从生产方式开始的。当然,生产方式的变革,则常常是由新的生产技术的发明、创造与应用而导致的。工业革命的爆发,集中反映了科学技术进步累积增长对人类社会生产方式变革所具有的巨大推动力。正是这一巨大的推动力,才使得人类社会的生产逐渐摆脱了对纯粹自然力与自然关系的依赖而由原始的、素朴的、简单的生产方式过渡到由各种机械力、电子信息技术支持的现代工业化与专业组织化的生产方式。这一转变,虽然是在人类科学技术累积增长对于人类社会生产方式持续变革推动的基础上出现或发生的,然而,无论如何,工业革命的到来,无疑宣布了人类社会生产对于纯粹自然力与自然性依附关系束缚的摆脱及其远离。

工业革命对于人类自然性的生产方式的突破,无疑是迄今为止人类社会生产发展与社会生产方式变迁过程中前所未有的巨大变革,是人类社会生产方式变迁乃至人类文明发展史上最为重大的历史事件。这一历史事件的发生,不仅终结了人类社会生产对于纯粹自然力和自然关系的依赖,而且在开启人类社会生产劳动机械化、智能化与专业化发展时代的同时,将人类社会的生产劳动由简单带入复杂、由自然力带入机械力、由分散的自然性劳动带入协作的专业化劳动、由封闭的自足性劳动带入开放的交换性劳动,并由此而开启了人类社会生产方式由缓慢演变到急剧变革的新时代。正因为如此,随着现代科学技术日新月异与突飞猛进的发展,社会生产方式变革的加速化发展,就成为工业革命以来人类社会生产方式发展与变革而呈现出来的最为引人注目的特征。

工业革命以来,人类社会生产方式的变革主要是围绕着技术的进步所开拓的智能化、专业化与组织化而展开的。变革的力度与波涉的领域、范围及其所产生的社会影响的深刻性,主要取决于一种新的技术的创造与应用对于社会生产、社会生活所具有的事实上的穿透力。基于这一认识的路径而言,自工业革命伊始迄今为止,科学技术尤其是工业技术所支持的人类社会生产方式,正在经历着比人类文明演进过程中任何时期都要剧烈和迅速得多的变革与变迁。这一变革或者说变迁主要反映在以下几个方面:

第一,从工业革命以来社会生产的动力支持系统的变化来看,自瓦特发明世界上第一台利用蒸汽为动能的机器以降,①人类社会生产与社会生活赖以展开的动力系统已发生了天翻地覆的巨大变化。从蒸汽对自然力(主要是人力和畜力)的代替伊始,到石油、煤炭、天燃气、电磁力、太阳能等各种物理、化学与生物能源在社会生产与社会生活领域的广泛应用,已形成了多样化和立体型的人类社会生产的动力支持系统,从而从根本上改变了传统社会背景下人类社会生产动力支持系统的单一性与自然性。

第二,从工业革命以来社会生产的工具系统或者说技术支持系统的发展来看,现代自然科学突飞猛进的发展为新的技术的发明与创造奠定了坚实的基础并提供了强劲的动力,因而自蒸汽动力机出现以降,人类社会生产的工具系统或者说技术支持系统,迄今已经历或者更确切地说已完成了包括蒸汽机的发明创造在内的三次大的变革,②并在这三次大的变革中,实现与完成了以机械化、智能化、自动化、信息化为基本特征的现代社会生产工具系统或者说技术支持系统的建构。正是由于以机械化、智能化、自动化、信息化为基本特征的工具系统或者说技术支持系统的建立,才使得人类现代劳动与传统劳动出现了根本性的分野。

第三,新的技术的发明创造及其在社会生产领域的广泛应用,必然会同时推动社会生产组织与展开方式的相应变革。工业革命以来人类社会生产的组织与展开方式的重大变革,充分说明了这一事实。如果说以蒸汽机的发明创造及其在生产领域的运用为标志的第一次技术革命开启了人类社会生产机械化与组织化的时代的话,那么,以电机的发明与电力的应用为标志

---

① 事实上,在英国仪表制造工詹姆士·瓦特(James Watt,1736—1819)发明第 1 台双向蒸汽机之前,人类对于各种自然力与机械力的有效应用,已经进行了多次卓有成效的探索。而瓦特的双向通用蒸汽机的发明与创造,无疑是在人类以往探索的基础上而展开并获得成功的。瓦特蒸汽机的发明与创造之所以重要,是因为它的诞生,在结束人类劳动对纯粹自然力和畜力依赖时代的同时,开启了人类社会生产的工业化时代。

② 人类社会生产的工具系统或者说技术支持系统的变革是伴随着新的技术的发明创造及其在生产领域的应用而展开的。根据现代科学技术发展的历史,工业革命以来人类社会科学技术的发展已经历了以蒸汽机的发明与创造,以电机的发明和电力的应用,以电子计算机、原子能和航天技术为标志或者说代表的三次巨大的变革。每一次技术革命的爆发,都无不以其新的更为先进的技术推进着人类社会生产的工具系统或者说技术支持系统的变革与发展。

的第二次技术革命,则将人类的社会生产带入到了一个电气化的大工厂生产时代,而以电子计算机尤其是互联网技术的发明与应用为标志的第三次技术革命的到来,则将人类的社会生产带入到了一个智能化、信息化与全球专业分工与协作化的一体化时代。由此可见,伴随着生产工具系统与技术支持系统的变革,工业革命以来人类的社会生产组织与展开的方式也发生了巨大的变革。

第四,技术的进步、工具系统的变革以及劳动组织与展开方式的专业化分工与协作的发展,最终都必然反映到社会生产的主体构成及其关系的变化上来。从工业革命以来社会生产的主体构成及其关系的变化来看,新的技术、新的工具系统在社会生产与社会生活领域的广泛运用以及社会劳动组织方式的变革,无疑都会对人类社会生产的主体构成及其生产关系带来深刻的影响。这种影响一方面反映在对劳动主体越来越趋于智能化与专业化的要求上,另一方面也反映在专业化分工与劳动对劳动关系发展的开放性、协作性和复杂性的要求上。从总的发展趋势来看,由于技术的进步、劳动工具的智能化发展、社会分工精细化与专业化程度的提升,因而使得工业革命以来人类社会的劳动及其主体之间的劳动关系愈来愈趋向开放、多元与复杂。

2. 社会结构形态的变迁

人类社会结构形态的变迁,是一个伴随着技术的进步、社会分化与分工的发展、社会构成主体文化性的增长而不断演变与发展的过程,其基本的趋势与规律是由缓慢到快速、由简单到复杂、由低级层次到高级层次。由于工业革命以来人类社会的发展与文明的演进开始步入了一个由市场与技术理性主导的快速变革的时期,因而这一时代人类社会的结构及其与之相应的社会生活,也就始终处于不断变动与发展的状态之中。在总体上而言,工业革命以来,随着科学技术的加速发展和对社会生产、社会生活的广泛渗透,以及社会产业分工的精细化发展和社会生活分化的加剧,人们身处其中的社会结构及其形态也就始终处于快速的变动与发展之中。其变动与发展主要体现为:一方面,新的社会关系形式的创造与形成使得传统的社会结构形态得以迅速的瓦解;另一方面,不断生成与创造的新的社会关系形式既使得现实的社会结构形态始终处于变动状态之中,也使得其日益趋向复杂、多样与开放。

考察工业革命以来人类社会结构形态的变化及其历程,我们必然会发现,尽管工业革命以来人类社会的构成结构及其结构的方式始终伴随着人类生产与交往技术的进步、社会分工与社会生活分化的精细化发展而日益复杂化、多样化与开放化,但是,从其所呈现出的发展趋势与基本特征来看,现代社会的结构形态及其结构方式无疑与人类以往的社会尤其是传统的农业社会有了巨大的差别。正是这一差别的出现或者存在,方导致了现代社会的组合在结构方式、结构形态上与传统社会的根本分野。这一分野主要通过以下几个方面而得到反映。

第一,现代社会的结构组合,在本质上而言是一种个体性的组合,而非如传统社会那样的群体性组合。现代社会技术进步所导致的社会分工的精细化发展,不仅使现代社会获得了解构传统社会结构形态的强大动能,而且也使现代社会的发展获得了强大的社会分化的能力。正是在这种强大的社会分化力的持续作用下,一方面,传统社会赖以存续的自给自足的自然经济基础被逐渐瓦解而代之以商品生产为主导的市场经济;另一方面,伴随着以血缘为纽带而组合的传统社会结构形态的解体,个体逐渐从对群的依附关系中解脱出来而成为真正独立自由的人。这就意味着,现代社会的结构组合已不可能建立在个体对以血缘为纽带的自然群体的依附性关系之中,而是相反。因此,与传统社会不同,现代社会的结构组合已不再是如传统社会那样围绕着血缘关系而粘合的自然性群体的组合,而是一种建立在个体独立性基础之上的社会性的个体组合。①

第二,与传统社会不同,现代社会的结构组合,不是建立在对自然性群体的依附关系之中,而是建立在个体独立与自由的社会组合之中。我们知

---

① 参见张治库:《生存与超越:人的存在与发展的文化性解读》一书关于"个体组合的历史演变"的论述。人民出版社 2012 年版,第77—80 页。

道,把处于自然性依附关系中的每一个社会成员持续分化而转变为独立自由的个体,是现代社会发展所呈现的基本功能与特征。这就意味着现代社会的结构性组合已不可能通过对以血缘为纽带而结成的自然性群体的聚合而实现,而是必须通过对无数独立自由的个体的有效整合才能够实现。那么,在失去自然性纽带联结的境况下,现代社会又是通过什么样的方式与手段而实现对个体的有效整合呢? 根据我国哲学人类学研究者韩民青教授的观点,工业革命以来人类社会的组合是一种突破了种、群与所属限制的整体性组合,是一种建立在社会充分分化与个体独立平等之协作关系基础上的社会范围内的全面整合。这一组合或者说整合的基础在于社会生活的充分分化与个体对种群依附关系的解放,而其形式则在于个体的劳动协作与对共同生活规范的遵从。① 事实的确如此,现代社会对个体的结构性整合,主要不是通过个体对种群的依赖关系而实现的,而是通过个体之间的协作关系而实现的。

第三,在结构形态上,由于现代社会的组合是一种基于劳动分工与社会生活分化基础上的个体性自由组合,因而这一组合必然呈现出极大的开放性与动态发展性。人类社会的劳动分工和社会生活的分化虽然是一个持续发展与演进的过程,但是,与人类已往社会所不同的是,现代社会的劳动分工与社会生活的分化是建立在现代科学技术日新月异的发展和自由主义经济全球拓展的基础之上的,因而有着人类已往任何时代都不可能企及的深刻性与广泛性。智能化、精细化、专业化、全球化是现代社会劳动分工与社会生活分化所呈现出来的基本特征。这一特征的存在,一方面导致现代社会个体的结构性组合日益趋向专业性与全球性,另一方面也导致现代社会的发展对个体的结构性整合始终处于不断的分化与重构之中,从而使现代社会的结构形态获得了前所未有的开放性与变动性。因此,与传统社会结构形态所具有的相对稳定性与封闭性不同,现代社会的结构形态是一个开放的与动态的结构系统。

---

① 参见韩民青:《哲学人类学》,当代世界出版社2000年版,第167—180页。

3. 制度与行为规范体系的变革

现代社会的发展,是在对传统社会解构的基础上而展开的。在这一过程中,不仅构成传统社会存在基础的生产方式遭到了全面的解构,而且那些用以维系传统社会存在并运行的制度与规范体系也逐渐遭到了全方位的解构。由于现代社会是建立在新的技术革命所导致的机械化大工业生产方式基础之上的全新的人类社会结构形态,因而这一社会形态的诞生及其发展必然是以传统社会形态的解构为前提与基础的。当然,现代社会发展对传统社会形态的解构过程并非只是一个摧毁旧世界的过程,更重要的乃是一个在新的社会历史发展条件下建构新的世界的过程。因此,在现代社会,不仅社会构成的基础条件发生了巨大的变化,而且社会运行的制度体系与人们行为的规范体系也始终在发生着巨大的变革。

第一,对现代社会的维系与运行而言,科学合理的制度与规范体系的建构与确立比传统社会更具有价值和迫切性。如果说传统社会的维系及其运行主要是建立在以血缘关系为纽带的人伦秩序、社会生活习俗与惯性的基础上的话,那么,现代社会的维系及其运行则主要是建立在社会公共生活与职业协作关系为纽带的规则、制度与行为规范等制度体系基础之上。我们知道,现代社会的结构组合不是建立在个体对自然性群体的依附关系之上,而是建立在个体独立自由的协作关系之上。因此,对于现代社会的维系与运行而言,只能依赖于科学合理的制度与规范体系,而不是别的。

第二,现代社会制度与行为规范体系的建构,是在对传统社会伦理与等级秩序的解构过程中逐渐建立的。我们知道,维系一个社会存在与运行的关系结构及其规范体系,尽管在不同结构形态的社会中存在着巨大的差异,但是,任何社会形态的存在及其发展都必须依赖于一定的关系结构与规范体系的支持,却是必然的。现代社会结构形态的存在及其运行,同样也是如此。当然,任何适应一定社会形态发展要求的关系结构与规范体系确立的过程,都必然是一个在对旧有的关系结构与规范体系的解构中逐步建构新的关系结构与规范体系的过程。

第三,现代社会的制度与行为规范体系是一个具有高度开放性、自足性的结构系统,因而也必然是一个动态发展的系统。适应现代大工业生产、自由经济运行和社会公共生活发展的要求,在对传统社会形态的解构及其现代社会生活的发展过程中,现代社会基于对自由而独立个体社会组合的需要,逐步建立起了维系与保障人类社会生产、社会生活诸领域有序运行的制度与行为规范体系,并通过立法的形式而予以固定化。这些制度与行为规范体系主要包括了:(1)维系和保障现代社会政治生活的政治制度与行政行为规范体系;(2)维系和保障现代生产、自由贸易、市场运行的经济制度与规范体系;(3)维系和保障社会公共生活有序进行的社会生活准则与行为规范体系。由此可见,构成现代社会人类生活的制度与行为规范体系是一个由涵盖现代社会人类共同生活诸领域、诸方面关系规范与行为规则所构成的复杂而多样的综合系统。并且,由于现代科学技术突飞猛进的发展所导致的现代社会生产、生活的持续分化与快速多变,因而必然使得适应这一要求而建构的现代社会制度与规范系统也始终处于开放和动态的发展之中。

4. 观念与意识形态的发展

任何社会或社会的任何变革与发展,既是由观念与意识形态的变革所引致的,同时,这种变革与发展,最终也必然会反映到人们的观念与精神层面而引致社会意识形态的变革与发展。现代社会的确立与发展,同样也是如此。一方面,现代社会的发展是在人自身的解放和技术理性成为主要意识形态的背景下拉开帷幕并展开的;另一方面,现代社会科学技术的进步与发展、社会劳动分工与社会生活的分化、人自身的不断解放所导致的主体意识的觉醒和文化创造力的持续释放与外化表达,同时也在极大地影响和改变着现代社会人们的心理与精神层面的变革,并进而不断地促进和推动着社会观念、意识形态领域的变革与发展。与传统社会不同,现代社会生活的开放性、复杂性与多变性,始终是推动和促进社会心理变迁、社会意识形态发展的重要动力根源。

第一,由于现代社会的结构组合是以独立自由的个体的产生为基础的,因而基于个体解放与自由创造要求的自我及其个体主义的主张,则成为现代社会观念与意识形态构成的重要内核。人的解放与自我的重新发现,是现代社会生成及其发展赖以实现的重要动力源。可以毫不夸张地说,没有对人的价值的重新发现和对人自身的解放,就不可能有现代社会的诞生,更不可能有现代社会的变迁与发展。因此,作为现代社会内生动力与基础的个体主义的理念必然会深刻地影响着人们的社会心理并进而上升为现代社会意识形态的重要构成。

第二,与个体主义理念相适应,关于自由、民主、人权、法制等基于个体主义理念实现的观念也必然会成为现代社会意识形态的重要构成。我们说,自由而独立的个体是现代社会结构形态组合与生存的基础,并且,持续地分化与生成独立而自由的个体是现代社会自身所具有的一项基本功能,因此,现代社会的演进与发展必然会内在地生成关于个人权利保障与实现的一系列观念、理念或理论。这些观念、理念或理论主要包括两个方面:一是关于个人价值与权利的观念和理论;二是关于如何保障与实现个人价值与权利的观念和理论。无疑,现代社会围绕着个体价值与权利的诉求、个体价值和权利的实现与保障而建构的观念意识形态,与传统社会背景下对个体存在所持有的认识与理念有着巨大的区别。

第三,科学技术作为人的本质力量的外化与表达,在现代社会生产与社会生活中扮演着至为关键的角色,成为现代社会进步与发展的重要推动力,因而围绕着科学技术的价值及其实现所生成的科技主义与工具理性的观念,也必然会成为现代社会意识形态的重要构成。现代科学技术是支持现代社会生成、运行与发展的重要的技术性动因,无论在现代社会的实践层面,还是在现代社会人们的日常生活与社会心理层面,都发挥着重要而深刻的影响。这种影响,由于其所具有的广泛性、深入性与深刻性而为人类社会历史发展过程中所仅见,因而科学技术进步与应用所导致的人们对科学技术的认知及其所持有的观念,必然会深刻地影响和改变着人们的心理与行为,并因此而成为现代社会意识形态的重要构成内容。

第四,一种开放的、自由与发展的理念必然会代替传统社会所形成的僵化与保守的观念而成为现代社会意识形态的重要构成。与传统社会形态下人类社会生活的单一性、稳定性与封闭性不同,现代社会由于技术进步所导致的人类活动对于时空界域限制的突破,因而必然会促使人类社会生产与社会生活始终呈现出开放性、多元性与变动性的特征。观念作为社会存在与社会生活的反映,其生成与发展,无疑都必须要受到社会存在与社会发展的制约。现代社会生活所具有的开放性、多元性与变动性特征,必然要求人们必须确立相应的观念,才能更好地适应之。倘若现代人依然如传统社会的人们那样抱残守缺而固步自封,则必不能适应日益变动与发展的社会现实。因此,一种开放、自由与发展的观念或理念的确立,就成为现代社会人们适应社会生活的必然要求。

(二)现代社会发展的基本特征

现代社会形态的开启,是人类社会发展与文明演进过程中的一个重大转折点,无疑具有里程碑式的意义。它不仅开启了人类文明演进的多元共融时代,而且首次将人类社会的发展与文明的演进推进到一个加速度发展的新的时代。由此可见,现代社会的存在及其发展,无论在结构组合方式、结构组合形态、发展动力与发展方式上,还是在社会生活面貌、人们的观念心态及其生活方式等方面,都与人类已往的社会和文明形态存在着巨大的差别。也正是由于这一差别的出现,才从根本上形成了现代社会区别于人类其他社会形态发展的重要特征。

与建立在生物依附性关系和自然经济基础上的传统社会不同,现代社会形态的生成及其发展,是与人类科学技术的进步、工业文明的诞生、人自身的解放和资本主义在全球范围的扩张有着直接的关系的。这就意味着,现代社会形态的生成、演进与发展有着与人类已往社会完全不同的基础和条件。因此,现代社会的存在及其发展,必然会呈现出区别于人类已往社会形态所不具有的诸多新的特征。这些特征主要表征为:一是基于现代社会自身内在扩张与发展需求而呈现的社会发展的开放性特征,二是基于现代社会内在分工与分化发展要求而呈现的社会发展的多样性和复杂性特征,三是基于现代社会内在联系与整体发展要求而呈现的社会发展的系统性特征,四是基于现代科学技术突飞猛进与现代社会生活快速多变而呈现的社会发展的加速度特征。

1. 现代社会发展的开放性

我们知道,现代社会的生成及其发展与人类已往任何一个社会形态都存在着巨大的差别。不仅社会生成、存在与发展的基础不同,而且社会发展的动力系统、发展的方式与发展的特征等也存在着巨大的差异。开放性的发展,即是现代社会区别于传统社会的重要特征之一。

与传统社会的生成、存在与发展不同,现代社会的生成、组合、存在不是以家族血缘关系所导致的自然劳动分工与劳动组合为基础的,而是以现代科学技术进步所导致的专业性劳动分工、社会生活的专业性分化和个体的专业性劳动协作为基础的,这就决定了现代社会必然是一个开放的与不断发展的社会,而不是一个封闭的与稳定的社会。开放性之所以是现代社会发展的主要特征,其根源就在于:(1)人自身的解放、自由独立性的获得以及由此而导致的现代社会组合方式的转变,为现代社会开放性的发展创造了重要的主体条件;(2)现代科学技术进步所导致的人类社会生产方式的不断进步、社会劳动分工的日益专业化与精细化的发展以及由此而引致的社会生活分化的持续演进,为现代社会开放性的发展创造了重要的客观条件;(3)现代自由经济制度的确立、社会生活尤其是政治生活民主化的发展,以及通讯信息、交往技术的日益进步与发展所导致的人类社会实践活动对时空界域限制的突破,为现代社会开放性的发展创造了重要的社会现实条件。

开放性作为现代社会发展的基本特征,主要表征在以下方面:(1)现代社会的结构组合是以自由个体的生成及其个体之间的劳动协作关系为基础的,这一组合方式出现,一方面从根本上突破了传统社会条件下社会组合的生物性依附关系所导致的人类社会生活的稳定性与封闭性,另一方面也使得基于自由个体劳动协作关系基础上的现代社会的结构组合获得了巨大的流动性与开放性;(2)基于个体劳动协作关系而出现的现代社会组合,由于社会专业化分工的持续发展,因而使得构成社会整体组合的社会各个部门、各个单元都不具有完全的封闭性与独立性,或者说,在现代社会组合条件下,任何一个社会构成部门和单元的存在,都必然是以关联部门和单元的存在为前提的;(3)与传统社会的发展依赖于外在力量或者反对力量的冲击不同,现代社会内在地蕴含并不断地滋生着持续分化和推动变革的强大力量,这种力量的产生,不仅使得现代社会的发展获得了巨大的内在驱动力,而且也使得现代社会的存在与演进获得了巨大的内在扩张力;(4)这种内在扩张力的生成,为现代社会的自我更新与自我发展提供了持续不竭的内在驱动力,因此,对于现代社会而言,发展所具有的开放性是其内在扩张力所导致的必然结果。

2. 现代社会发展的多样性与复杂性

现代社会发展的开放性特征,必然决定了其发展的多样性与复杂性。我们知道,任何一个开放的社会系统,都是一个自组织与发展的系统,因而不可能保持系统的单一性和绝对稳定性。这就意味着多样性、复杂性与自我发展性,是一个开放的社会系统所具有的必然性特征。与往昔人类主要基于生物性的依附关系所构建的社会形态不同,现代社会主要是基于自由个体之间的劳动协作关系而建构的。由于个体之间劳动协作关系的生成与缔结具有广泛的自主性与自由性,是以决定了基于这一协作关系基础之上的社会组合必然具有开放性、自由性、多样性与变动性等特点。

现代社会发展的多样性与复杂性特征的获得,其根源在于:(1)个体自由独立性的获得以及与之相应的个体之间劳动协作关系缔结的相对自由性,既决定了现代社会结构形态的开放性,同时也决定了这一结构形态发展的多样性与复杂性;(2)技术的进步、社会分工的发展与社会生活的持续分化,在促进社会生活领域不断精细化与多样化发展的同时,也导致了社会结构及其形态的日益复杂化;(3)现代交往技术尤其是通讯信息技术革命所导致的人类社会生活沟通与交往方式的多样化发展,在促使人类社会生产与社会生活日益突破时空界域限制的同时,也使得人类社会生产与社会生活方式更加多元化和复杂化。

多样性与复杂性作为现代社会发展的基本特征,主要表征在以下几个方面:(1)我们知道,现代社会的组合是以自由个体之间的劳动协作关系为基础的,而个体之间的劳动协作关系则由于劳动分工的专业化、精细化与智能化的发展而变得日益复杂与多样,因而现代社会的结构组合在本质上而言是一种系统、复杂而多样化的组合;(2)现代社会发展的多样性与复杂性不仅仅表征在其结构组合的方式与特征上,同时也表征在这一结构组合之下人类社会生产、社会生活方式和人们观念形态的多样性与复杂性上,由于把社会中的成员持续地转变为个体是现代社会的基本特征,因而建立在自由个体组合基础上的现代社会生产、社会生活方式及其人们所秉持的观念,则必然具有多样性与复杂性;(3)与此相应,现代社会的制度与规范体系、人们的行为方式等,在其发展与演变的过程中,同样也表现出一定的多样性与复杂性。

3. 现代社会发展的系统性与整体性

与传统社会不同,现代社会在本质上而言,既是一个结构复杂的功能系统,也是一个有着强大自组织和自我发展能力的有机系统。因此,对于现代社会的发展而言,不仅表现出开放性、多样性与复杂性的特征,而且也具有系统性与整体性的特征。现代社会的结构组合是建立在自由个体的劳动协作关系基础之上的,因而是一种系统性与开放性的结构组合。作为一种系统性的结构组合,现代社会形态构成的每一个基本单子、每一个结构要素、每一个子系统,都不可能外在于系统整体而独立存在,而是与系统整体有着密切的关系和关联性;作为一种开放性的结构组合,现代社会形态构成的每一个基本单子、每一个结构要素、每一个子系统,并非是孤立的封闭性的存在,而是始终处于一种彼此相互关联与互动发展的状态之中。

现代社会发展的系统性与整体性特征的获得,其根源在于:(1)现代社会作为人类建立在多样化、精细化之劳动分工与自由个体之多样化劳动协作关系基础之上的一种结构性社会组合形态,在本质上而言是一种系统性、整体性与开放性的组合,这一组合形态,正是其发展的系统性与整体性特征获得的重要根源;(2)现代社会科学技术突飞猛进发展所导致的人类社会劳动与社会生活的持续分化以及与之相应的独立而自由个体的不断生成,不仅为现代社会系统性与整体性的结构组合奠定了必要的基础,而且也使现代社会的发展始终呈现出多样性、复杂性、系统性与整体性的特征;(3)现代通讯信息技术尤其是国际互联网技术日新月异的发展所导致的人类实践与交往对时空界域的突破、国际劳动专业分工的日益纵深发展、一体化的世界市场体系的建立及其开放化的发展,则从根本上决定了现代社会形态诸构成要素之间必然具有高度的关联性与密切的互动性,从而为现代社会系统化与整体性的发展注入了强劲的内在动力。

系统性与整体性作为现代社会发展的重要特征,主要是通过以下几个方面而得以表征的:(1)作为一个有机的自组织的系统,现代社会生产与社会生活的各个领域、各个方面都不是一种独立的存在态,而是存在着十分密切的协作关系与互动关系,正是因为这种协作与互动关系的存在,从而使得现代社会人类的社会生产与社会生活在不断分化的基础上获得了高度的一体性;(2)作为一个开放的发展的系统,现代社会社会生产与社会生活的各个领域、各个方面不仅存在着高度的依存关系,其中一个领域、一个方面的变化必然同时会引起其他领域与其他方面的相应变化,而且社会生产、社会生活各个领域、各个方面内部诸要素之间也存在着密切的信息、能量互换和高度的依存关系;(3)基于开放性与自组织性之上的现代社会系统性与整体性的发展,是在社会生产、社会生活高度分化与多样化发展的基础上展开的,可以说,社会生产、社会生活高度分化与多样化发展,既是现代社会开放性与自组织性特征的重要表现,同时也构成了现代社会系统性与整体性发展的重要基础。

4. 现代社会发展的速度叠加性

现代社会的诞生,揭开了人类社会加速度发展的序幕。我们知道,现代社会不是建立在人的生物性依附关系、自然性劳动分工与产品经济基础之上的封闭性的社会形态,而是建立在独立个体的劳动协作关系、专业劳动分工与广泛的商品经济基础之上的多元化、开放性的社会形态,因而迥异于往昔人类在历史演进过程中所建立的任何一种社会形态,是一种自由、多元而又开放的社会形态。因此,如果说现代社会诞生之前人类社会的发展属于相对封闭的自在演进的话,那么,现代社会的到来,则将人类社会历史的演进推进到了一个全新的时代——一个开放的加速度发展的时代。当然,这一崭新时代的到来,既是人类社会发展与文明历史演进累积的必然结果,也是人类社会历史发展与文明演进到一个更高形态的标志。

我们说,现代社会的诞生开启了人类社会加速度发展的帷幕而将人类社会与人类文明的演进推进到一个快速多变的时代,其根源在于:(1)现代社会自身结构与运行的基本特征,决定了其内在活力与发展强劲动力生成的必然性:一方面,现代社会所具有的系统性、整体性的结构特征为其自组织性的自我发展奠定了重要的基础与条件,另一方面,现代社会开放性的结构特征为其自组织性的发展不断生成并持续注入了强劲的动力;(2)与人类建立在自然经济与生物性依赖关系基础之上的传统社会形态不同,现代社会不是一种封闭的、不同文明体单一独立演进的社会形态,而是一种开放的、不同文明体之间相互融合和彼此促进的社会形态,这就意味着现代社会的发展不仅获得了自身内在自组织而生成的动力源,同时也在与异质文明体进行交流与融合的过程中获得了强大的外部动力源;(3)现代科学技术突飞猛进的发展及其在社会生产、社会生活领域的广泛应用,在极大地改变和推进着人类社会生产工具、生产方式、社会生活方式现代化发展的同时,也为现代社会日益加速化的发展创造了重要的技术支持和越来越丰富的物质条件;(4)人的自我解放与主体意识的生成及其提升,在为现代社会自由、多样而又开放性的结构组合创造着越来越广泛的社会构成单子的同时,也为现代社会日益加速度的发展不断培养和塑造着越来越庞大、越来越富有活力与创造性的高素质的社会主体。

现代社会是迄今为止人类在历史的演进中所建立的最具有开放性与活力的社会形态,是人类基于工业文明基础之上而建立的更高层级的社会存在形式。作为开启人类文明彼此激荡而共生共荣时代的现代社会,其发展速度的叠加性主要表现在以下方面:(1)与人类以往的任何社会形态和时代不同,在现代社会,伴随着技术的进步、社会生产工具与生产方式的现代化发展,人类对物质财富的创造,无论在总体规模还是在量的增长速度上,都呈现出日益加速的态势,正如马克思所说:"资产阶级在它的不到一百年的阶级统治中所创造的生产力,比过去一切世代创造的全部生产力还要多,还要大"①;(2)不仅物质财富的创造是如此,现代社会人类对新的知识、新的技术的发现、发明与创造同样也呈现着日益加速发展的态势,尤其是以计算机和互联网为代表的现代通讯信息技术的发明、创造及其在人类社会生产、社会生活诸领域的广泛应用,在极大地推动着人类知识的传播、集聚与创造的同时,将人类社会的发展推进到了一个以生产新的知识、新的技术为主导的知识经济时代;(3)新的知识、新的技术的发现、发明与创造,不仅改变并日益加速着人类物质财富、精神财富创造的方式与速度,而且也日益加速改变着人类社会生活的观念、态度与行为方式,从而使得快速多变与不确定性成为现代社会人们必须面对的一种社会生活常态。

(三)传统社会向现代社会演进的根源

人类社会的发展,不仅遵循着历史的逻辑,同时也遵循着现实的逻辑。现代社会的诞生及其发展,既是传统社会自身发展与演进的必然结果,也是人类自身进步与劳动创造的必然结果。一方面,传统社会在其历史的发展与演进过程中不断孕育、催生着促使自身逐渐解体的因素或动能,这些因素或动能的日益累积,必然会汇集并形成一种导致传统社会形态趋于瓦解的强大的现实动能;另一方面,人类自身的劳动创造不仅在不断地催生着新的生产知识、新的生产工具、新的生产技术与新的生产方式,而且在这一过程中人类自身的基本素质和劳动能力也得到了大幅度的提升,所有这一切新的变化与新的因素的累积,都将为一个崭新时代的来临和一个新的社会形态的诞生做好了必要的条件准备。由此可见,传统社会向现代社会的演进与发展,既是以传统社会形态的解构与瓦解作为前在条件的,也是以适应并支持现代社会形态生成与发展所必须具备的新的社会因素、新的技术与条件为重要基础的。

1. 传统社会向现代社会的演进,是以自身的解构作为前在条件的

一种社会形态向另一种社会形态的转变或过渡,在本质上而言,是一场

---

① 马克思、恩格斯:《马克思恩格斯选集》,人民出版社 1995 年版,第 277 页。

深刻的社会变革与社会革命。这一变革或者革命的发生,一般而言,无不根源于事物内部自身的变化。传统社会向现代社会的演进或者说现代社会的诞生,同样也是如此。没有传统社会在自身的发展演变过程中对现代性因子的孕育与累积,则既不可能生成解构自身从而促使自身化蝶成蛹的内在动能,也更不可能为现代社会的诞生及其发展创造并准备出相应的必要条件。

考察人类社会由传统向现代的转变,尽管在不同的国家或不同的社会,事实上存在着各各相异的具体情况,因而不同国家或不同社会现代化发展的路径及其途程存在着巨大的差异,但是,无论选择什么样的路径、经历什么样的途程,任何国家、任何社会,其现代化的发生或者说社会的现代转型,都无不是以传统社会形态的解构作为先在条件的。纵观人类社会现代化发展大潮中不同国家、不同地区、不同社会走向现代化的历史轨迹,无论不同国家、不同地区、不同社会走上现代化发展的道路有多曲折、有多复杂、有多漫长,然而如果不能够在现代化的推进过程中摧毁阻碍现代性生长的旧的社会形态、社会结构的束缚,则现代化的推进与发展都将成为不可能。

从人类不同国家、不同地区、不同社会已经历的现代化发展的历史过程来看,传统社会的解构及其向现代社会的转型,虽然是一个极其复杂而漫长的过程,不仅涉及到诸多复杂因素的变迁,而且也涉及到旧的结构形态、制度体系的解构以及适应现代性生长的新的社会秩序、社会结构形态的建立等问题,但是,基于人类社会现代性生成与发展的类型,我们可以将传统社会的解构形式区分为"自我内生解构"与"外源被迫解构"两大类型。所谓"自我内生解构"指的是传统社会在其发展演变的过程中自我内生出解构自身的力量而实现自我解构的形式,而所谓"外源被迫解构",则指的是传统社会在其发展演变的过程中未能自我内生出解构自身的力量而由于遭遇外力的推动被迫实现社会形态解构的形式。一般而言,"自我内生解构"一般发生在"内源型"现代化的国家,如英国就是典型的代表,而"外源被迫解构"则一般发生在"外源型"现代化的国家,如日本、中国等后发型现代化的国家。①

无论"自我内生解构"还是"外源被迫解构",传统社会在向现代社会演进与转变的过程中社会结构形态的解构,事实上都是一个旧的社会结构形态逐渐瓦解而新的社会结构形态逐渐生成的过程。只不过,在"自我内生解构"的社会形态转换中,旧的社会形态解构的动力主要来自于同一社会形态的内部,而在"外源被迫解构"的社会形态转换中,旧的社会形态解构的动力则主要来自于外在的异质社会或文明形态遭遇的冲击。在传统社会向现代社会演进与转变的过程中,传统社会形态的解构之所以重要,乃是因为传统社会结构形态的解构过程即是一个现代性生成与新的社会结构形态逐渐建构的过程。倘若没有传统社会结构形态在现代性因素生长过程中的解构与解体,则不仅现代性的生长会遭受到重重阻力而成为不可能,更遑论新的社会形态的建构与确立了。正是在这一意义上而言,没有传统社会形态的解构与解体,也就不可能有传统社会向现代社会的演进与转变。

2. 传统社会向现代社会的演进,是以现代性的增长与累积作为重要基础的

在一定意义上而言,无论传统社会形态的解构与解体,还是现代社会形态的构建与确立,莫不是以现代性的增长与累积作为重要基础的。一方面,传统社会演进过程中现代性因素的生成、生长与壮大,是促使旧的结构形态与制度体系瓦解的唯一力量,没有这一力量的集聚与积累,则不可能有传统社会结构形态的解构与解体;另一方面,现代性因素在传统社会发展过程中的生成、生长、积累、集聚与壮大,同时也必然会为现代社会结构形态的构建与确立创造出重要的基础与条件,没有这一基础与条件的生成,则也不可能有现代社会形态的建构与最终确立。

当然,传统社会向现代社会演进过程中现代性因素的生成、成长、积累与集聚,乃是一个相当复杂而漫长的过程,并且不同国家、地区或社会由于

① 关于人类社会现代化发生类型的论述,参见罗荣渠:《现代化新论》第五章之"两种不同的现代化进程",北京大学出版社1993年版,第123—124页。

历史文化传统、现实状况及其现代化路径选择的差异而呈现着不同的情况。一般而言,无论是"内源型"现代化的国家,还是"外源型"现代化的国家,其现代化的发生及其传统社会的解体与转型,都需要经历一个现代性因素生成、成长、积累与集聚的过程。只不过,"内源型"现代化国家社会现代转型过程中现代性因素的生成、成长、积累与集聚,主要是通过传统社会内部因素的变迁、转化与变革而实现的;而"外源型"现代化的国家,则主要是通过外部现代化力量的推动引致传统社会内部因素的变革和新的现代性因素的生成而实现的。

传统社会向现代社会演进与转变过程中现代性因素生成、成长、积累与集聚的过程,其本质是通过这一过程而培育、生成与积累起足以导致传统社会形态解构的强大现实力量并为新的社会形态即现代社会形态的建构与确立奠定充分和必要的社会主客体条件。因此,在这一过程中,现代性因素培育、生成与积累的状况如何,不仅直接影响和决定着旧的社会因素、旧的社会结构形态能够被解体与摧毁的进程及其可能达到的程度,而且也直接影响和决定着传统社会向现代社会转变的进程、程度以及社会整体现代化可能实现的程度。从历史的视阈来看,无论是内源的现代化还是外源的现代化,如果一个国家或社会因历史文化的积淀而形成的传统因素愈深厚与沉重,则其实现转型与现代化发展的历程也就愈复杂、曲折与漫长;反之,则比较简单、迅速与彻底。或者换言之,如果一个国家或社会在其由传统向现代的转型过程中培育、生成与积累的现代性因素愈充分,则其实现社会转型而达之现代化的途程也就愈迅速与通畅;反之,则愈曲折与艰难。

3. 科学技术进步所引致的社会生产方式的变革与社会生活的分化发展,是导致人类传统社会解体并向现代社会转变的根本动力

如同历次社会大变革一样,在农业文明主导的传统社会向工业文明主导的现代社会的转变中,科学技术作为第一生产力,在推动这一转变的最终实现过程中起了决定性的作用。这一作用主要体现在:第一,每一项具有革命性意义的技术的发明、创造与应用,直接促进和推动了人类社会生产方式的变革,极大地提高了人类社会的生产能力与生产力发展水平;第二,当科

学技术革命所导致的人类社会生产方式的变革、生产力的提升与人类社会实践交往方式的改进发生直接关系时,则其变革的意义就具有了突破时空制约的超越性;第三,科学技术是人类创造性实践活动的结晶,是人的本质力量的对象化与延伸,因而任何一项重大技术的发明与创造都标志着人的本质力量的提升,而这种本质力量的延伸与提升,又反过来成为进一步促进人的解放与发展的动力性条件。由此可见,科学技术作为人类社会发展与进步的重要推动力,在社会的变革与文明的演进中起到了任何东西也不可替代的催化或者点石成金的作用。

从人类社会现代化发展的历史事实来看,没有科学技术进步所导致的工业革命的兴起,就不可能有人类社会生产方式的现代转变,当然也就不可能有人类社会现代化的发生、发展与在全球范围内的扩衍。人类社会现代化的发端,之所以能够肇始于十八世纪的欧洲,乃是因为欧洲社会尤其是英国在经历了文艺复兴运动的洗礼与近代自然科学技术长期发展的积累后,整个社会的发展已濒临变革的前夜。1783 年,英国仪表制造工詹姆士·瓦特(James Watt,1736—1819)发明制造了世界上第一台双向蒸汽机,从而宣布了一个新的时代的到来。这个新的时代,就是人类自觉地控制与利用各种自然力为人类社会发展服务的工业文明时代。显然,这一时代的到来,无疑标志着一个以血缘为纽带、以自然经济为基础、以人畜力生产为主导的农业文明时代或者说传统社会的解体和一个以专业劳动分工与协作为纽带、以大工业生产与商品经济为基础、以机械力和知识生产为主导的工业文明时代或者说现代社会的开启。

由科学技术的进步所导致的工业革命的兴起之所以开启了人类文明发展的新时代和人类社会现代化发展的新途程,其根源就在于:第一,工业革命的兴起,彻底改变了几千年来人类生产劳动主要依赖于人畜力的历史,意味着人类从对自然力和异化的社会力的盲目崇拜中实现了一次巨大的解放;第二,工业革命的兴起对工业文明时代的开启,结束了人类文明区域线性演进的历史,首次开创了世界历史,从而迎来了人类文明全球多元演进的新时代;第三,工业革命的兴起,开启了人类社会现代化、全球化与增量化发展的新时代,从欧洲工业革命的兴起,到今天信息时代的来临,人类在短短的不到五百年的发展中所呈现出的以乘数比例加速增长的图景以及由此而导致的人类社会生产与社会生活面貌天翻地覆的变化,乃是令人极为震撼与鼓舞的。

由此可见,科学技术进步的力量,在一次又一次以神奇的魅力不断推动着人类社会生产方式与实践交往方式变革的同时,也使得肇始于工业文明时代的人类社会大变革以前所未有的速度与方式扩展到全球不同的地域、不同的国家与不同的社会,并由此而不断地推动着人类社会生活整体面貌的改变与人类文明发展的历史进程。

总之,人类社会发展由传统社会向现代社会的演进与转变,在本质上而言,是一个社会整体进步与发展的过程,是人类文明由低级层次状态向高级层次状态发展的表征。在这一过程中,不仅仅是生产方式与交往方式的变革所导致的社会经济的增长,而是社会结构的整体变革与发展。主要表征是:第一,现代生产方式取代传统生产方式,从而导致社会经济的快速增长。据不完全统计,世界工业品的年均增长率,1705—1785 年为 1.5%;工业革命后开始猛增,达到 2.5%;1840—1860 年达到 3.5%;二战后从 1948 年到 1977 年猛增到 5.6%[①]。第二,现代交往方式取代传统交往方式,从而导致传统的稳定与封闭的社会结构的解体,变动性、多元性与开放性成为现代社会的主要特征。工业化、市场化、信息化的迅速发展,使得世界各国政治、经济与文化的发展具有愈来愈高的依赖性与统一性。第三,随着传统社会的解体、现代社会的形成与发展,人们自身的观念与素质发生了巨大的变化,从而使现代观念取代了传统观念、现代生活方式代替了传统的生活方式,法制化、民主化、科学化,成为现代人生活的基本理念和主导原则。因此,传统社会的解体,现代社会的形成、发展与变迁,无疑是人类文明的巨大进步,对人类自身发展所带来的影响,乃是极为深刻和深远的。

---

① 参见罗荣渠:《现代化新论》,北京大学出版社 1993 年版,第 142—144 页。

二、无处不在的风险

由科学技术进步与工业革命所开启的现代社会形态及其建立在这一形态基础之上的现代社会文明,一方面极大地解放了人类自身并提升了人类改造与创造自然的能力,在促使人类自身的存在与发展从对自然性的依附关系中解放的同时,有力地推动了人类文明演变的历史进程,使人类社会由封闭的、相对简单的传统社会形态跃迁到开放的、多元的现代社会形态;另一方面,现代生产方式的迅猛扩张,使得全球社会工业化、城市化、市场化、信息化的进程日益加速,导致人类发展与自然、社会的矛盾日益突出与尖锐化,从而使人类的发展陷入愈益深刻的危机之中。正如有的学者所说,现代化是一把双刃剑,它既创造了人类前所未有的物质财富与精神财富,同时又对人类的生存与发展提出了严峻的挑战,导致人类文明的发展陷入难以克服的悖论之中。这种难以克服的悖论,无疑将人类社会的发展导入一种始终无法逃离或摆脱的风险状态。

(一) 现代社会发展的风险性

当人们尚未来得及从对工业文明巨大威力的惊叹之中清醒时,现代科学技术的进步所推动的工业技术与信息化的发展已经将人类社会文明的演进推进到了一个足以令人万分惊诧和目瞪口呆的境地。正如阿尔温·托夫勒在《第三次浪潮》一书中所言:"可以毫不夸张地说,从来没有任何一个文明,能够创造出这种手段,能够不仅摧毁一个城市,而且可以毁灭地球。从来没有整个海洋面临中毒的问题。由于人类贪婪或疏忽,整个空间可以突然一夜之间从地球上消失。从未有开采矿山如此凶猛,挖得大地满目疮痍。从未有过让头发喷雾剂使臭氧层消耗殆尽,还有热污染造成对全球气候的威胁。"[①]虽然阿尔温·托夫勒的言辞有点言过其实,甚至有点危言耸听,但是,阿尔温·托夫勒关于工业文明时代人类社会发展可能出现的灾难性后果的描述,无疑具有重要的警示意义。

---

① 阿尔温·托夫勒:《第三次浪潮》,三联书店 1983 年版,第 175—176 页。

事实上,现代社会从其诞生的那一天起,就已经内在地蕴含着通向危机与风险的宿命。一方面,伴随着科学技术的进步与工业革命的发展对人的主体性的解放,人类征服自然与改造自然的能力得到了前所未有的提升,并由此而极大地或者说过度地催生了人的自我意识与主体意识的膨胀;另一方面,人类征服自然与改造自然能力的每一点或每一次、每一步的提升,都将意味着人类对自然的进一步疏离以及自我毁灭能力与倾向性的进一步递增。正如恩格斯所告诫我们的:"我们不要过分陶醉于我们人类对自然界的胜利。对于每一次这样的胜利,自然界都对我们进行了报复。每一次胜利,起初确实取得了我们预期的效果,但是往后和再往后却发生完全不同的、出乎意料的影响,常常把最初的结果又消除了。"①

不仅如此,结局也许并非仅仅是"把最初的结果又消除了",而是过犹不及,乃至更为悲剧与无可奈何。正如安东尼·吉登斯在其《失控的世界》一书首页所引用大主教沃尔夫斯坦布道时警告的那样:"这个世界正急匆匆地走向它的尽头"。② 所有这些警示,无不昭示着这样一个引人深思并令人忧虑的事实:工业革命以来人类社会文明的发展由于人类自身主体性的肆意扩张和任意妄为而面临着愈来愈深刻的危机与风险。

有人说,现代社会发展蕴含的内在风险,就是一座文明的火山。"在山的表面是郁郁葱葱的森林,生机盎然,山的下面却涌动着炽热岩浆的暗流,一俟岩浆喷发就会给盎然的生机带来毁灭性的破坏"。③ 的确,现代文明的发展虽然造就了高度发达的现代生活,但是同时也创生着日益加剧的各种风险与危机,并对整个人类生活形成根本性的威胁,倘若一旦危机爆发,则可能会导致人类社会生活的整体崩溃。如果这一观点或事实成立的话,那么,则无疑意味着建立在现代科学技术与工业文明基础之上的现代社会形态内在地蕴含或者说滋生着导致自身解体与崩溃的风险或危机。面对着这

---

① 马克思、恩格斯:《马克思恩格斯选集》(第4卷),人民出版社1995年版,第383页。

② 参见安东尼·吉登斯:《失控的世界》,江西人民出版社2001年版,第1页。

③ 庄友刚:《跨越风险社会—风险社会的历史唯物主义研究》,人民出版社2008年版,第50页。

一愈来愈凸显与清晰的事实倾向,倘若我们人类不能够以理性的态度展开深刻的检视与反省并作出正确而切实可行的应对而任其恣意发展,则大主教沃尔夫斯坦"这个世界正急匆匆地走向它的尽头"的警示就会变成一种无可避免的事实。

正如乌尔里希·贝克所判断的那样,现代社会不仅是一个蕴含着巨大活力与创造性的社会,更是一个充满了各种各样无法预料的危机与风险性的风险社会。而尤为令人沮丧的是,现代社会危机与风险性的产生及其强化,乃是与其自身所内含的活力与创造性有着直接的关联性的,二者之间存在着一定的伴生与正相关的联系。这就意味着,现代社会在其发展的过程中生成并内生的活力与创造性愈大、愈强,则其可能导致或引发的社会发展的危机与风险性也就愈为深刻、强烈与广泛。正因为如此,现代社会自其诞生以降几百年的发展演变,不仅依赖科学技术尤其是通讯信息技术突飞猛进的发展而内生与累积了前所未有的巨大的社会活力与创造力,而且也内生与累积了广泛而深刻的社会危机与风险。衍生于原初而累积、扩展于发展的巨大的社会发展危机与风险,已极为深刻地渗透并扩延到现代社会人类生产与生活的各个领域、各个层面、各个方面,从而导致现代社会的发展迈入到一个全面风险的时代。

现代社会的发展与演进,不仅内生和累积着日益深刻而广泛的危机与风险,并且也必然会通过其内在运行与演进的特殊机制而将这一日益深刻而广泛的危机与风险分配、扩展到社会生产、社会生活的各个领域、各个层面,从而使现代社会生活构成的各个方面、各个因素及其社会构成的每一个个体都始终面临着日益广泛而深刻的危机与风险。因此,对于现代社会人类的生存与发展而言,无论何时何处,都将无可避免地结成并始终面临着形形色色、错综复杂的矛盾与风险关系。

总括现代社会人类生存与发展可能面临的危机与风险,我们可以归结为以下几个方面:

一是科学技术的进步、工业文明的兴起与社会现代化的发展,彻底改变了人类在漫长的进化、演变与发展过程中所建立的对大自然高度依赖甚至依附的关系而成为一种对立性关系。这种对立性关系的生成,一方面标志着人类征服与改造自然的能力得到了极大的提升,这种能力甚至于达到了足以让地球毁灭的程度,但是,另一方面,无疑也标志着人类对自然的进一步远离、背反甚至于主宰与奴役。人类与自然关系的疏离、背反,不仅过度地滋长并纵容了人类自我意识、主体意识无界域的扩张以及对自然的主宰与奴役,而且在这一意识与心态主导下对大自然的贪婪及肆无忌惮的攫取所导致的人类生存与发展的危机,足以令人怵目惊心!加拿大当代著名的宇宙学哲学家约翰·莱斯利教授在其《世界的尽头—人类灭绝问题的科学与伦理学研究》一书中,就现代社会人类发展所面临的种种威胁进行了详尽而深刻的描述与分析。他认为,现代社会人类的发展,不仅面临着许多公认的危险,如核战争、生物战争、化学战争、温室效应、环境污染、疾病等等,而且还面临着诸多未被人们充分认识与认可的危险,如天体自然灾害、科技进步可能引发的种种无法预料的灾难以及来自哲学与宗教的风险等等。① 而所有这些灾难或危险的可能性发生,无疑大都与人类自身与自然关系的改变有着直接的关系。

二是社会劳动的专业化分工、生产方式的技术性变革、商品经济的世界性扩张,在极大地改变着人类社会结构方式、结构特征和社会生活面貌的同时,导致人们之间结成的社会关系也发生了巨大的变化。这种变化,一方面表明了现代社会人类社会关系的多元化、丰富化与复杂化,但是,另一方面,无疑也使得人与人、人与社会之间各种错综复杂关系的应对与处理变得更为艰巨或困难,而且也必然会引致并加剧人类社会生活矛盾、冲突的尖锐化与频仍化,甚或造成人类发展的各种危机与风险。就世界性的图景来看,工业革命爆发以来资本主义的世界性扩张,不仅导致了人类生存对自然环境毁灭性的摧残,同时也彻底撕裂了人类文明自在演进时期所建立的相对稳定与和谐或者绥靖的生活关系,从而使得人与人、人与社会、国家与国家、民

---

① 参见约翰·莱斯利:《世界的尽头—人类灭绝问题的科学与伦理学研究》,江苏人民出版社2001年版,第15—26页。

族与民族、地区与地区之间的竞争与冲突成为人类社会生活的一种常态。两次世界大战的爆发，美苏两个几乎波及到全球人类的冷战与对峙阵营的出现，极端宗教派别、民族主义、恐怖主义在全球范围的滋生与蔓延，以及世界范围内贫富分化所导致的绝对贫困人口的持续增长等等。毫无疑问，这些危及人类安全生存与健康发展问题的不断涌现及凸显，都无不与工业革命以来资本主义生产方式、生产关系在世界范围内的扩张与加剧有着直接的关系。

三是个体自我意识的高涨、自由主义的发展、现代社会生活的日益技术化与快速多变所导致的不确定性及其由此而引致的个体社会生活的瞬时化、碎片化的发展，一方面极大地丰富与拓展了现代人社会生活的内涵与场域空间并为其自主性、创造性的发挥提供了更为自由而广阔的主客体条件，但是，另一方面，无疑也严重地制约或阻碍了现代人完整而健康人格的生成、养成与塑造。工业革命以来各种技术手段、技术工具、技术方式对人类社会生活的锲入，在极大地推动着人类社会生活分化的日益加速与快速发展的同时，也使得构成人的本质的各种现实关系的建构出现了碎片化与瞬时化的特征。这一特征的出现，不仅使得现代人在现实的生存与发展过程中难以建立起相对稳定而一致化的"关于我的存在的关系"，而且也使得现代人的存在与发展出现了与自身存在关系严重疏离化发展的倾向。正如我国著名社会问题研究者赵鑫珊教授所说："现代技术文明使人远离了、模糊了、迷茫了人的原初存在，疏远了'人作为人的天命'，构成了二十和二十一世纪交替之际最高层次上的危险，哲学上的危险，本根上的危险。"[①]于是，自我认同的危机、精神世界的坍塌以及由此而引致的各种各样且千奇百怪的认知偏执与错位、心理疾病、精神障碍等等，不仅已成为现代社会人们日常生活必须面对和解决的问题与困扰，而且也已构成现代社会人类健康发展与幸福生活的重大威胁。

检视人类社会现代化发展的历程尤其是刚刚过去的 20 世纪，人类没有

---

① 赵鑫珊:《人类文明的功过》,作家出版社 1999 年版,第 465 页。

任何理由让自己轻松和沾沾自喜起来,正如约翰·奈斯比特所说:"从某种意义上说,20世纪曾经历了自己的中世纪——高技术的发展和以用机器取代人为特征的高度工业化时期,极权政治和战争摧残了人和人类文化。"①在技术与财富越来越成为"文明标榜与象征"的今天,"人从来没有像现在这样成为有疑问的;他不再知道他是什么并知道自己不知道。由于不能确定自己的道路,由于自己有疑问,因此,他以无比的忧虑研究他自己的意义和实在,研究自己来自何方、走向何方。"②站在文明的"荒原"上,人类需要在俯视着那些代表现代文明辉煌成就的物质之林中真诚地追寻自己真实的身影,去追问"本真的我"和何以成为"本真的我"。可以说,"我"的确立与"我"的丧失,恰恰成为现代社会人类发展一切危机与风险生成的根源。

(二)现代社会风险产生的根源

现代社会发展的危机及其风险性的产生,乃是与现代社会运行的特征及其内在所含蕴的矛盾性有着直接的关系的。说到底,人类生存与发展所遭遇到的任何一种风险,都存在着其内在的合理性,是人类社会演进、运行与发展必然结果的体现与反映。现代社会发展的危机与风险,同样根植于现代社会的内部,是现代社会内部矛盾运动的结果与反映。因此,对于现代社会发展风险性的认识与探讨,我们也必须着眼于现代社会自身,从现代社会自身内在结构形式、运行特征及其内含的矛盾冲突性中去分析与探讨。惟其如此,我们才有可能真正揭示出现代社会风险生成与发展的根源,并展开有目的、有计划和有针对性的风险预防与应对。

我们知道,与已往人类在生存与发展中所建立的任何一种社会形态都不同,现代社会无论其建立的基础条件,还是其结构的方式与运行的特征等等都存在着自己的特殊性,表现出区别于传统社会形态的本质特征。从支持现代社会建构的基础条件来看,现代科学技术及其由此而导致的现代生产方式的生成及其发展,乃是决定现代社会形态生成与发展的最重要的基

---

① 约翰·奈斯比特:《大趋势》,三联书店1988年版,第66页。
② 兰德曼:《哲学人类学》,上海译文出版社1988年版,第47页。

础条件,因而是造成现代社会发展风险生成的最重要的因素;从现代社会结构的方式与特征来看,专业劳动分工的精细化发展及其由此而导致的独立个体之间自由而多样化的劳动协作关系,乃是现代社会结构生成的重要纽带与基础,同时也是造成现代社会结构性矛盾的重要根源,因而对于现代社会发展风险的形成也产生着重要的影响;从现代社会运行的特征来看,社会结构的系统化与网络化发展、现代交往技术手段对时空界域的突破,一方面决定了现代社会的运行与发展必然呈现出愈益强烈的系统性、整体性与一体化的特征,另一方面也使得现代社会的运行与发展获得了更大的开放性、多元性与复杂性,这一背反的现象,既构成了现代社会运行与发展过程中内在的矛盾性,同时也为现代社会发展风险的产生制造着广泛的可能性。正是基于这一认识,我们认为,现代社会发展的风险,无疑根植于现代社会自身,而不是外在于现代社会的别的什么地方。

1. 现代生产方式的悲剧

现代生产方式是伴随着现代科学技术的进步及其成就在社会生产诸领域的广泛应用而出现并发展的。与传统的人类生产方式相比,现代生产方式不仅具有无可比拟的优越性,而且也有着传统生产方式所不具有的特殊性及其相应的功能。由于这些特殊性及其功能的展开具有完全背反的二重性,因而现代生产方式在人类劳动过程中推进得愈深入与广泛,则其所造成的相应悲剧性结果也就愈益凸显,而其形成或者引致的发展危机与风险,自然也就愈大。

与传统的人类生产方式相比,现代生产方式的特殊性主要在于:第一,现代生产方式主要是依赖于现代科学技术与生产工具而展开的一种人类劳动方式,生产工具的机械化、生产过程的自动化、生产流程的技术化是其所呈现出来的主要特征;第二,人机依赖以及建立在技术化、自动化基础之上的个体劳动分工与协作关系是现代生产方式背景下人类结成的主要劳动关系;第三,由以上两点所决定的社会劳动的专业化与组织化发展以及社会整体劳动效率的持续而大幅度的提升,是现代生产方式所具有的第三个重要特征。

现代生产方式所具有的上述特征，一方面决定了其所具功能的优越性与强大性，即在现代生产方式之下，不仅人类改造自然的能力得到了大幅度的提升，而且改造自然的效率也得到了前所未有的提升，但是，另一方面，现代生产方式的扩展与在人类劳动诸领域、诸过程的普遍化运用，无疑进一步导致了人与自然、人与人之间关系的疏离，从而完全改变了传统生产方式之下人类所建立的与自然、与他人之间的纯粹依赖关系而为一种对立性主导的关系。这就意味着，现代生产方式愈普及、生产的现代化程度愈高，则人与自然、人与他人之间的关系也就愈加疏离和对立。由此可见，现代生产方式是一种自身就蕴含着内在冲突与矛盾的生产方式，因而也就必然内生着引致社会风险生成并发生的内在根据。

2. 技术文明的困境

在一定意义上而言，现代社会是一个由人类创造的各种技术所支持并构建的人化的社会形态。虽然人类改造自然能力的提升、社会文明演进的每一次或每一方面的突破都与新的知识、新的技术的发现、发明与创造有着直接的关系，或者说，正是由于人类在实现自身生存与发展的斗争中对新的知识、新的技术的发现、发明与创造，才不断地推进并提升着人类征服自然、改造自然的能力，并由此而推动着人类社会文明的日益进步与发展，但是，在人类社会历史发展的进程中，像现代社会这样完全依赖并建立在技术支持之上的社会形态，却未曾出现过。

环顾21世纪的今天，在我们人类生存的这个星球上，几乎再也无法找到那种古老的未曾受到技术文明干预与影响的人类社会生活。自技术的进步开启了工业革命的历程以降，技术自身也因工业革命的助力而犹如脱缰的野马，绝尘奔腾，一日千里，飞速发展。与此同时，新的技术从研发到在人类社会生产与社会生活过程中的应用，期间所经历的时差也愈来愈短。尤其是以电子计算机及其网络技术的发明创造为代表的第三次科学技术革命的爆发，更是将人类的社会生产与社会生活推进到了一个以新的知识、新的技术与新的信息为主导的时代，即所谓的信息时代或者说知识经济时代。技术已经和正在以前所未有的速度、深度与广度锲入到人类社会生产和社会生活的各个领域、各个层面、各个方面,进而完全并彻底改变了人类社会生产与社会生活的整体面貌,甚至于我们人类自身。正是在这一意义上而言,我们认为,现代社会乃是一个由技术文明开启、技术文明支持、技术文明建构并主导的特殊的社会形态。是以,这一社会形态所具有的内在活力及其发展的风险性,都是与技术文明自身所具有的本质属性直接联系在一起的。

技术的魅力及其所具有的强大的力量,虽然构建了一个技术文明支持与主导的人化的社会,但是,技术的本质及其技术文明与生俱在的脆弱性,决定了构建在现代技术文明基础之上的社会形态,必然是一个内含着巨大危机与风险的社会。我们知道,技术作为人的本质力量的延升,其本质是人类为了实现某种特定的实践活动目的而制造的工具或者媒介物。技术所具有的这一本质特征决定了任何一种技术(无论其多么先进和神奇)都只能是一种手段、一种工具,而非存有一定的目的性指向。这就意味着,技术的任何运用都有可能产生完全相悖的二极功能效果,即在其正向功能发挥的同时,也产生相应的负向功能。技术文明的困境,正是由技术自身所具有的功能性悖论所决定了的。因此,技术的进步与发展对人类社会文明发展所带来的不仅仅是人类改造自然与征服自然能力的提升,同时还有人类对自然的远离、肆无忌惮的攫取与毁坏,以及人类自身的异化与痛苦不堪。如同赵鑫珊教授所说的那样:"人类正在被自身'第二个我'推到一个完全陌生的、异化了的世界",[1]"人类文明史(尤其是近百年的文明史)一再披露这样一条文明哲学原理:造福人的技术力量同毁灭人的技术力量常常是成正比的"。[2]

3. 现代社会结构的矛盾生成性

现代社会结构的基础、方式与特征,决定了现代社会必然是一个内含着结构性冲突与矛盾的社会形态。我们知道,现代社会的结构组合与人类以

---

[1] 赵鑫珊:《人类文明的功过》,作家出版社1999年版,第425页。

[2] 赵鑫珊:《人类文明的功过》,作家出版社1999年版,第435页。

往的社会组合完全不同,它不是建立在个体对群体自然性的依附关系之上,而是建立在个体自由的劳动协作关系之上。这就意味着:第一,现代社会背景下的社会组合是独立个体之间的结构性组合,而非个体对群的生物依附性组合;第二,个体之间的组合,既受到一定的劳动协作关系的制约,同时也受到个体自由意志的制约①。因此,在现代社会的结构性组合过程中,个体的劳动协作关系及其自由意志对个体之间为什么组合和如何组合起到了重要的作用。

然而,无论是个体自由意志,还是个体之间的劳动协作关系,并非都是天成的或自然生成的,而是在特定的条件下生成的,因而条件性与生成性是其所具有的基本特征。对于现代社会而言,独立而自由个体的出现、个体之间劳动协作关系的生成,乃是由现代社会劳动的专业化分工与现代生产方式的发展所导致的。没有劳动的专业化分工和现代生产方式的出现,则构成社会基本单元的个体,既不可能从对群的生物性依附关系中解脱出来,也不可能结成自由组合的专业劳动协作关系。因此,现代社会个体之间的结构组合,必然要受到社会劳动专业化分工、现代生产方式发展的要求的制约。或者更确切地说,现代社会劳动的专业化分工与现代生产方式的发展,必然会通过对独立个体及其专业化劳动协作关系生成的制约而对现代社会的结构组合产生重大的影响。

基于独立个体自由意志与劳动协作关系而组合的现代社会,其结构必然内在地包含着矛盾与冲突。这一矛盾与冲突主要是:

第一,个体自由意志与一定劳动协作关系要求的矛盾及其冲突。在现代社会的组合关系中,虽然个体的任何社会行为都表达或者反映着个体的自由意志,但是,这种表达或者反映只能是有限性的,必须与一定劳动协作关系的要求相一致。否则,必然产生矛盾与冲突。

第二,个体劳动分工与劳动协作之间的矛盾及其冲突。在现代生产方

① 这里所谓的自由意志,主要指的是个体的职业性向与发展兴趣等反映个体行为倾向性的因素,而非指纯粹哲学意义上的人的自由意志。

式之下,任何一个个体的劳动都不是单个体的行为,而是大工业机械化劳动的一个有机环节,因而个体的劳动行为必须符合整体劳动的要求。否则,必然产生矛盾与冲突。

第三,社会构成诸组织(主要是专业劳动分工所形成的专业劳动组织)自组织的发展与社会整体发展要求的矛盾及其冲突。现代社会在本质上而言,乃是一个基于独立个体自由的劳动协作关系而构建的组织化的社会。在这一社会结构形态之下,任何一个社会组织都既是一个自组织系统,同时也是现代社会这个大系统中的一个有机构成的要素。作为一个自组织系统,任何一个社会组织都有着强烈的自我完善与自我发展的诉求;而作为现代社会大系统的有机构成,则其自我完善与自我发展的诉求必须与社会整体发展的要求相一致。否则,必然产生矛盾与冲突。

尽管矛盾与冲突是事物内部或事物之间普遍存在的一种现象,是事物内部诸要素或事物之间彼此依存关系的一种反映,但是,现代社会结构关系所内含的冲突与矛盾并非是一种原发性的矛盾与冲突,而是一种生成性的矛盾与冲突。并且,随着现代社会自身的演进与发展,决定其结构关系内含矛盾与冲突生成的力量不是在逐渐消解,而是在日益加强。正因为如此,由这一结构性矛盾与冲突所可能引致的发展的危机与风险,就成为现代社会人类发展所面临的巨大挑战。

4. 现代社会运行与发展的冲突悖论

从未有任何一个时代如同现代社会这样令人惊叹、自豪、愤懑甚或痛苦的,正如十九世纪英国伟大的现实主义作家狄更斯在其著名的小说《双城记》中所描写的那样:"这是最美好的时代,这是最糟糕的时代;这是智慧的年头,这是愚昧的年头;这是信仰的时期,这是怀疑的时期;这是光明的季节,这是黑暗的季节;这是希望之春,这是失望之冬"。① 的确,现代社会是迄今为止人类在自己的生存实践中所建构起来的最具有活力最为复杂和最具有矛盾性的社会形态。一方面,现代社会的诞生及其发展极大地解放并

———————

① 狄更斯:《双城记》,清华大学出版社2009年版,第3页。

激活了人类自身的创造性与发展的动能,从而使之成为社会文明持续进步与发展的不竭动力;然而另一方面,作为社会构成主体的人类,其主体意识、自我意识的过度扩张所引致的贪婪与难填欲壑,也成为现代文明演进与发展过程中一切灾难、痛苦和不幸生成的根源。如同现代社会发展所表现出的那些积极特征一样,矛盾、冲突、困惑与悖论等也已成为现代社会运行与发展所呈现出的重要特征。

现代社会由于其结构关系及其运行与发展的特征内在地蕴含着不可消解的矛盾与冲突,因而也就决定了其运行与发展必然面临着无法消解的冲突与悖论。尽管对现代社会运行与发展过程中所面临的冲突与悖论的认识,可能仁智互见,但是,倘若仅从对现代社会运行起重要支持作用的角度而言。我们认为这些冲突与悖论主要包括以下三个层面的内容:

一是个体化与社会化的冲突悖论。个体作为社会构成的基本成分,在现代社会形态的组合中,获得了特殊的意义。我们知道,持续地分化并制造出一个个独立而自由的个体,是现代社会发展的基本功能。但是,任何一个具有完整功能的社会形态的形成,都必须依赖于个体的有效组合,因而社会的构成及其有效的发展必然要求个体之间必须建立起稳固而有效的组合关系。显然,在现代社会的运行与发展中,个体化与社会化的矛盾与冲突不但不会得到有效和解,反而会更趋尖锐与激烈。现时代人与自然、人与社会、人与自我关系的紧张,都无不与现代社会运行与发展过程中个体化与社会化的冲突悖论有着直接的关系。

二是多样化与一体化的冲突悖论。分化与综合是现代社会运行与发展过程中出现的又一冲突性悖论。一方面,现代科学技术持续地进步与发展,必然会不断地促进、推动并强化着社会生活分化与分离的倾向,①但是,另一方面,现代生产方式的日益推衍与普遍化,以及现代通讯信息技术的发展对人类实践活动时空界域限制的不断突破与超越,必然会不断地推进并强

---

① 现代社会分化与分离的倾向,既包括了个体从群体中的分离,也包括了劳动与社会生活的分化与多样化的发展。在一定意义上而言,社会的分化与分离,标志着文明的进步与发展。

化社会生产、生活的协同与综合的倾向。分化与分离,则意味着社会生活的多样化、丰富化与复杂化;而综合与协同,则意味着社会生活的同质化与一体化。同样,在现代社会的运行与发展过程中,分化与综合的冲突悖论不但不会得到有效和解,反而会随着社会现代化的发展而更趋尖锐与激烈。

三是组织化与全球化的冲突悖论。① 组织化与全球化的冲突悖论,是现代社会的运行与发展在更广范围、更高层面上所出现的一种冲突悖论。一方面,现代劳动专业化分工的日益精细化发展,必然会不断地促进、推动和提升整个社会发展的组织化程度,但是,另一方面,随着国际劳动分工的深入发展以及人类社会实践活动对时空限制界域的超越,社会发展的全球化与一体化的倾向也愈来愈凸显。组织化的发展,意味着人类利益诉求的集团化与多元化倾向;而全球化的发展,则意味着人类利益诉求的整体化与一致化倾向。显然,在现代社会的运行与发展中,这一冲突悖论同样也不会得到有效消解,反而会进一步强化与尖锐化。

(三)现代社会风险的特征与不可消解性

与人类已往的任何社会形态不同,现代社会发展的风险不是一种局部性与暂时性的风险,而是一种结构性、系统性、整体性、普遍性与自在生成性的风险。正因为如此,乌尔里希·贝克才将工业革命以来尤其是现代科学技术支持的社会形态称之为风险社会。虽然在本质上而言人类的活动是造成一切发展风险性的根源,但是,与人类已往社会所不同的是,现代社会自身就是一个由人类创造的各种技术所支持并构建的人化的社会形态,是人类智能活动的结果与呈现。因此,现代社会发展的风险,主要根源于现代社会自身,是现代社会自身内在冲突与矛盾累积、运动和演化的必然结果。这就意味着,当现代社会的发展未能创造出消除自身内在冲突与矛盾的条件时,则其发展的风险也就始终具有不可消解性。

---

① 关于"组织化"与"全球化"问题的论述,可参见张治库著《生存与超越:人的存在与发展的文化性解读》一书第七章"社会化的个体生存与发展"、第八章"走向个体化社会的生存与发展"两章的相关内容。人民出版社 2012 年版,第 321—353 页。

1.现代社会风险发展的特征

风险是伴随着人类活动而出现的一种特殊现象,是以,任何一个时代,风险都不会缺席。只不过,在不同的时代、不同的社会形态下,风险的生成根源、表现形态、影响范围等都存在着一定的差别。一般而言,人类活动的社会化程度越低、对自然的依赖度越高,则风险生成的根源、发生的频率、波及的范围、影响的深广度,也就越简单和越低;反之,人类活动的社会化程度越高、对自然的依赖度越低,则风险生成的根源、发生的频率、波及的范围、影响的深广度,也就越复杂、越广泛、越为强烈与严重。显然,以此而观之,则现代社会无疑是一个全面风险性的社会,是一座"文明的火山"。这就意味着,现代社会发展的风险与人类已往社会发展所面临的风险存在着巨大的差异,有着自己的特殊性。

苏州大学庄友刚博士的研究认为,现代社会发展的风险与此前人类社会发展所面临的风险相比,无论在规模、性质、程度等方面都发生了根本性的变化,其所呈现出来的特征主要有五个方面:一是风险全球化,二是风险整体化,三是风险人为化,四是风险潜在化,五是风险复合化。[①] 虽然目前国内学界对这一问题的关注与研究还不是很多,但是,应该说庄友刚博士对现代社会发展风险基本特征的总结与概括,是颇有见地和有代表性的。从与传统社会发展风险的区别来看,我们可以将现代社会风险发展的主要特征概括为以下几个方面:

一是风险根源的人为性。这是现代社会风险发展与已往人类社会风险发展所呈现出来的根本区别。如果说在原始或传统的社会形态下人类生存与发展所面临的风险主要根源于自然的威胁的话,那么,随着人类改造自然能力的提升、技术手段与工具的自动化及智能化的发展,则人类的活动越来越远离自然,因而其生存与发展所面临的风险,也已主要不再根源于自然环境的威胁,而是根源于人类自身的活动及其由人的创造性活动所建构的社

---

① 参见庄友刚:《跨越风险社会—风险社会的历史唯物主义研究》,人民出版社2008年版,第41—46页。

会。因此,我们说,现代社会发展的风险主要根源于现代社会自身,是现代社会自身内在矛盾运动的结果与反映。由于现代社会自身完全是一个由人类智慧与劳动创造的高度技术化的社会形态,具有强烈的人为性,从而就决定了现代社会形态下人类生存与发展风险的产生,也必然具有广泛的人为性。

二是风险生成的系统性。与传统社会风险生成的个别性、偶然性与孤立性不同,在现代社会背景下,人类的任何活动之间都存在着高度而密切的关联性。我们知道,现代社会是一个由诸多关联性要素构成且具有复杂结构的自在运行系统,不仅个体之间、行业之间、部门之间存在着密切的关联性与互动性,而且区域之间、国家之间也存在着高度的依存性与密切的互动性。因此,在现代社会条件下,社会风险的生成及其演变已不具有个别性、偶然性与孤立性的特征,而是相反。这就意味着,现代社会风险的生成及其演变,已不再是一种个别的、孤立的或偶然的现象,而是一种系统的和普遍的现象。

三是风险形态的多样性。风险作为人类实践活动的伴生现象,其生成、所具性质、表现形态及发展演变等,无疑都必然受制于人类实践活动的制约与影响。或者更确切地说,人类实践活动的状态,决定了基于这一实践活动而可能引致的风险发展的状态。这就意味着,人类所能展开的实践活动愈复杂、愈多样,则其所能引致的风险,也就愈多样和愈复杂;反之,则愈简单、愈同一。显然,现代社会条件下人类所能展开的实践活动与此前人类已往经历的一切社会形态都不同,无论其多样性、复杂性与深广性,都是以往人类的任何实践活动所无法比拟的。因此,现代社会人类实践活动所引致的发展风险,其形态不仅是多样的,而且也是非常复杂的。

四是风险影响的深广性。现代社会结构与运行的特征,既决定了其风险生成的系统性与普遍性,同时也决定了风险影响的深广性。作为一种建立在高度技术支持基础之上的人化的社会形态,现代社会的运行与发展,一方面由于技术日异月新的进步而不断获得勃勃的生机与强劲的发展动力,但是,另一方面,技术进步所导致的人与自然、人与社会关系的紧张与疏离,也使得现代社会内部不断生成风险性的因素并积累出巨大的风险动能。而这种风险，由于其生成所具有的系统性与普遍性，因而倘若一旦爆发，则其可能产生的影响，必然是极为深刻、深远与广泛的。

五是风险发展的多变性、复杂性或者说难以预测性。与传统社会背景下人类发展风险生成及其演化的个别性、偶发性与稳定性不同，现代社会人类发展风险的生成与演化，不仅具有系统性、普遍性与整体性，而且也具有高度的易变性、复杂性和不可预测性。一方面，现代社会人类的实践活动具有高度的复杂性、多变性与密切的互动性，从而也就决定了与此伴生的风险的复杂性、多变性与互动性；但是，另一方面，从实践活动的展开及其对实践活动结果的把握而言，人类任何实践活动所具有的具体性、时空限制性，则必然决定了人类对实践结果及其可能产生影响把握的有限性。与此相应，人类对现代社会复杂、多变而系统的风险的认识与把握，也必然是有限的。

2. 现代社会风险的不可消解性

站在人类主体主义的角度而言，风险是伴随着人类的实践活动而产生的，因而只要有人类活动，就会有风险的产生。这就意味着，与人类实践活动相伴生的风险，从根本上而言，具有不可消解性。当然，我们在此所说的现代社会风险的不可消解性，并非仅仅是就此而言的，而是有着特定的所指，即与人类已往社会的发展风险相比较，现代社会发展的风险不仅具有自在生成性，而且具有系统性与普遍性。因此，与人类已往社会的发展风险不同，现代社会人类发展的风险不具有偶发性、个别性、孤立性和相对稳定性的特征，而是相反。正是在这一意义上而言，我们说现代社会发展的风险具有不易或难以消解的特征。

其一，现代社会风险的自在生成性，决定了其存在的生生不息性。现代社会内部不断生成与日益尖锐化发展的人与自然、人与社会、人与自身的矛盾与冲突，乃是现代社会人类发展风险生生不息的根源。作为建立在高度技术支持基础之上的现代社会，不仅其运行与发展的内在动力来自于持续不断的新的技术的创造、新的技术的应用的推动，而且即使其具体的运行与发展，也必须依赖于各种有效的技术手段、技术工具的支持。这就意味着作为建立在技术支持基础之上的现代社会的运行与发展,必然始终无法脱离或者说消解由技术进步、技术发展所导致的内在矛盾与冲突的日益尖锐化发展的倾向,因而也就不可能从根本上消解或根除现代社会发展风险的自在生成性。

其二,现代社会运行与发展的系统性,决定了风险演化的传导性与普遍性。作为一种技术支持的高度人化的社会形态,现代社会无论其结构关系还是其实际的运行与发展,都无不呈现出网络化与系统化的特征。不仅构成现代社会形态的各个子系统内部诸要素之间存在着高度的依存性和非常密切的关联性、互动性,而且系统整体内各个子系统之间同样也存在着依存性和非常密切的关联性、互动性。并且,不断更新与日益现代化发展的技术的支持,也使得现代社会的运行与发展获得了强劲的内在更新与外在扩张的能力。现代社会运行与发展的这一特征,不仅决定了风险生成的系统性与普遍性,而且也决定了风险之间的彼此影响以及传导的广泛性,从而也就必然决定了现代社会条件下风险化解与消除的困难性。

其三,现代社会人自身的异化发展,也决定了人对风险认识与把握的局限性,因而从根本上制约了人类活动对风险制造的有意识的回避或者说预防。现代社会人类生存与发展所面临的风险,已主要不再是一种自然性的风险,而是人为性的风险。人既是风险的制造者,同时也是风险的受难者。但是,问题的悲剧之处在于,在一个高度技术化、高度分化与专业化发展的社会形态里,人自身的异化发展,完全是一种注定了的宿命。自我认同的危机、人的片面的畸形化的发展以及由职业与所处环境决定的对事物认识的主观化的倾向,都决定了现代社会背景下人类对自身活动所制造风险客观认识与整体把握的困难性。显然,当人类自身的发展无法实现必要的超越时,人类自身就始终是一个风险的制造者,而不是风险的消解者。

由此可见,在现代社会的运行与发展过程中,作为社会构成主体的人类自身对物欲和自我主体地位的过度追求,不仅导致了人类自身生存与发展对技术进步的过度依赖或者说盲目的自信,而且也彻底摧毁了几千年以来人类生存及发展与自然之间所建立起来的相互依存的平衡关系,从而将人类自身的生存与发展置于一个越来越危险的境地。与此同时,由于人类在对物化世界的创造过程中始终未能创造出能够促使自身的发展实现超越的现实条件,因而人类自身也就始终是一个危险或者风险的制造者,而不是一个成功的风险的消解者。所有这一切都表明,现代社会是一个快速多变和充满了无数无法预料风险的风险性社会,而不是一个清晰的、和谐的安全性社会。

三、人类发展的新挑战

当一种社会或者说文明形态在自身的运行与发展过程中能够不断地制造出各种风险并且使这种风险得到广泛传播的时候,那么,毫无疑问,这一社会或者说文明形态自身的发展,显然是遭遇到了严重的危机与问题。而现代社会,则正是这样一种社会或者说文明形态。与人类已往经历的社会形态不同,现代社会发展的风险与危机,主要不是根源于人类生存所遭遇的自然性的矛盾与冲突,而是根源于现代社会自身所生成的内在的矛盾与冲突。因此,现代社会人类生存与发展所面临的危机与风险,不仅具有高度的人为性,而且也具有更高的广泛性与普遍性。同时,其对人类生存与发展可能产生的影响,也更为深远与广泛。正因为如此,现代社会人类的生存与发展,较之以往,面临着更为复杂与艰巨的挑战。这些挑战主要是:

(一)人与自然的和解与共处

地球上的一切生命物质,都是大自然长期演化与进化的结果。可以说,大自然是一切生命物质包括我们人类赖以生存、繁衍与发展的基础。没有这样一个基础,则地球上的一切生命物质都将不可能存在,更不可能繁衍生息。大自然是人类赖以生息与繁衍的家园,因此,人类在自己的实践过程中与自然建立怎样的关系,不仅直接决定着人类自身怎样生存,而且也直接决定着人类怎样发展和面临怎样的命运结局。

作为生命的奇迹,地球在漫长的生命演化与进化的过程中,逐渐形成了系统而完善的生命物质之间彼此依存与协调发展的生物圈。所谓生物圈,指的是包裹着我们这个生命之球——地球表面的陆地、水和空气。它是人类和所有生命物质唯一的栖息之地,也是目前人类所能预见的唯一的栖息之地。① 根据现代自然科学的研究,生物圈这一生命物质(包括我们人类)赖以存在的基础并不是无限或不可改变的,相反,它是极其有限并且具有相当的脆弱性。在生物圈内,一些资源是可以再生或者说具有一定的再生性,但是,绝大多数资源缺乏再生的能力,不具有再生性。无疑,生物圈的有限性,决定了人类栖息家园的脆弱性。

在地球的生命演进史中,生物圈中一定的动物、植物群落和生态系统的各种对立因素通过相互制约、转化、补偿和交换等作用,实现了一种自然的平衡。这种平衡状态的出现,表明生物圈内生物与生物之间、生物与环境之间稳定而和谐的依存关系的建立。倘若没有巨大强力的介入(这些强力既可能来自于生物圈内部的突变,也可能来自于生物圈外部力量的侵入),则这种自然建立的平衡关系也就会始终得以维系。但是,人类的出现及其在为实现生存而进行的实践活动所创造的技术文明的扩张,却完全打破了地球在漫长的生命进化与演化过程中所形成的生物圈内部的平衡关系,从而使得人类生存与自然之间的关系变得越来越尖锐与紧张。

每一种生物、每一物种中的每一个体,在自己短暂的一生中进行的生存努力,都在影响并改变着生物圈。但是,人类产生之前的任何物种都不曾具有支配或摧毁生物圈的能力。作为一种智慧性存在的生命物质,人类的诞生及其发展,无疑对地球生物圈已形成的平衡关系造成了巨大的冲击与挑战。并且,这一冲击与挑战,乃是随着人类改造与征服自然能力的提升而不断呈尖锐、凸显与激烈之势的。如果说早期人类在漫长的进化过程中由于智力和改造自然能力的低下而建立了对自然的依存与和谐共处的话,那么,随着人类智慧的开启和改造自然能力的提升,人类生存与自然之间的对立与冲突则逐渐凸显出来。尤其是工业革命或者说进入现代社会以来,机械化、自动化与智能化的生产成为现代社会主导的生产方式之后,自然界被迫

---

① 关于生物圈的解释,可参见周海林、谢高地:《人类生存困境—发展的悖论》一书的相关论述,社会科学文献出版社 2003 年版,第 16 页。

丧失了作为人类家园的诗意,丧失了作为万物之母的尊严,沦为客体、对象、手段、质料、资源等人类欲望的牺牲品。正如列维·布留尔所说:"在诸神和上帝还未从人们心中隐退之前,自然界还受到宗教和神话的保护,而在诸神和上帝被技术理性杀死之后,自然界内的万事万物不再受到神圣者的保护,丧失了任何魔力,只能听任人类的宰割。"①"大地及其大气变成了原料,人变成了人的材料,被设置为一种有意识的目的。"②显然,当人类在孜孜以求着自我解放并不断追逐着所谓文明与现代化的同时,对大自然的征服、统治与剥削也愈来愈走向极端。因此,对于今天我们人类的发展而言,首要的任务已不再是如何追求改造自然能力的提升问题,而是如何重审人与自然的关系而更好地实现人类生存与自然的和解与共处的问题。

（二）人与社会的和谐与共同发展

现代社会的演进与发展,不仅彻底改变了人类在漫长的进化过程中与自然所建立的依存关系的性质,不断加剧并激化着人类生存与自然界的对立、冲突和矛盾,而且也彻底改变了人类生存过程中个体与个体、个体与群体、群体与群体及其它们之间组合关系的性质,从而使得人类生存过程中所建立的社会关系更为多元、复杂与难以把握。人作为一种自然的生命现象,其生存与种的繁衍如同地球上的任何生命物质一样,都必须依赖于自然并与自然建立起一定形式的关系才能够实现。但是,受制于生物性遗传特征的制约,单个的人是无法通过自身的活动与自然建立起长期而稳定的关系并实现生存的,因而人类必须结成一定形式的群体或者社会才能以群的力量共同作用于自然而实现整体化的生存。因此,人类的生存,还必须依赖于一定形式的社会关系的保障。

作为一种智慧性的生命存在,人类的生存与发展无不是通过一定形式的感性的实践活动而实现的。所谓感性的实践活动,无非指的是人类为了实现生存与种的繁衍而组织并展开的形式多样化的行为活动。通过这一活

---

① 列维·布留尔:《原始思维》,商务印书馆1985年版,第52页。
② 海德格尔:《诗·语言·思》,文化艺术出版社1991年版,第65页。

动,一方面,人类与自然发生联系并结成一定形式的关系,从而形成了一定时期人类存在与发展的自然关系;另一方面,人类个体与个体之间、群体与群体之间发生联系并建立起一定形式的关系,从而形成了人类存在与发展的社会关系。由此可见,无论是人类与自然结成的自然关系,还是人类自身所结成的社会关系,并非是一成不变的,而是随着人类实践活动的发展而不断发展与变化的。

与人类在漫长的演化与进化过程中所建立的对自然的依赖性关系相一致,在独立的个体尚未从人类自然性群体中分化出来之前,人类个体的生存与发展始终依赖于对自然性群体的依附,因而个体之间的联结与相应的生存实践活动的展开,主要依赖于生物性遗传所获得的自然性依附关系。即使在人类生存实践的发展进入到畜牧业、农业主导的自然经济时代或者说传统社会,人类社会的结构组合也主要是依赖于个体之间自然生成的生物性依附关系而实现的。但是,随着人类自身的解放、个体主义的觉醒、社会劳动专业化分工的发展,以及工业化主导的机械化大生产方式的兴起,个体之间的社会组合再也无法通过自然性生物依附关系的联结而实现,而是必须依赖于在专业化劳动过程中所建立的新型的劳动关系的联结才能够实现。

与之前人类在漫长的历史发展过程中所经历的任何一个主要由人的自然性生物依附关系结构而成的社会形态都不同,现代社会的到来及其在全球的迅速扩张,彻底改变了人类社会结构组合的传统方式,在极大地促进人类存在之社会关系多样化、丰富化与复杂化发展的同时,也不断地加剧并激化着人与人、人与社会之间关系的紧张度与对立性,并由此而引发了一系列严重影响社会稳定与和谐发展的矛盾、冲突或问题的出现。纵观工业革命以来人类社会的发展,人自身的解放以及由此而导致的人的主体意识与自我意识的过度膨胀、科学技术持续的进步以及由此而导致的生产方式的现代化变革与全球化扩张、劳动专业化分工的精细化发展以及由此而导致的社会生活的持续分化与人的畸形化发展,不仅在日益加剧着人类生存与自然的对立,而且也在不断地制造、激化着人类社会生活的冲突与矛盾。两次世界大战的爆发、区域性冲突的此起彼伏、极端民族主义的兴起、恐怖主义的蔓延、由国际劳动分工所导致的世界性贫富差距的进一步扩大,以及越来越多的人社会适应性焦虑问题的出现等等,所有这一切无不表明,现代社会的发展不仅未能有效地化解和消弭人与人之间、人与社会之间的矛盾与冲突,反而在不断地制造、催生甚至激化与加剧着这一矛盾与冲突。因此,如何有效地化解并消弭由于人与社会的紧张与对立而引发的各种社会矛盾与冲突,从而实现人与社会的和谐与共同发展,同样已成为现代社会人类发展所面临且必须解决的重大课题。

(三)人自身解放后的价值重审与拯救

在一定意义上而言,一部人类文明发展与演进的历史,就是一部人类追求自我解放与自我发展的历史。人作为一种智慧性的生命物质,其生存与发展及其所能实现的状况,必然与其自身智能的开发及自我价值的实现程度有着直接的关系。从一般的逻辑关系而言,一个人的智能开发愈充分,自身所生成的价值潜力也就愈大,通过自我价值的实现所能达之的生存状态也就愈为自由和丰富多彩。基于类的角度而言,同样也是如此。然而,作为一种现实的具体的存在,人自身的解放和发展并非是由人类的主观意志所决定的,而是由人类自身的实践及其发展决定的。如同马克思所说的那样:"个人怎样表现自己的生活,他们自己就是怎样。因此,他们是什么样的,这同他们的生产是一致的——既和他们生产什么一致,又和他们怎样生产一致。"①由此可见,人自身的解放与发展,乃是同人类自身的生活实践直接同一的,不仅是一个具体的历史的发展过程,更是一个自我解放与自我发展的过程。

正是人类为了自身的生存所进行的生存实践与劳动创造,才不断地推动了人类自身的解放、进步与发展。在人类从愚昧走向智慧、从野蛮走向文明的历史演变过程中,为生存而展开的各种劳动与文化创造,正是促使这一转变实现的根本动力因素。无论是古猿向人的转变、社会的集成,还是科学

---

① 　马克思、恩格斯:《马克思恩格斯选集》(第1卷),人民出版社1995年版,第67—68页。

技术与各种文化艺术形式的创造、社会文明的演进与发展,都无不是与人类的劳动与实践活动直接关联着的。可以说,人及人类社会所发生的一切变化、进步或者文明程度的提升,都无不是在人类所展开的形形色色的社会实践活动过程中发生并转变为现实的。由于人类所能展开的生存实践与劳动创造是一个不断演变与发展的历史过程,因而注定了人类自身的解放、进步与发展必然也是一个历史的演变与发展过程。

人类自我解放与自我发展的特征,决定了人类在自己现实的生存实践活动中能创造出怎样的社会条件,自己也就会获得怎样的解放和怎样的发展。在由猿而人的转变中,工具的制造和使用、语言的产生和交往的出现、新的劳动关系的生成等等,在促进古猿机体不断变化与进化的同时,也为由猿而人的转变创造并积累了必要的条件。在人类由蒙昧而文明的转变中,生产工具和生产技术的不断变革与进步、劳动分工的发展所导致的新的社会关系与新的结构形式的社会的诞生、城市群落的产生以及人类在生存实践活动对各种文化形式的创造等等,都无不为人类的生存由蒙昧状态向文明状态的转变创造并准备了重要的现实基础与条件。人类由原始时代向农业文明时代的发展,正是经历了这样一种转变。

当然,真正为人类自我解放与自由发展创造出充分条件与广阔前景的,毫无疑问,乃是人类社会现代化的发生及其发展。之所以如此,乃是因为:第一,现代化的发展彻底改变了了之前人类社会由生物性依附关系主导的结构组合方式,从而将个体从对群的生物性依附关系中完全解放出来而成为独立自由的人,在根本上确立了人的主体地位;第二,现代社会生产与社会生活的丰富多彩及多元化的发展,为个体自由而多样化的发展创造了无限广阔的前景与平台,开启了个体通向自由而全面发展的大门;第三,没有个体的解放,也就没有人类的真正解放,现代化发展所导致并推动的人类个体的解放及其自由、独立与多样化的发展,无疑为人类群体的解放与发展创造并奠定了重要的基础。正是在这一意义上而言,现代社会是人类文明演进历程中真正"发现了人"并且也为人的解放和独立、自由而多样化的发展创造出充分社会条件的时代。

　　然而,历史的吊诡之处在于,人类为之追求与奋斗的结果,并非常常如美好的期望那样,而是每每相反。现代社会的诞生及其发展,是以人的觉醒和人对自身的发现作为开端的,但是,现代化的发展与全球化的扩张,却最终导致了人的再度"失落"与"迷失"。在现代化的历史发展中,一方面,人类以其聪明才智创造出了前所未有的物质辉煌,并且也使自身在这一过程中获得了巨大的进步与发展,另一方面,人类自身解放之后的自我膨胀与自以为是,不仅导致人类失去了驾驭自身的能力,进而使人类自身也迷失在了现代化所创造的一系列所谓"辉煌成就"之中。"文明如果是自发地发展,而不是自觉地发展,则留给自己的是荒漠。"①站在 21 世纪的今天,面对着越来越严峻的生存危机与发展的挑战,人类已丧失了任何曾经为自己的"辉煌创造"而沾沾自喜的理由。"人失去了心的攀附,失去了在宇宙时空的坐标,寻找无法寻找的避难所,在一个患了精神分裂症的、无意义的世界去寻找世界的意义和目的。"②毫无疑问,在今天这样一个时代,人,再一次成了人自身的问题。因此,现代社会的发展倘若不能够从根本上解决人自身解放后的价值重审与拯救问题,则不仅不能够重新确立人自身生存与发展的价值而促使人类自由与健康的发展,而且也无法避免或者从根本上消除技术文明发展所带来的一切"文明性的灾难"。

(四)全球化与民族化发展的协调统一

　　现代社会的诞生,在开启人类文明演进的全球化时代的同时,也打开了全球化发展与民族化发展矛盾与冲突的魔盒。我们知道,现代社会诞生之前人类社会的发展与文明的演进,基本上是一种不同文明圈内部诸要素的自在、封闭与线性的变革或者发展,是以不存在不同文明圈之间发展的大规模的冲突与融合。一般而言,不同文明圈的产生,大都是基于人类自然性生物依附关系(主要是血缘关系)的粘结而形成的,因而具有区域性、种族性或民族性的特征。由此可见,民族化的发展是早期人类文明演进与发展的

①　张治库:《人的存在与发展》,中央编译出版社 2005 年版,第 25 页。
②　赵鑫珊:《人类文明的功过》,作家出版社 1999 年版,第 507 页。

主要形式。正因为如此,不同民族之间的发展及其所具有特征的差异,就是一种客观的存在,是人类文明演进的区域性特征所决定与导致的必然结果。但是,民族之间的差异,在民族的自在演进与封闭发展过程中是不会得到彰显的。只有当人类社会文明的发展与演进突破种族、国家和地域界域的限制之后,民族之间的差异性才会在民族之间的交流、交往与互动中得到凸显,并且也会因此而引发或造成民族之间的矛盾与冲突。

民族化发展与全球化发展的矛盾,在本质上而言,是伴随着人类社会现代化的发展向全球不同国家和地区的蔓延、拓展而引发的不同文明体之间的矛盾与冲突。美国当代政治学家萨缪尔·亨廷顿将这种由于文化或文明的差异而导致的冲突称之为文明的冲突,是有一定的道理的。现代化的全球发展,一方面极大地促进了不同民族、国家和地区之间人们的交流、交往与融合,为人类的生存与发展实现全球一体化的发展创造了良好的基础与条件,但是,另一方面也导致了民族、国家和地区之间的差异的凸显,并且由此而催生和促进了民族意识的觉醒与民族意识的发展。民族之间的差异以及民族意识的觉醒与发展,在促进民族发展的同时,也成为诱发国家、民族或区域之间矛盾与冲突的重要社会原因。

当然,现代化的全球发展之所以加剧并激化了民族发展之间的矛盾与冲突,一个根本的原因,乃是由于人类社会现代化的过程是一个建立在西方自我中心价值观之上的资本主义的扩张过程,因而必然注定了这一过程的内在矛盾性与冲突性。一方面,现代科学技术的迅速发展、社会生产方式的日益革新和实践交往方式的不断进步与便捷化,使得资本的扩张超越了时空界限的制约,导致世界各国各民族的发展具有了愈来愈高的依赖性,从而使全球化成为人类社会发展的必然趋势;另一方面,资本主义与西方价值观的扩张,促成了世界民族国家的普遍形成和相互冲突,国家主义、民族主义在全球化的发展中不仅未能得到削弱,反而在民族与国家生存的激烈竞争中不断得到强化。作为现代化发展的必然结果,全球化与民族化既具有共生性,也具有强烈的冲突性。正因为如此,现代化的发展在带来全球政治、经济、文化一体化发展的同时,也加剧了不同国家与民族之间的矛盾冲突。

如同周海林、谢高地在其《人类生存困境——发展的悖论》一书中所说的那样：“现代性不仅预示了形形色色宏伟的解放景观，不仅带有不断自我纠正和扩张的伟大许诺，而且还包含着各种毁灭的可能性：暴力、侵略、战争和种族灭绝。”①因此，在人类发展越来越走向一体化的背景下，如何实现全球化发展与民族化发展的协调统一，已成为当前人类社会发展所面临的重要挑战。

（五）多元化发展过程中世界秩序的重建

我们知道，人类文明的缘起与演进呈现着由自在、多元封闭的线性演进向不同文明体彼此开放交流、融合与协调发展转变的格局与态势。这就意味着，不同文明体、不同国家、不同地区或不同民族的多元化发展，是人类社会发展与文明演进自身所具有的基本特征。并且，在人类文明的演进未能真正实现全球一体化的整合与发展之前，多元发展的特征必然始终存在。现代社会诞生之前人类文明的演进与发展，虽然已在区域性或在地缘性层面上出现了民族发展的交流、交往甚至融合的现象，但是，在总体上而言，这种交流、交往或者融合是非常有限的，不同文明体、不同国家、不同地区或不同民族的发展，始终以自在、封闭与多元演进为主要特征。因此，文明的多元化发展，是一种客观存在的事实。当然，早期人类不同文明体、不同国家、不同地区或不同民族的多元化发展，是人类文明缘起与演进的自然性特征的体现，与全球化时代文明的多元化发展有着不同的内涵与意义。

不同文明体、不同国家、不同地区或不同民族之间交流、交往和融合发展时代的到来，是由现代社会的诞生及其发展所开启的。作为建立在人类高度技术文明与机械化生产方式支持基础之上的现代社会，技术持续不断地进步与更新，不仅是推动其持续发展与进步的内在动力之所在，而且也是促使现代化的扩张突破时空界域限制的主要动力之所在。因此，现代社会诞生及其发展所开启的不同文明体、不同国家、不同地区或不同民族多元化

---

① 周海林、谢高地：《人类生存困境——发展的悖论》，社会科学文献出版社2003年版，第240页。

发展的时代,乃是一个完全突破了时空界域限制的全球化发展背景下不同文明体、不同国家、不同地区或不同民族之间彼此竞争、相互影响与共同发展的新时代。当然,与不同文明圈自在、封闭与线性演进时代世界的自然性多元化发展不同,全球化背景下世界不同文明体、不同国家、不同地区或不同民族的多元化发展,是在多元异质文明体之间的竞争、冲突、斗争和彼此影响与融合中的发展,而不是一种封闭性的自然发展。

一个不容回避与否认的事实是,迄今为止,人类现代化发展与扩张的过程,实质上是一个由西方文明主导并且将西方文明发展的模式向全球扩张的过程。由于这一过程始终伴随着野蛮、血腥和暴力,是一个用野蛮、暴力的方式推进所谓"文明"的发展的过程,因而现代化在全球扩张的过程,必然是一个不断制造、激化和加剧不同文明体、不同国家、不同地区或不同民族之间矛盾与冲突的过程。两次世界大战的爆发、二战后美苏争霸及其两个超级对峙阵营的形成、此起彼伏的地区性冲突以及极端民族主义、恐怖主义在全球范围内的蔓延等等,都无不是由于资本主义在全球范围内的扩张所引致并激化的民族生存危机而导致的。由此可见,现代化过程中世界的多元化发展以及不同文明体、不同国家、不同地区或不同民族之间矛盾与冲突的激化,在根本上而言,是由所谓"西方文明发展模式"主导的必然结果。因此,倘若人类社会现代化的发展不能够彻底改变由单一文明主导的发展模式,则世界多元化发展过程中不同文明体、不同国家、不同地区或不同民族之间的矛盾与冲突,也就不可能得到有效消解。正是基于这一事实,我们认为,如何建立适应全球化发展要求的民族多元化发展的世界新秩序,乃是当前乃至未来相当长一个时期人类社会发展所要面对且必须有效解决的重大课题。

(六)世界性贫富差距的缩小与消除

如果说现代社会诞生之前人类生存与发展所面临的普遍而凸显的问题是物质生活的贫困与贫乏的话,那么,现代社会的发展及其在全球范围的扩张,则使得国家与区域间的发展不平衡和由此而导致的世界性的贫富差距问题成为一个全球发展凸显的问题。根据我国学者孙兰芝教授的研究,世界性贫富差距的迅速拉大始于第二次世界大战之后，其表征主要显示在以下五个方面：一是世界财富急剧向少数人聚集，二是全世界贫困人口增加和生存条件恶化，三是工业化国家与发展中国家人均收入差距扩大，四是发展中国家居民收入差距扩大，五是经济转型国家收入差距扩大。仅就发达国家与发展中国家人居收入的差距来看，从1960年到1993年的33年中增大了两倍多，即从1960年的5700美元增加到1993年的15400美元。① 另据美国专栏作家David Lazarus近期在《时代周刊》发表的关于全球财富分配分化问题的文章显示，世界上最富裕的1%的人掌控了全球一半左右的财富，而这最富裕的1%的人口则主要集中在美国。② 由此可见，世界性贫富差距的急剧扩大，不仅已成为制约世界经济协调发展与快速增长的一个重要问题，而且也已成为一个影响世界稳定秩序与和平发展的重大问题。

现代化的全球发展与扩张之所以引发并加剧了世界性的贫富差距，其根本性的原因在于：第一，在现代化的全球发展中，发达国家所具有的先发性优势，决定了其不仅具有了人才、技术、资金、市场、管理等方面的优越性，而且也决定了其经济增长与发展能力的可持续性，因而与欠发达和发展中国家相比，发达国家财富创造的能力、财富积累与扩张的速度都更胜一筹；第二，世界资本市场的形成、国际劳动的专业化分工、信息与知识经济的兴起以及全球经济增长与依赖度的不断提升，都使得欠发达、发展中国家与发达国家的比较性差距更为明显，欠发达与发展中国家在经济发展、财富增长方面所处的劣势地位更为凸显；第三，由于现代化的全球发展是一个主要由西方发达国家主导的过程，因而在这一过程中，欠发达与发展中国家经济的发展不仅必须接受不平等的国际性竞争，而且更无法摆脱发达国家在人才、技术、资金、资源等方面所施予的粗暴的盘剥，这就注定了世界性贫富分化与差距进一步拉大的必然性。当然，现代化的全球发展与扩张，并非是造成

---

① 参见孙兰芝：《世界性贫富差距扩大及其原因分析》一文，载《国家高级教育行政学院学报》2000年第1期。

② 参见雨果网2013年10月12日发布的《全球贫富差距越来越大，1%的人掌握世界一半财富》一文，网址 http://www.cifnews.com/Article/5058。

世界性贫富差距急剧增大的唯一因素。除此之外,不同国家所处地域环境、文化传统、社会制度等方面的差异与不平衡性,也在一定程度上影响着财富的世界性分配。但是,所有这些因素,都无法与现代化的全球发展对世界性财富分配所施予的影响相提并论。

消除贫困现象,实现全人类的共同富裕,是人类发展共同持有的美好愿景。虽然在人类社会的发展与文明的演进过程中,每一个民族都为之锲而不舍地努力与奋斗着,但是,这一目标不仅始终未能够实现,反而在新的发展中出现了更为严峻的问题与挑战。现代社会诞生之前,尽管不同民族、不同国家、不同社会经济发展的水平存在着一定的差异性,但在总体上而言,如何消除普遍的贫困现象,是所有民族、国家或社会共同面对的问题。现代社会的诞生及其发展,虽然一方面极大地促进并提升了人类物质财富创造的能力与速率,但是,另一方面,技术的进步与生产方式的现代变革,无疑也加剧了地区之间、国家之间、民族之间经济发展的不平衡性,导致了世界财富分配过程中"马太效应"现象的出现①,从而使得现代化的全球发展不仅未能有效地解决人类生存所面临的贫困问题,反而造成并加剧了世界性的贫富分化与差距日益凸显的问题。世界性贫富分化的加剧以及越来越多的人口被置于贫困或相对贫困地位的事实表明,西方文明主导的人类现代化发展的模式,不仅已越来越难以适应人类社会发展与文明进步的要求,而且也已成为人类社会实现整体和谐发展与共同富裕目标追求的巨大障碍。因此,对于 21 世纪人类的发展而言,如何更有效地缩小或消除世界性财富分配的不公以及由此而导致的贫富差距现象,则必然成为国际社会必须共同面对的重大挑战。

纵观现代社会诞生以来尤其是第二次世界大战以后人类社会现代化的发展,当人类以自身特有的智慧和力量创造出灿烂的物质文明和堪称奇迹的科学技术文明的同时,也制造和引发了一系列层出不穷的影响并危及人

---

① 所谓"马太效应",指的是社会生活中出现的"强者愈强,弱者愈弱"的现象。事出《圣经·马太福音》篇"凡有的,还要加给他叫他多余;没有的,连他所有的也要夺过来"之句。社会学家对之予以引申,借以描述社会生活领域中普遍存在的两极分化的现象。

类健康生存与发展的灾难、危机和风险。面对着日益尖锐化的全球人类生存矛盾与冲突以及由此而导致的层出不穷的灾难、危机与风险,如果我们人类自己不能够反躬自省而深刻地检视自己,发现自己的"迷失"以重新确立人与自然、人与自我、人与社会之间应有的恰当关系并切实将之贯彻于现实的实践之中而真正推进问题的解决,那么,人类自身所期望的生存与发展的境界以及社会发展整体文明程度的提升,也都将成为不可能。

第二章　现代社会风险分配的逻辑

我们说,现代社会是一个由人类创造的技术文明支持的高度人化的社会形态,这一结构形态的社会由于内在地蕴含着诸多难以消解的矛盾与冲突,因而必然会制造、生成或引发一系列影响并危及人类健康生存与和谐发展的风险或危机,现代社会也因此而被人们称之为风险社会。作为一种风险社会,现代社会不仅不断地制造和生产着风险,而且也通过市场和基于市场所建立的现代社会制度及其一系列政策将其所制造与生产的社会风险分配到社会生活的每一个个体,从而使个体的社会生活也面临着巨大的风险。但是,现代社会究竟是通过什么样的内在机制制造风险并将之广泛地分配或者说传播到人类社会生活的各个领域、各个方面与各个层面进而对人类现实的生存与发展产生重要影响的呢? 显然,对这样一个问题的考察与研究,不仅有助于我们能够在更加清晰地了解与透析现代社会一切风险生成与传导机理的基础上更好地揭示与把握风险生成、运行、演化的规律,而且对于我们在现实的生存实践中有效地化解、消除或者预防可能产生的风险,也有着重要的现实指导意义。

现代社会是一个由人类技术文明支持所构建的极其复杂的社会结构形态,一方面,现代社会无论其内在的结构组成还是其运行与发展,都无不关涉到诸多复杂的因素和错综复杂的关系,呈现出开放、多元、系统、整体与变动不居的特征与态势,另一方面,现代社会由于其结构组合及其发展运行所具有的悖论性特征,决定了其运行与发展必然内在地蕴含着诸多无法消解的结构性的矛盾与冲突。由于现代社会风险的产生、风险的传导与分配、风险的运行与演化是一个与现代社会的结构性运行相伴生的过程,因此,对于现代社会风险生成、演化、传播、运行或分配机制问题的分析与考察,我们不能只仅仅着眼于风险自身的生成、运行与演化,而应该将之与社会的结构性运行结合起来进行分析与考察。正是基于这一认识,我们认为,构成社会系统的诸要素、诸方面之间普遍存在的联系所形成的多种多样的关系、社会活动的规则或者制度及其运行、基于劳动分工与商品交换需要而形成的普遍的市场及其运行等,在现代社会风险的产生、分配与传播过程中起到了重要的支撑作用,形成了现代社会风险分配的特殊机制。

通过事物之间普遍的联系所形成的关系、社会活动与行为的规则及其运行,以及对现代社会人类生产、生活产生深刻影响的市场交换而分配并传导社会发展的风险,是现代社会风险分配的主要途径与方式,也是其区别于之前人类社会发展风险分配逻辑或方式的重要特征。虽然风险的关系性的分配方式在人类社会演进与发展的任何一个时期都客观地存在着,但是,对于一个有着高度开放性、变动性、多样性与复杂性的社会而言,现代社会风险的关系性的分配,不仅具有此前人类社会风险关系性分配所不具有的广泛性与普遍性,而且也有着与现代社会自身结构与运行特征密切关联的特殊性。市场是一种基于现代社会劳动的专业化分工与商品交换的需要而出现的特殊的经济活动现象或者说经济行为,它不仅对现代社会人类的社会生活产生着广泛而深远的影响,而且对现代社会人类的生产、消费与经济的运行,也产生着极为深刻的影响。市场不仅自身制造与产生风险,而且也通过其独特的机制分配与传导风险。是以,风险的市场性分配,同样也是现代社会风险分配的重要方式。与关系性与市场性分配不同,风险的制度性分配,是一种基于制度规则及其运行而进行风险分配的方式,具有一定强制性。由于现代社会对个体的粘结主要不是依赖于生物性的关系,而是依赖于制度与规则性的关系,这就决定了制度与规则在现代社会人类社会生活中的重要性与普遍性,因而制度性的风险分配,自然就成为现代社会风险分配所表现出来的重要特征。

一、关系性分配

根据马克思的观点,世界上的万事万物之间都存在着千丝万缕的联系。不仅事物构成的诸要素之间,而且不同的事物之间,毫无例外,都存在着各种各样、多种形式的关联性。客观世界万事万物之间所具有的普遍的联系性,决定了关系性的存在是世界上一切事物存在与发展的基本方式。不论是宏观世界还是微观世界,也不论是有机界还是无机界,事物内部诸要素之间以及事物之间无不以各种各样的关系联结着。因此,从根本上而言,任何一种关系,其本质都是事物内部诸要素及事物与事物之间所具有的彼此依存与相互作用的联系性的体现与反映,是事物存在及其发展所呈现的一种基本形式。事物之间的关系之所以可以承载风险的分配、传导与传播,乃是因为关系既是事物之间联系性的反映,也是事物之间联系性的结果,因而成为事物之间普遍联系与彼此作用的纽带。关系的生成、变化、中断或者终结,不仅意味着事物之间联系性或说彼此关联方式的变化,而且关系自身的变更也可能意味着事物之间风险性的生成。当然,关系之成为风险分配之方式,还与风险自身所具有的附着性特征有着直接的关系。

(一)关系性分配之所指

所谓关系性分配,指的是通过事物之间的普遍联系所形成的关系而分配、传导与传播风险的一种方式。由于普遍联系是一切事物存在与发展所呈现出的一种基本特性,是事物存在、演化与发展的自在性、系统性与彼此依存性的体现与反映,因而风险的关系性的分配是一切社会形态都存在的一种自然现象。但是,这也并非意味着事物之间普遍的联系所形成的任何关系都会必然地承载着风险的分配、传导与传播的职能,只有那些承载着风险或者自身蕴含着风险的关系,才能够成为风险的分配、传导与传播的承载者。因此,这里的关系性的分配,主要指的是以下两种情况:一是事物之间所建立的关系,自身就蕴含着高度的风险性,二是事物之间关系的变更,即意味着风险的生成。这两种情况,我们都可以将之视为风险的关系性分配。前者是一种附着性的分配、传导与传播,而后者则是一种直接性的分配、传导与传播。

我们说,并非事物之间普遍的联系所形成的任何关系都会必然地承载着风险的分配、传导与传播,只有那些自身蕴含着风险或者关系的变更可能生成风险的关系,才有可能承载一定风险的分配、传导与传播。由于关系是由事物之间的普遍联系所形成的一种彼此依存、彼此作用的形式,因而普遍地存在于世界上的万事万物之间,无论是无机界还是有机结合,无论是低等生命物质之间还是高等生命物质之间。并且在人类诞生之前,宇宙天体之间、地球上存在的一切事物之间的普遍联系所生成的多样化的关系,都无不自在地存在着和自在地演化、变更与发展着,是事物自在存在与自在发展特性的自然体现。显然,我们于此所指的所谓内涵着风险性或风险生成性的关系,并非存在于一切领域一切事物之间所建立的关系之中,也并非存在于一切关系的任何变更之中。

是以,这里我们必须要厘清的问题是:什么样的关系或者说事物之间的关系在什么样的条件下才会成为一定的风险分配、传导与传播的纽带或方式? 对于这一问题的确定或者说回答,不仅对于我们正确地认识和揭示事物之间的风险关系有着重要的意义,而且对于我们正确认识、理解、把握与揭示风险关系性分配的逻辑,也有着重要的意义。我们知道,风险作为人类社会生活过程中生成并存在的一种特殊现象,其存在呈现出两大特征:一是任何一种风险的存在,都不是一种实体性的存在,而是一种附着性的存在;二是任何一种风险,其之所以成为风险,都必然与人类现实的生存与发展有着直接的关系。基于风险存在的上述特征,我们认为:第一,附着于事物之间特定的关系并通过这一特定关系的生成、演化、变更而进行传导、传播与分配,正是一切风险存在的基本特征;第二,只有那些对人类现实的生存与发展可能造成或产生危害性影响的危机、问题、挑战或事件等,才可以称之为风险。由此可见,事物之间的关系只有在自身蕴含着或关系的变更会造成人类现实生存与发展可能的危机、威胁或危害的条件下,才能够成为风险分配、传导与传播的关系。

（二）关系性分配的基础

作为风险分配、传导与传播的一种方式,关系性的分配主要是依赖于事物之间普遍联系性所建立的关系而展开的。但是,我们知道,由于风险的生成与存在始终是与人的生存、人的活动密切相联系的,因而这就意味着只有与人的社会生活相关联的关系,才具有分配、传导与传播风险的功能。尽管如此,由于人类在自身漫长的演变、进化与发展的过程中所建立的规定自身现实存在的不同关系在不同的发展阶段与社会形态中有着不同的价值与意义,因而决定了不同性质的关系在人类社会发展不同历史时期风险的分配、传导与传播,同样有着不同的意义与价值。也正是因为如此,不同社会形态风险的关系性分配,必然有着不同的基础。

与一切生命物质的存在一样,人的存在也是一种关系性的存在。但是,与物的存在所不同的是:一是人的存在的关系主要不是事物之间的自在演化所形成的,而是人在自身的实践活动中建立的;二是人在自身的实践活动中所建立的关系,不仅仅只是人与自然的关系,而且还结成了人与他人(社会)、人与自我之间的关系,并由此而形成了规定人的现实存在与发展的关系体系。正是人在自身的实践活动中所建立的这些关系,在直接决定着人怎样存在与怎样发展的同时,也构成了人的发展风险或者说一定社会发展风险分配、传导与传播的重要基础。由于人类在自身漫长的演化、进化与发展过程的不同时期所能展开的实践活动存在着巨大的差异性,因而基于不同性质、不同程度的实践活动所建立的关系,也必然存在着巨大的差异。因此,作为关系性风险分配所赖以展开的人类现实存在的关系这一基础,在人类发展的不同历史阶段或者说不同社会形态,必然也就存在着巨大的差异。

在人类由猿而人的漫长的演化与进化时期,人类的生存主要依赖于自然性的生物本能,因而这一时期,人类在严酷的生存实践中所建立的关系是极为简单与原始的,主要的关系是人与自然的关系以及基于集群性生活的需要而自然结成的个体之间的生物性依附关系。在这一关系形式的生存实践中,人类生存所面临的风险主要源自于自然界自然的变化对于人类生存的威胁与影响。是以,自然关系是早期人类生存风险分配、传导与传播的主要基础。但是,由于人类早期与自然所建立的关系是极其简单与原始的,并且其时人类生存风险的发生也具有一定的偶然性与个别性,因而从严格意义上来说,这一时期人类在生存实践中所建立的人与自然的关系以及个体之间的生物性依附关系,不具有系统与广泛的风险分配、传导与传播的功能。

由畜牧业、农业的发展所开启的农业文明时代的到来,在逐渐地改变着人与自然关系结成的性质、方式的同时,也极大地促进了人的存在的社会关系与自我关系的发展。相对于蒙昧时期与原始时代人类的生存而言,农业时代人类在自身的生存实践中所建立的生存关系已发生了巨大的变化。其变化主要表现在:一是农业时代人类与自然的关系已由早期人类对自然的纯粹依赖关系演变为改造性依赖关系,从而使人类生存与自然关系的性质、内涵发生了重大变化;二是农耕生产方式的出现与发展,不仅使得农业时代人类在现实的生存实践中结成了一定形式的社会,而且也极大地促进了人类存在的社会关系的丰富与发展;三是伴随着人类自身智能程度与文化性的提升,人与自我的关系也有了前所未有的发展。

虽然农业时代人类存在与发展的关系尤其是社会关系有了巨大的发展,呈现出一定的丰富性与多元性,但是,在总体上而言,农业时代人类生存所面对的关系,仍然主要是人类活动与自然所建立的关系。因之,自然关系的变更与影响,依然是农业时代人类发展所面对的主要风险。当然,受制于农业时代人类社会生活封闭性、单一性与稳定性的限制,人类生存与自然所能建立的关系同样存在着巨大的时空限制性,因而通过自然关系对农业时代人类生存与发展所遭遇到的风险的分配、传导、传播也是极为有限的。从农业时代人类所建立的社会关系与自我关系而言,受制于劳动分工、交往技术手段发展的限制,农业时代人类在现实的生存实践活动中所建立的社会关系,也是比较简单、单一与稳定的,个体之间的联结,依然主要依赖于个体对群所具有的生物性的依附关系。与之相应,人与自我所建立的关系,也就极为稳定与单一,不具有多元性与丰富性。显然,由于农业时代人类在生存实践活动中所建立的关系还比较简单且具有一定的稳定性与封闭性,因而尚不具备通过关系的联结而进行社会风险整体分配的基础。

与此前人类发展所经历的一切社会形态不同,现代社会的诞生及其发展,在彻底改变人类社会结构组合方式的同时,也完全改变了人类与自然、人类与自我关系建立的方式、性质与内涵。一方面,劳动的专业化分工、技术进步所导致的人类生产方式的巨大变革,在将个体从群的生物性依附关系中解放出来的同时,也彻底改变了人类社会组合的结构方式;另一方面,通讯技术与交往工具、手段的进步对于时空界域的突破,在极大地拓展了人类实践活动的领域、范围、空间的同时,也使得人类通过自身的生存实践活动能够建立的现实的关系发生了前所未有的巨大变化。也正是由于这一变化,才从根本上改变了现代社会人类存在与生存关系建构的基础,并因此而使得人类在现代社会条件下所建立的生存与发展的关系形态,与之前人类所建立的一切关系形态比较,出现了巨大的差别。

现代社会人类存在与发展关系的建构所出现的变化主要表现在以下三个方面:一是现代社会人类现实生存关系建构的基础发生了巨大的变化,劳动专业化分工的发展、独立而自由个体的出现、现代生产方式的全球扩张、通讯信息与交往技术手段的现代化发展,构成了现代社会人类生存与发展关系建立的重要基础;二是基于上述基础或条件的变化,现代社会人类通过生存实践与交往活动可以建构的关系领域、范围、类型与方式等,也得到了前所未有的拓展与发展;三是与人类在既往历史发展过程中所建立的存在与发展的关系相比较,现代社会人类所建立的生存与发展的关系,不仅具有开放性、多元性、复杂性的特征,而且也具有系统性、发展与变动性的特征。① 由此可见,现代社会的诞生及其发展,不仅为人类开放性、多元性、复杂性、系统性、发展与变动性关系形态的建构创造了必要的条件,而且也为现代社会风险在整个社会范围或者说全球范围内的关系性分配奠定了重要的现实基础。

---

① 有关现代社会关系的发展及其特征的论述,参见张治库:《现代社会关系视阈下人的发展研究》,光明日报出版社 2010 年版,第 76—87 页。

（三）关系性分配的基本方式

风险的关系性分配，虽然是人类发展历程中一切社会形态共有的方式，但是，由于现代社会诞生之前人类活动所建立的关系比较简单、单一，且主要是对自然的依赖关系，因而不具有风险的整体分配性。与之不同的是，现代社会的诞生及其发展，为人类开放、多元与系统的生存与发展关系的建构奠定了现实的基础。一方面，现代社会人类生产与生活的日益多元化与复杂化的发展，使得人类生存与发展所面临的风险关系越来越多样化与复杂化；另一方面，更加开放、多元与系统的人类生存与发展关系网络的形成，也使得风险的关系性分配越来越成为现代社会人类社会发展风险分配的重要形式。因此，与现代社会诞生之前人类生存与发展风险的关系性分配不同，现代社会人类存在与发展的关系对于风险的分配、传导与传播，不再具有偶发性、个别性与分散性的特征，而是具有一定的系统性、整体性、广泛性与连续性。是以，在现代社会的人类生活中，风险的关系性分配已成为人类存在与发展风险分配的重要方式。

在风险的关系性分配中，决定或者影响分配方式的，主要是来自两个方面的因素：一是风险生成的特征及其存在的状态，二是人类现实的实践与交往活动所决定的人的存在关系发展的现实状况。从第一个方面的因素来看，风险生成的特征及其存在的状态，通常决定了关系性分配可能呈现的方式；从第二个方面的因素来看，人类现实的实践与交往活动所决定的人的存在关系发展的现实状况，则决定了关系性分配可能达至的范围、深度与广度。由于风险的关系性分配，既与人类生存与发展风险的产生及其存在特征有关，同时也与人类现实的实践与交往活动所决定的人的存在关系发展的现实状况直接关联着，因而不同关系形态条件下风险的产生及其存在特征不同，通过一定关系而对风险进行分配的方式也就存在着一定的差异性。

早期人类的生存与发展，无论所建立的生存关系还是面对的生存风险，无不直接与自然关联着，对自然有着高度的依存与依附性，因而人类早期生存风险的分配，主要是一种生成性的分配，并且具有直接性与偶发性的特征。农耕时代虽然人类生存与发展所面对的风险依然主要是在自然关系的建立中生成的,但是,由于农耕时代人类实践活动组合的社会关系已经有了一定程度的发展,因而这种自然性生成的风险也必然会通过人的存在的社会关系而被分配与传导。当然,农业时代人类在实践中所建立的社会关系相对比较简单、稳定且具有一定的封闭性,因之对风险分配与传导的参与或者说承载也是有限度的。反观现代社会,则与此前人类经历的一切社会形态都不同,不仅风险的生成及其存在状态呈现出高度的复杂性与多样性,而且作为风险关系性分配基础的人的实践活动的关系也有着前所未有的复杂性、多样性、系统性、开放性与变动性。因此,现代社会风险的关系性分配,其方式也必然呈现出一定的多样性与复杂性。

总括人类社会发展不同历史时期风险的分配,我们认为风险的关系性分配,主要的方式有三大类,即生成性分配、传导性分配与传播性分配。所谓生成性分配,指的是通过风险关系的生成而分配风险的方式,风险关系的生成,即意味着风险的生成与分配的实现,因而风险的生成性分配,乃是一种即时性与确定性的分配方式;所谓传导性分配,指的是通过风险的关系链而传导与分配风险的方式,在这一方式之下,风险的分配主要是通过风险生成引致的系列反映所形成的关系链的传导而实现的,因而风险的传导性分配,乃是一种线性的与反应式的分配方式;而所谓传播性分配,则指的是通过关联性风险关系的联动反映而传播与分配风险的方式,由于这一方式的分配,主要是通过风险的扩散性影响而分配风险的,因而风险的传播性分配,乃是一种扩散性与影响性的分配方式。

由于生成性分配、传导性分配与传播性分配所依赖的人类存在与发展的关系基础不同,因而不同社会与不同关系条件下风险分配的主要方式,也存在着明显的差异性。早期人类生存所建立的关系主要是对自然的依赖关系,风险的生成与发生,也主要集中在依附自然的生存性活动中,因而早期人类存在风险的分配,主要是生成性的分配。农业时代的人类生存与发展,在依赖自然而创造出农业文明的同时,发展了一定的社会关系,因而农业时代人类存在风险的分配,既存在着生成性分配,也存在着传导性分配。当然,由于农业时代人类所建立的社会关系还比较简单,且具有一定的封闭性与稳定性,因而风险的传导性分配并未成为主导的方式。相比较而言,现代社会人类生存与发展风险分配的方式就要复杂得多,既存在着生成性的分配,也存在着传导性的分配与传播性的分配。而且,由于现代社会人类在自己的生存实践中所建立的各种关系都极为复杂与多元,且具有高度的开放性、系统性与多变性,因而无论是生成性的分配,还是传导性的分配与传播性的分配,都广泛地存在于人类社会生活的各个领域、各个方面及其各个环节。

(四)关系性分配的一般过程

决定风险关系性分配的因素,主要是人类在实践活动中所建立的关系。由于关系始终存在于人类的实践活动之中,或者说,只要有人类的实践活动,就会有相应的关系的建立,因而风险的关系性分配的现象,也就会始终存在。关系性分配方式与人类存在与发展关系的高度关联性,决定了关系性的分配作为人类生存与发展风险分配的基本方式,也必然是随着人类实践活动发展所引致的关系的多样化、复杂化与丰富化而不断发展和不断丰富化的。关于这一点,我们在以上的论述中,已通过历史的考察与分析,给出了明确的结论。但是,关系性的分配到底经历怎样的过程? 不同类型的关系性分配方式,其分配风险的过程是否存在着一定的差异性? 无疑,对于这些问题的分析及其符合事实的回答,既是我们正确认识和把握风险的关系性分配过程的需要,也是客观揭示现代社会风险生成、演化、传播与分配规律的必然要求。

支持或者说决定风险的关系性分配的基础,乃是人类在现实的实践与交往活动中所建立的关系。由于不同方式的风险分配所依赖的关系基础存在着一定的差异性,因而也就意味着不同方式的风险分配展开的过程也必然存在着一定的差异性。当然,客观而言,这种差异性,不仅反映在不同的风险分配方式之间,而且也反映在不同社会关系形态下同一分配方式之间。然而,这一差异性是否构成了能够改变不同方式的风险分配或同一方式在不同关系条件下风险分配过程的必要条件,却是一个值得我们认真分析与探讨的问题。

我们知道,事物存在的过程性,是事物处在普遍联系条件下自在演化与发展的阶段性、轨迹性的体现或者说反映,因而,影响或者说决定事物发展过程的因素主要来自于两个方面:一是事物内部规定事物演化与发展方向、轨迹的因素,二是与事物的演化与发展相联系的影响事物发展方向、轨迹的外部因素。从第一个方面的因素而言,决定风险分配方向与过程的主要因素,无疑是风险的性质与风险分配所依赖的方式;从第二个方面的因素而言,影响或者制约风险分配过程的因素,无疑主要是来自于与风险的分配、传导与传播相关联的关系性因素。显然,不同类型、不同方式的风险分配,其过程也存在着一定的差异性。因此,对于不同分配方式下的风险传导与传播过程,我们也应该给予区别对待。

1. 生成性分配的过程

生成性的风险分配,是以风险关系的生成作为重要基础的。在这一分配方式之下,由于风险的分配与风险关系的生成是同时发生的,风险关系的生成,即意味着风险分配的实现,因而生成性的风险分配,不仅过程与风险关系的生成具有同一性,而且也具有一定的瞬时性。因此,生成性的风险分配,是一种瞬时性或者说即时性的分配。这一过程的出现,是以一定的风险关系的生成作为表征的,而这一过程的终结,则自然是以相应的风险关系的消解作为表征的。所谓一定风险关系的生成,这里指的是,由于人的实践活动的展开或者行为活动而使得人与周围环境或者特定的对象之间形成了尖锐对立并且危及人的生命安全或健康发展的特殊的对象性关系。这一关系必须具备的要件是:第一,人与对象之间对立关系的建立具有瞬时性;第二,人的对象性对立关系具有危及人的生命安全或健康发展的可能性或者说倾向性;第三,来自对象性关系的威胁超越了人自身可以掌控的能力范围。如原始人狩猎过程中猛兽突然出现对人的生命的危及,地震、泥石流、火山喷发等自然灾害的发生对于波及的人而言,皆是如此。因着这一对象性的风险关系是瞬间生成的,因而关系生成的过程即构成了风险分配的过程。

2. 传导性分配的过程

与生成性的风险分配不同,传导性的风险分配不是一种瞬时性的分配过程,而是一种线性的分配过程。决定这一过程的,主要是风险的性质及其由风险所引起的连锁性的关系性反应。以此观之,对于传导性的风险分配而言,风险的性质及其风险所借以传播的介质状态,无疑成为决定风险是否传导和如何传导的重要因素。是以,传导性风险分配过程的发生,必须具备的基本条件是:第一,处在一定风险关系中的风险,必须具有线性传导的基本属性或者相应的功能;第二,风险借以传播的介质具有一定的传导性或者风险的对象自身就是一种传播的介质;第三,一种风险关系的生成能够引起线性的连锁性风险关系的反应。只有在以上条件具备的情况下,传导性的风险分配才能够发生,并且也才能够完成与实现风险的传导性分配。一个典型的传导性风险分配的过程必然经历的阶段是:(1)人与风险关系的生成,(2)风险的连锁反应与线性传导,(3)风险的消解与风险关系的解除。例如,地震所引起的瘟疫或传染性疾病的传播、金融危机所引发的行业性人群生存与发展的危机、一种技术的变革所引发的相关人群的职业性发展风险等等。由于传导性的风险分配是借助于风险所引起的线性连锁反应而展开的,因而传导性的风险分配过程自然也就呈现出一种线性演进的特征。

3. 传播性分配的过程

如果说生成性的风险分配是一种瞬时性或即时性的分配过程、而传导性的风险分配是一种线性的分配过程的话,那么,传播性的风险分配则是一种网络状扩散分配的过程。对于传播性的风险分配而言,决定其过程发生与展开的因素,同样主要包括了风险的性质及其由风险所引起的连锁的关系性反应。与传导性风险分配所不同的是,传播性风险分配所经历的过程并非是一种线性的过程,而是一种网络状扩散分配的过程。因此,传播性风险分配过程的发生必须具备的基本条件是:第一,处在一定风险关系中的风险,必须具有强大的多向传导与传播的基本属性或者说相应的功能;第二,风险借以传播的介质必须具有一定的多向传导性或者风险的对象自身就是一种多向传播的介质;第三,一种风险关系的生成能够引起多向的连锁性风险关系的反应。与之相应,一个典型的传播性风险分配的过程必然经历的阶段是:(1)风险关系的生成,(2)风险的连锁反应与多向网络状传导与传播,(3)风险的逐步消解与风险关系的有效解除。例如,核辐射造成的环境污染对生态系统的破坏所引发的生态危机及其对人类整体生存的威胁、市场的失灵或者震荡所引发的不同相关行业发展危机的连锁反应及其对相关人群生存与发展的威胁、制度的结构性冲突所引发的社会的整体震荡及其对不同阶层人群生存与发展的威胁等等,皆是一种传播性的风险分配过程。传播性的分配主要是借助于多向与复杂的风险关系的连续与系统性的反应而展开并实现的,因而其分配过程呈现出网络化传播与演进的特征。

从以上我们对生成性风险分配、传导性风险分配与传播性风险分配过程的分析来看,虽然不同性质、不同方式风险分配的过程存在着一定的差异性,但是,倘若仅从一种风险从生成到消解所经历的阶段性过程而言,则不同性质、不同方式的风险分配,呈现着大体相类的过程,即都必须经历由风险关系的生成到一定的风险关系对风险的传播再到风险的消解与风险关系的终结这样一个过程。所不同的是,不同风险关系与分配方式之下,风险传播的路径、涉及的范围和所历的时长存在着比较显著的差异。

(五)现代社会风险关系性分配的主要特征

现代社会是一个极其复杂而又充满了风险的社会,因而对于现代社会人类的生存与发展而言,不仅时时刻刻面临着不断生成的复杂的风险关系的困扰,而且也在自己现实的实践与创造活动中不断地制造着新的风险并为新的更为复杂的风险关系的生成日益创造着更加丰沛的土壤。因此,与人类既往的任何一个社会形态都不同,现代社会作为一个内含着高度风险的社会,无论其风险的生成,还是风险的分配,都无不表现出区别于既往人类社会形态风险生成与分配的独有特征。从关系性分配的角度而言,现代社会风险分配所具有的特征主要表现在以下三个方面:一是分配形式的多样性与复合性,二是分配过程的复杂性与系统性,三是分配领域的广泛性与整体性。

1. 分配形式的多样性与复合性

与既往的人类社会发展形态不同,现代社会的发展,不仅不断地制造着形形色色、各种各样的危机与风险,而且同时也为这些危机与风险的分配、传播创造着适宜的土壤与必要的条件。因此,对于现代社会风险的关系性分配而言,其方式不仅是多样的,而且在具体的风险分配的过程中也常常会出现多种分配方式复合展开的情态。我们知道,风险的生成及其分配,是与人类实践发展所能创造或者建立的生存与发展的关系直接联系在一起的。人类在自己现实的生存实践与交往活动中建立了怎样的关系,也就意味着为风险的生成及其通过风险关系对风险的分配创造了怎样的基础。现代社会诞生之前人类生存实践与交往所能建立的风险关系比较简单且相对单一,因而附着在这一关系基础上的风险和与之相应的分配方式,自然也就比较简单与单一。如,原始时代与传统农业社会时期,人类生存与发展的风险的关系性的分配方式主要是基于自然风险关系而展开的生成性分配或者传导性分配,并且分配方式也不具有复合性。但是,现代社会则与之完全不同。现代社会人类生存实践与交往活动多样化的发展不仅为现代人多样化与复杂性的风险关系的建立创造了客观的现实基础,而且也为与之相应的多样化的风险的关系性分配准备了充分的社会传播条件。因此,现代社会风险的关系性分配,不仅方式已不具有单一主导性,而且同一风险的分配,也往往是由多种分配方式的混合或者说以复合的形式而完成的。

2.分配过程的复杂性与系统性

现代社会人类生存与发展所建立的关系的多样性、系统性、复杂性与多变性,既决定了现代社会人类生存风险关系生成的多样性与复杂性,同时也决定了风险分配方式的多样性以及分配过程的复杂性与系统性。与既往人类社会风险分配的单一方式主导不同,现代社会人类生存与发展风险的分配,通常是在多种方式的共同运行中而展开并完成的,因而,相对于已往人类社会风险的关系性分配而言,现代社会人类生存与发展风险的关系性分配,无论其方式还是其过程,无疑呈现着更大的复杂性,并且分配的过程也呈现出系统运行与传播的特征。这一特征主要体现在以下两个方面:第一,现代社会风险关系的生成及其分配,往往是在错综复杂的关系的基础上展开的,这就注定了现代社会风险的分配过程不是一个单一方式主导的过程,而是一个多元方式复合作用的复杂过程;第二,现代社会结构与运行的系统性特征,既是人类在现实的生存实践与交往活动中所建立的诸种社会关系结构化发展的形式反映,同时也是现代社会人类生存与发展风险分配、传导与传播的重要基础与依赖路径,因而在这一关系条件下,任何方式的风险分配,无疑都必然呈现出系统传导与传播的特征。

3. 分配领域的广泛性与整体性

与风险分配方式的多样化与分配过程的系统化传导、传播相适应,现代社会风险的关系性分配,还呈现出广泛性与整体性的特征。理论上而言,在关系性的分配中,凡是关系能延伸到的角落,都有可能生成一定的风险关系而成为一定的风险传导或传播的链条。现代社会人类生存与发展的风险的关系性分配,之所以必然会涉及到广泛的领域与整体的人群,其根源就在于:第一,劳动专业化分工的精细化发展、个体的解放与独立自由的实现、基于现代科学技术支持的生产方式的现代化变革、技术进步所引致的人类实践与交往工具、手段的日益便捷化与效率化等等,这一切因素的变化,都使得现代社会的发展与运行呈现出更大的自由性、开放性以及自组织发展的系统性;第二,由现代通讯信息技术日新月异的进步所导致的人类实践与交往活动对时空界域限制的突破,一方面使得现代社会人类活动的关系触角延伸到更为广阔的领域与范围,另一方面也使得现代社会人类的社会生产与社会生活具有了更为紧密和密切的联系性,从而将全球人类的生存与发展导入到一个整体化或者说一体化的时代;第三,基于上述两方面的变化,现代社会人类的生存与发展,无疑被置于广泛而普遍的彼此依存与相互影响、促进或制约的关系网络之中。由此可见,基于现代社会人类实践与交往关系的风险分配,已不是一种偶然的、个别的或区域性的现象,而是一种广泛的、普遍的或整体性的现实存在。

二、市场性分配

市场是适应人类交换的需要而出现的一种特殊的场所。这一场所之所以特殊,就在于它承担着人类劳动创造差异性的交换。通过这种差异性的交换,一方面,人类使自己的劳动创造获得了社会性的价值,另一方面也实现和满足了不同人群对差异性劳动产品短缺的需要。因而,市场的产生及其发展,是与人类劳动分工与商品交换的发展直接联系在一起的,是人类差异性劳动或者说专业性劳动以及与之相应的产品的商品化发展程度的反映与体现。

在理论上而言,人类在现实的实践与交往活动中所建立的任何一种关系,都有可能成为风险借以分配与传播的媒介体。市场交换所形成的关系,同样也是如此。但是,由于早期人类的市场交易行为只是简单的以物易物且不具有经常性,因而在严格意义上而言,不具有分配风险的功能。现代社会基于商品经济发展的要求而建构并发展起来的市场,则完全与之不同。现代市场不仅承载着人类差异性劳动成果交换的职能,而且也承载着社会资源的调节、分配和自然配置的职能。因此,通过现代市场交换行为所建立的各种交换关系、交换规则与秩序等,无疑对人类社会的生产与生活产生着极为广泛而深远的影响。正是在这意义上而言,我们可以说市场性的风险分配与关系性的分配一样,同样构成了现代社会人类生存与发展风险分配的重要方式。

市场是否具有分配人类社会发展风险的功能,乃是与人类通过市场交换行为所建立的关系及其这一关系所具有的广延性、多样性与变动性直接联系在一起的。现代社会市场所具有的风险分配的功能,也正是基于这一点而形成的。与关系性的风险分配不同,市场性的风险分配虽然也必须依赖于一定的风险关系而展开,但是,由于市场性的风险分配主要是依赖于市场交换及其运行所生成的各种关系而进行的,因而无论其分配的方式、传导与传播的过程,都有着与关系性的风险分配不同的特征。

(一)市场性分配之所指

所谓市场性分配,指的是通过市场及其运行而实现风险分配、传导与传播的现象。因此,市场的出现,则成为市场性风险分配产生的前在基础。我们知道,市场作为人类集市贸易和交换差异性劳动成果的场所,其出现必须具备一定的条件,因而并非是伴随着人类的诞生就出现的,而是人类社会发展到一定历史时期的产物。市场的出现,必须具备两个基本条件:一是有差别的劳动的出现或者说社会劳动出现了一定程度的分化与分工,二是劳动剩余产品的出现。前者决定了人类生存需求的分化及其非自我满足性的出现,而后者则决定了有差别的劳动所导致的人类生存需求的非自我满足性消解的实现及其实现的程度。据此而言,原始社会末期人类的社会生活中就已出现了市场与市场交换行为。据《周易·系辞》就市场的起源所言:"神农日中为市,致天下之民,聚天下之货,交易而退,各得其所。"①班固《汉书》、司马光《资治通鉴》也沿袭了同样的说法。由此可见,远在原始时代,人类社会生活过程中就已经出现市场与市场交换这一特殊的社会现象。

虽然市场的出现是人类社会劳动分工与社会生活分化发展的必然产物,但是,大规模的商品经济诞生之前,人类在自给自足的自然经济基础上基于劳动分工和差异性劳动成果的交换而形成的市场,只不过是一个通过"以物易物"而实现非自我满足性需求满足的场所而已,并不具有影响社会生产与社会资源分配或配置的特殊功能,因而对人类社会生产与社会生活所能产生的影响也是非常有限的。因此,在严格意义上而言,现代社会诞生之前人类社会生活过程中出现的市场及市场交换行为,既不具有影响或调节人类社会生产供求关系的功能,同时也不具有系统分配社会发展风险的功能。正因为如此,我们于此所说的市场性分配,并非指人类在自然经济时代出现的偶尔附着在"以物易物或者简单的市场交换行为关系"之上的风险分配现象,而是指现代社会人类在商品经济高度发展的基础上,基于商品的交换与社会资源有效配置的需求而建构起来并有着特殊的社会经济发展功能的市场所出现的风险分配的现象。

当然,市场作为人类有差别的劳动及其创造物交换之所在,市场的交换行为必然会生成一定形式的人人之间的关系。在理论上而言,任何一种形式的关系,都有成为一定的风险分配、传导与传播媒介的可能性。早期人类在市场交换过程中所建立的一定形式的交换关系,同样也具有这一可能性。事实上,市场交换活动生成一定的风险关系的现象,在早期人类的市场交换

---

① 参见高亨:《周易大传今注》,齐鲁书社1979年版,第561页。

行为中,无疑也客观地存在着。但是,这一现象的出现,也并不能说明或者证明基于自然经济发展的人类劳动分工与有差别的劳动及其创造物的交换而出现的市场,就具有风险分配的功能。之所以如此,其根源就在于:第一,早期人类社会生活过程中所出现的市场,只不过是一个人类实现有差别的劳动及其创造物交换的场所而已,它不具有除此之外的其他任何职能;第二,人类在这一行为中所建立的关系,只不过是一种有确定指向的交换关系而已,其生成风险的可能性或者导致风险关系生成的概率是非常低的。正是基于这一理由,我们认为现代社会诞生之前人类社会出现的市场及其与之相应的市场交换行为,在总体上而言,不具有社会风险分配的功能。

现代社会的诞生,在开启人类社会现代化发展的同时,也使得市场及其运行这一古老的人类有差别的劳动交换行为获得了奇迹般的变化。围绕着商品交换而出现并获得极大拓展与发展的市场,不仅成为影响、制约或支配现代社会人们现实生活的重要力量,而且也成为现代社会人类社会生产资源分配与有效配置的重要途径与手段。是以,我们可以说,对于现代社会人类的生存与发展而言,市场及其围绕着市场运行而建构的一系列规则、市场的交换以及由此而建立的人人之间各种复杂的关系等等,无疑已成为一种不可回避且有着重大而深远影响的现实支配的力量。市场在现代社会条件下所获得的神奇变化及其对现代人现实的社会生产、社会生活的深度锲入,使得基于商品经济发展要求而建构起来的现代市场及其体系获得了前所未有的功能变化。正是因为这一神奇的变化,现代市场也才因此而获得了社会风险分配的基本职能。因此,我们于此所说的市场性的风险分配,主要指的是基于现代市场体系的运行及其特殊的分配与配置功能而进行的社会发展风险分配的现象,而非指自然经济时代人类在市场交换活动中偶然发生的风险分配现象。

(二)市场的风险分配功能

市场的产生,虽然根源于人类社会劳动的分工与有差别的劳动交换的需要,但是,市场功能的获得及其发展,却涉及到更为复杂的因素,不能用简单的"劳动的分工与有差别的劳动交换"就可以清晰、准确而完整地解释的。这是因为:一方面,人类社会劳动的分工是一个伴随着生产工具与生产技术的进步、生产方式的变革而不断深化与发展的过程,因而人类社会生产与生活基于有差别的劳动交换的需求,也是随之而不断变化、拓展与发展的;另一方面,市场一经产生,便获得了相对的独立性,尤其是在商品经济条件下,市场不仅获得了新的功能内涵,而且其独立运行与发展的倾向更为强烈与明显。由此可见,市场及其体系、市场的运行及其功能内涵等,也并非是恒定不变的,而是随着支持市场体系建构及其运行的社会因素的变迁而不断变化与发展的。

与原始社会以及农业经济时代人类基于劳动的自然分工和有差别的劳动交换所建构起来的市场完全不同,现代社会的市场已不仅仅是一个实现人类有差别的劳动交换的场所,而是获得了更为广泛的功能内涵与社会发展的价值。对于现代社会的发展而言,市场的功能内涵与社会价值早已超越了促使人类有差别的劳动交换的实现这一单一的功能界域,而是有着包括商品交换、信息交流、资源配置、供求关系调节和社会经济秩序维持等在内的多重功能内涵。由于建立在商品经济基础上的市场体系在现代社会经济的发展中发挥着极其重要的促进、调节、维持或制约的功能作用,因而商品经济形态,通常也被人们称之为市场经济。

市场的现代转型及其相应功能的获得,其根源在于:第一,现代市场存在与运行的基础已由自然经济转变为商品经济,商品的生产与交换成为现代社会人类生产的基本目标与重要特征;第二,现代市场独立性的获得及其自组织的演化与发展,使得现代市场已经演化而转变为一种调节社会经济发展的重要手段与自组织运行的工具体系;第三,专业组织化的生产方式、现代科学技术尤其是通讯信息技术的迅速发展,不仅为市场的全球扩张奠定了重要的基础,而且也使得现代市场演变为一种世界性的经济调节体系。正是基于以上变化,我们认为相较于已往人类社会发展过程中出现的市场,现代市场及其运行无疑形成并具有了一系列新的特征。这些新的特征主要包括市场体系的结构化与系统化、市场运行的开放化与秩序化、市场功能的多样化与功能实现的多变性等。显然,这些新的特征的出现,无疑使得市场这一古老的人类有差别的劳动交换现象获得了从未有过的神奇的变化。

由此可见,现代市场在发展过程中所形成的结构化、系统化、开放化与规则化运行及其总体所表现出来的多变性的特征,必然决定了市场风险关系的生成及其运行对社会发展风险的分配、传导与传播。因此,在一定意义上而言,现代社会的市场,既是现代社会风险的制造者与生产者,同时又是支配社会风险分配的主导力量和风险分配的重要途径。我们知道,市场的基本职能是通过交换关系而调节社会资源在社会各个领域的分配,但是这一分配并非始终都如人们期望的那样只带给社会生产发展的效率和社会生活的安全,这一过程同时也伴随着对社会风险和社会生活不确定因素的分配。由于现代市场具有强大的自组织与自我扩张能力,因而市场对人们社会生活的渗透无论在广度还是在深度上都是前所未有的,这就意味着现代市场不仅具有社会资源配置与调节的功能,而且也具有除此之外的对社会生活影响与支配的功能。正因为如此,现代市场除了制造与生产一定的社会风险之外,还具有了对社会风险进行分配的特殊功能。

(三)市场性分配的基本方式

现代社会市场对社会风险的分配,主要是通过两条途径而实现的:一是通过人们之间所建立的市场关系或者说交换关系而进行的分配,二是通过基于市场有效运行所建立的制度或者说规则关系而进行的分配。前者以一定的市场交换活动为中介,通过人们在社会经济活动过程中所建立的交换关系或者市场关系而进行社会风险的分配、传递与传播;后者则以一定的市场规则体系为依托,通过规则的运行及其导致的市场关系的变化而对社会风险所进行的连带性分配。前者是一种自发的关系性的分配,而后者则是一种带有一定强制色彩的制度性的分配。除此之外,现代社会市场运行与供求关系的多变性,同样也会制造出许多市场自生的风险。当然,市场本身所制造的风险,也是通过市场自身的运行而进行分配、传导与传播的。是以,总括市场性的分配,基本的方式主要有两种:一是交换性分配或者说市场的关系性分配,而是规则性分配或者说市场的运行性分配。

1. 交换性分配

交换有广义与狭义之分。广义的交换,泛指生命世界一切物质之间所存在的能量与信息互换的行为现象;而狭义的交换,则仅指人类基于社会劳动分工而出现的产品交易互换的行为活动,即市场交易与互换行为。[①] 我们在此所讨论的交换,仅指狭义意义上而言的交换,也就是通常人们所说的市场交换。市场的产生,根源于人类生存对于有差别的劳动产品交换的需求,因而可以说,交换是市场最古老的一种职能。通过市场交换行为,人们之间建立起一定形式的交换关系。交换关系的实质是人类生存彼此依存性的反映,是人类通过市场交换而结成的一种特殊的劳动关系或者说经济关系。

市场交换关系的结成,为社会风险的分配、传导与传播创造了必要的条件。当然,一定的市场交换关系是否具有社会风险分配的功能,并不完全是由交换本身或者由交换本身联结生成的纯粹而单一的交换关系所决定的,而是由交换关系所承载的社会功能及其实现的状态所决定的。我们知道,交换是人类基于社会劳动的分工以及由此而导致的有差别的劳动需求的交换而出现的,这就意味着交换在不同的劳动分工与社会经济形态下有着不同的功能内涵。自然经济形态下的交换,由于人类劳动分工发展程度的限制,因而通过市场交换所建立的人们之间的交换关系及其功能内涵,也具有一定的单一性且具有相对的稳定性。但是,商品经济形态下的市场交换,则与之有着根本的不同。人类劳动分工的精细化发展及其市场本身无边界的扩张与自组织的运行,一方面使得人类通过市场交换所建立的关系更为丰富、多元与复杂,并且也充满了不可预测的变动性,另一方面也使得市场、市场交换及其由此而建立的人类交换关系获得了更为丰富的功能内涵。因此,在严格意义上而言,只有在商品经济形态下建立的普遍的市场,才具有分配一定的社会发展风险的功能。

[①] 关于人类社会交换行为的产生、发展演变及其社会功能的论述,可参见张治库:《生存与超越:人的存在与发展的文化性解读》一书第六章"作为群体的存在与发展:行为解释"之第一节"生产与交换"的相关内容。人民出版社 2012 年版,第 237—243 页。

市场的交换性分配作为现代社会人类生存与发展风险分配的一种基本方式,其所依赖的主要媒介体是围绕着市场交换与运行而生成的各种错综复杂的市场关系。因此,我们于此所说的所谓市场的交换性风险分配,其实质是通过市场关系尤其是交换关系而分配、传导与传播人类生存与发展风险的活动或者现象。我们知道,市场关系是现代社会人类社会生产与社会生活过程中所结成并出现的一种非常复杂而又重要的关系,无论对现代社会人类的生产劳动、经济活动,还是对人们的现实生活,都发挥并产生着极为重要的影响。显然,市场及其市场交换在现代社会人类社会生产与社会生活过程中所具有的前所未有的重要性,决定了市场关系成为现代社会人类生存与发展风险分配方式的必然性。

现代市场关系之分配、传导与传播风险功能的获得,主要是基于以下因素而生成的:第一,现代市场关系是现代社会人类通过市场交换行为而建立的一种特殊的社会经济关系,具有多变性、复杂性、系统性与开放性发展的特征;第二,市场关系在表象上虽然体现为一种买卖双方之间因一定的交换行为而生成的交换关系,但是在本质上而言,它是商品经济形态下社会生产供求关系的反映,因而市场关系的变动无疑对人类社会的生产与生活产生着广泛而深刻的影响;第三,作为供求关系生成并具体反映的市场关系,不仅成为联结生产与消费者关系的纽带,而且也成为联结人与自然关系的重要桥梁;第四,基于以上事实,市场关系的变动,自身也会不断制造并生成一系列的风险。正因为如此,通过市场交换而形成的市场关系,无疑也就获得了分配、传导与传播现代社会人类生存与发展风险的基本功能。

2. 规则性分配

市场的规则性分配,也可以称之为风险的市场运行性分配。虽然任何一种规则,在现实存在的形式上都体现为一种行动或者行为的规范与准则,但是,规则在本质上而言,乃是人们之间活动必然关系的一种形式化的凝结与反映。也正是在这一意义上而言,规则才获得了风险分配的可能性。当然,一定的规则是否能够成为社会风险分配的方式,并非单纯由规则本身就能够决定的。我们知道,规则作为人类社会活动开展与行为过程遵循的规范或准则,其功能的发挥与实现,无不是在活动的现实展开与行为的具体过程之中而实现的。也就是说,任何一种规则,只有在人类现实的活动与具体的行为过程之中,才能够由一种形式化的存在状态转变为一种具体而现实的功能状态,即规则只有通过与人类现实活动与具体行为的结合,才能够转变为现实的运行状态。而只有处于现实运行状态的规则,也才具有分配、传导与传播社会风险的功能。因此,所谓市场的规则性分配,指的是通过市场活动过程中规则的运行而分配、传导与传播社会风险的现象。

与市场的关系性分配一样,自然经济形态下市场规则的存在及其运行,很少或基本不承载社会风险的分配、传导与传播。原因在于:其一,适应自然经济形态下劳动的自然性分工与简单的有差别劳动产品交换的需要,自然经济形态下人类通过市场交换而形成的维系市场运行的规则比较简单且具有一定的约定俗成性,因而不可能构成系统而具有广泛覆盖性的市场规则体系;其二,通过约定俗成而形成的市场规则,主要不是依赖于规则本身所具有的强制力而施行的,而是通过交换双方内心的道德自律和舆论习俗而得以维系的,因而约定俗成性市场规则运行过程中风险生成的几率也就非常低;其三,由于在自然经济形态下人类通过市场交换所建立的关系相对简单且比较稳定,因而市场本身不具有生成风险的基础与条件,自然也就不可能存在风险的规则性分配。

但是,现代社会基于商品经济发展的要求而建构的现代市场的诞生及其发展,则完全改变了市场的基础与运行的规则,从而使得现代市场不仅成为商品供求与交换、资源分配与配置的重要调节力量,而且也使其演变为风险制造的策源地与风险分配、传导、传播的重要途径。现代市场规则的运行对于人类生存与发展风险尤其是市场风险的分配、传导与传播,主要是基于以下因素而展开的:第一,现代市场不仅自身会不断地制造和生成一系列的市场风险,而且也会通过市场关系传播与分配与市场相关联的其他社会风险,从而为市场的关系性分配与规则性分配创造了客观的基础;第二,作为维系现代市场运行的市场规则与准则,乃是由涉及到规范市场活动诸多方面、诸多环节有序运行的复杂而又多样化的规则所构成的规范体系,不仅自身构成了一个自组织的运行系统,而且其所具有的功能性影响也波及或者覆盖到现代社会人类生产与生活的各个领域、各个层面以及现实生活的每一个个体,从而为通过市场关系的风险分配与广泛传播奠定了现实的基础;第三,在现代市场条件下,市场的多变性和不可预测性所引致的规则体系时效的迟滞化或者规则的变动,无疑都有可能引发市场的内在风险并通过规则的运行而将这种风险分配到现代社会人类生产与生活的各个领域、各个层面与相应的人群。正是由以上条件与因素的支持,市场的规则性分配才得以展开,并由此而构成了风险的市场性分配的重要方式。

(四)市场性分配的一般过程

我们说,风险的市场性分配是一种依赖于市场关系的纽带作用与市场规则运行的功能而进行的风险分配,其基本的方式主要是市场的关系性分配与市场的规则性分配两种。虽然这两种方式对于市场风险的分配、传导与传播呈现出一定的差异性,但是,作为市场性分配的两种基本方式,关系性分配与规则性分配大体经历着一个相类的过程。在对市场风险的分配中,二者所不同的是,市场的规则性分配主要承载着因市场运行规则体系时效的迟滞化或者规则的变动所引起的市场内生风险的分配,而市场的关系性分配,则不仅承载着市场关系变动、重组或断裂所引发的内生性风险的分配,而且也承载着与市场相关联的人类自然性、社会性关系变动所引发的市场风险的分配。因此,对于两种风险分配方式因风险分配的差异而引致的过程性的细微区别,我们也应该给予必要的分析与探讨。

市场的规则性分配是一种依赖于规则及其运行而进行的风险分配,其所分配、传导与传播的风险也主要源自于市场运行规则体系时效的迟滞化或者规则的变动所引起的市场内生的风险,因此,市场的规则性分配的发生,是以市场规则运行所引致的市场风险关系的生成作为前在条件的。这就意味着,在市场的运行中,倘若没有规则性风险关系的生成,则不会有相应的风险分配现象的出现。一般而言,在一个成熟而稳定的市场环境中,基于市场有序运行而建构的规则体系也具有相对的科学性、合理性与稳定性,因而一般不会生成规则性的风险关系。与之相反,倘若在一个不完善、不成熟或多变的市场环境里,则不仅难以建立起维系市场有序运行的规则体系,而且既在规则的迟滞化、新的规则的形成或者规则的调整,都有着引发或导致规则性风险发生的极大可能性。由于市场的规则性风险分配是以规则性风险关系的生成作为发端的,因而一个典型的规则性风险分配的过程所包含的基本阶段是:规则性风险关系的生成、规则运行对风险的分配、传导与传播,以及风险的现实化或风险关系的消解。

与规则性分配有所不同,市场的关系性分配主要是一种依赖于市场交换所生成的关系而进行风险分配、传导与传播的活动。虽然市场的关系性分配经历着与规则性分配大体相类的过程,但是,这一过程的发生有着一定的复杂性。其复杂性就在于市场的关系性分配不仅传导与传播市场内生的风险,而且也传导与传播与市场相关联的其他自然性的或社会性的风险。因此,市场的关系性风险分配的过程表现出两种不同的情况。一是由市场交换关系的中断、变动或者更改而导致的市场内生性风险的分配,二是由自然性或社会性风险的市场性传导所导致的供求关系的变化而引致的传导或传播性风险的分配。前者的发生是以市场运行过程中交换关系的中断、变动或者更改为前在基础的,而后者则是以社会生产与消费状况的变化而导致的市场供求供求关系的变动为前在基础的。前者是一种生成性的风险分配,而后者则是一种传导或传播性的风险分配。

基于以上基础条件的差异,一个典型的市场内生性风险的分配过程所包含的基本阶段是:市场交换性风险关系的生成、市场交换对风险的分配、传导与传播,以及风险的现实发生或者风险关系的消解。而一个典型的市场传导或传播性风险的分配过程所包含的基本阶段是:市场供求性风险关系的生成、市场运行对风险的分配、传导与传播,以及风险的现实发生或者风险关系的消解。由此可见,在市场内生性风险的分配过程中,市场风险的产生根源于市场运行中一定的交换关系的中断、变动或者更改,而在市场传导或传播性风险的分配过程中,市场风险的产生,则根源于一定时期社会生产与社会消费关系的变动对市场供求关系的风险性传导。正是在这一点上,市场内生性风险分配的过程与市场传导或传播性风险分配的过程,方出现了根本的分野。

（五）市场性分配的主要特征

现代社会风险的市场性分配，在根本上而言，是与市场自身的发展及其运行直接联系在一起的。市场及其通过市场而建立的市场关系（无论是具体的交换关系，还是市场供求关系，或者是运行的规则关系）作为风险分配的基础，对现代社会人类生存与发展风险的分配、传导与传播起着重要的作用。因此，市场性风险分配所具有的特征，乃是与市场及其运行的特征直接联系在一起的。基于这一逻辑，我们认为，现代社会风险的市场性分配所表现出来的基本特征主要有以下几个方面：一是基于现代市场开放性运行与发展的开放性分配的特征，二是基于现代市场自组织运行与发展的自然性分配的特征，三是基于现代市场多变性、多样性和联动性运行与发展的多样性分配的特征。

1. 开放性分配特征

与自然经济形态下的市场不同，现代社会的市场体系及其运行主要是建立在现代社会劳动的专业化分工、商品经济的发展和现代交往手段与通讯信息技术支持的基础之上的，因而其运行与发展并不是在一个封闭与稳定的环境中展开的，而是在一个开放的、多变的与复杂的社会环境系统中展开的。现代市场体系及其运行的基础所具有的开放性、多变性与复杂性的特征，自然就决定了其体系建构及其运行必然也是在一种开放化的状态中实现与进行的。与之相应，现代市场对于人类生存与发展风险的分配、传导与传播，也就同样始终呈现出一种开放、多元与变动化的状态。

开放性作为市场性风险分配的基本特征，主要是通过以下几个方面的特性或者要素而得到表现的：第一，开放化的运行与发展是现代社会市场体系所具有的基本特征，因而无论是市场内生性的风险还是市场传导或传播性的风险，其生成或者与市场关联性的发生，都是由市场的开放所引致的关系、规则的变动或者联系性的发生而导致的；第二，现代市场生成或传导的任何风险，其分配、传导与传播都是在一种开放的市场平台与条件下展开的，因而这种分配方式所导致的风险性影响的界域不具有封闭性，相反具有无限延伸的广域性;第三,开放条件下市场风险分配所涉及到的领域、传导与传播所波及的对象不具有特定性,是一种联动性变动所导致的风险关系生成性的连锁反应。

2. 自然性分配特征

现代市场体系及其运行,尽管是在一个完全开放的社会环境系统之中展开的,但是,这也并不意味着现代市场相对独立性的丧失。事实上,现代市场体系的建构及其运行,正是因为有了开放的社会系统的支持,因而才形成了其自组织运行与发展的重要特征。当然,现代市场相对独立性特征的生成,还与其在商品经济发展和现代社会人类生活中所获得的特殊功能有着直接的关系。作为现代社会人类生产与生活不可或缺的构成要素或者方面,现代市场的产生及其运行,不仅对于现代社会人类商品经济的发展有着不可替代的促进与保障功能,而且对于现代社会人类社会生活的展开与存续也发挥着极其重要的调节和保障功能。因此,基于现代社会商品经济发展与人类社会生活存续要求而建构并发展的现代市场,其相对独立性的获得,也就成为一种必然。

自然性作为现代市场性风险分配的基本特征,其表征乃主要是通过以下几个方面的特征而得以表现的:第一,现代市场作为沟通人类社会生产与社会消费之间关系的重要桥梁,其围绕着生产与消费而建立的任何一种关系的生成、演变及其发展都是一个自然而然的过程,不具有人为性,市场风险关系的生成,同样也是如此;第二,现代市场的各种风险关系既在市场开放与独立的运行过程中生成,也在市场的运行过程中伴随着各种市场关系的连锁性反应而将与之承载的风险,分配、传导与传播到这一关系所能延伸到的任何领域或任何人群;第三,在不进行或施予人为性干预的条件下,现代市场对人类生存与发展风险的分配、传导与传播,始终呈现着一种自组织运行所导致的自然性。

3. 多样性分配特征

与市场的开放性与自主而又多样化发展的特征相适应,现代市场在其运行与发展的过程中所建立的市场关系及其运行规则,不仅具有一定程度的自发性,而且也具有一定的多样性与复杂性。与之相应,通过市场关系与市场规则而生成的风险关系,同样也具有一定的多样性与复杂性。一方面,一个开放的市场环境系统,无疑为现代市场多样化关系的建立创造了重要的客观条件,从而也就为多样化市场风险关系的生成奠定了现实的基础;另一方面,现代市场自组织地运行与发展,不仅意味着多样化市场关系生成的自然性与自发性,而且也意味着与之相应的市场风险关系生成的复杂性。基于现代市场开放而又自组织的运行与发展所引致的市场关系的多样化与复杂化特征的出现,必然决定了现代市场社会风险分配形式的多样性。

多样性作为现代市场性风险分配的基本特征,其表征主要是通过以下几个方面的特征而得以表现的:第一,一个开放系统中的市场,无论其规则体系的建立,还是其市场关系的生成、演化与发展,毫无疑问,都有着多样化发展的倾向与特征;第二,现代市场的自组织运行与发展,不仅意味着市场作为一个相对独立的社会系统自在运行与发展的自然性,而且也意味着一切市场风险关系的生成、传导与消解都呈现出一种自在生息、自在运行的自然性与复杂性特征;第三,基于现代市场开放化发展与自在运行的特征,现代市场风险分配的方式,也必然呈现出鲜明的多样化共存的特征。因此,在现代市场的运行与发展中,不仅风险的生成具有多样性与复杂性,而且所形成的风险关系及其与之相应的风险分配、传导与传播的方式,同样也存在并呈现着一定程度的多样性与复杂性。

三、制度性分配

在现代社会的发展与运行中,社会风险不仅会通过人类的实践活动关系与市场关系而得以扩散、传递与分配,而且也会通过制度性的安排,将社会风险有意或无意地分配到相关的领域、阶层或人群。经济的自由、政治的民主和文化的开放,是现代社会制度赖以存在与发展的基础。可以说,正是这三者构成了资本主义社会制度的核心。无论是以市场为基础的自由竞争的经济制度,还是以公众广泛参与的民主政治制度,抑或是以自由开放为核心的文化制度,不仅不能保障社会的安全和消除人们对社会生活前景和非确定性因素担忧的疑虑,反而会由于制度本身所内涵的不确定性增加人们对持续不断的社会风险侵袭的疑虑与担忧。因此,在现代社会,人们为了维持社会生产、社会生活的有效运行与展开而建立的一系列制度体系,不仅成为现实社会人们行为或者行动的规范体系,而且也成为现代社会人类生存与发展风险分配与传播的重要途径与介体。

与关系性分配、市场性分配不同,现代社会风险的制度性分配,主要不是通过关系性的连锁反应而进行风险分配、传导与传播,而是通过一定的制度的运行、制度的实施或不实施、制度规则的改变等将社会风险分配、传导与传播到与之相关的社会生产、社会生活领域和特定的人群,进而对人们现实的生存与发展产生重要的风险性的影响。现代社会制度体系对社会风险的分配、传导与传播,一方面根源于制度本身对于人类社会实践与交往活动所具有的特殊的功能作用,另一方面也根源于现代社会制度体系自身所具有的结构及其运行的系统性、复杂性。通常,制度性的风险分配是通过制度体系的确立或者改变、制度体系的运行与功能发挥等途径或方式而实现的。由于制度性的分配主要是依赖于制度的运行及其功能性的影响而实现的,因而与关系性、市场性的分配相比较,制度性的风险分配无疑具有广域性、特定性、系统传导与覆盖性的特征。

(一)制度性分配之所指

与市场性的风险分配一样,制度性的风险分配既是现代社会人类生存与发展风险分配的基本方式,同时也是现代社会风险分配所表现出来的区别于已往人类社会风险分配的重要特征。所谓制度性的风险分配,乃指的是通过制度的确立或建构、制度的改变、制度的运行及其功能性的影响而进行的风险分配、传导与传播的社会现象。在这里,我们必须厘清的两个基本问题是:第一,是否所有的制度体系都必然地会参与到人类社会风险的分配? 第二,倘若不是,则人类为了适应社会生产、社会生活有序展开之要求而建构的制度体系是在什么样的条件下获得社会风险分配、传导与传播的功能的? 关于前一个问题,在本质上而言,乃是一个制度的性质区分问题;而关于后一个问题,则是一个制度的功能性获得的问题。

就第一个问题而言,我们知道,任何一种规则或者由一定的规则所构建的制度体系,其本质都不过是人类行为与活动的一种规范或者必须遵循的准则。因此,就制度本身而言,任何一种规则或者由一定的规则所构建的制度体系,毫无疑问,都不可能出现根本性的区别。但是,倘若我们对制度的理解仅仅止于此,则无疑流于形式化的解读而无法触及制度的本真,因而也就不可能真正把握制度对于人类社会发展与文明进步所具有的重要价值。一种规则或者由一定的规则所构建的制度体系之所以有着社会进步的促进价值,一方面是因为任何一种规则或者由一定的规则所构建的制度体系都具有维系人类社会生活秩序和调节人类社会生活关系的基本功能,另一方面也是因为一种规则或者由一定的规则所构建的制度体系的实施无疑都明确地规定着人类行为的界限(即行为或者限制行为),有着明确的价值导向性。正因为如此,一种规则或者制度体系的确立与实施,自然也就具有了功能二重性区分的可能性。

就第二个问题而言,一种规则或者由一定的规则所构建的制度体系是否获得或者具有风险生成、分配、传导与传播的功能,不仅与相应的规则或者由一定的规则所构建的制度体系自身所具有的性质及其功能性价值导向有着直接的关系,而且也与其现实的运行及其环境有着高度的关联性。由此可见,一种规则或者由一定的规则所构建的制度体系,也并非是在任何条件下都具有风险分配、传导与传播的功能的,而是有着一定的条件性。其条件主要是:第一,一种规则或者由一定的规则所构建的制度体系自身具有制造或者生成制度性风险的倾向性,即规则或者制度体系自身就内在地蕴含着风险生成的可能性;第二,规则或者由一定的规则所构建的制度体系自身形成了一个相对独立而又开放的自在运行的关联系统,或者说规则或者制度体系自身形成了一个有利于风险分配、传导与传播的开放系统;第三,规则或者由一定的规则所构建的制度体系的运行,是在一个开放的社会环境系统之中展开的,并且由规则或者制度体系规约而形成的人们之间的现实关系,也相应地存在着内在的关联性,能够由于一种关系的变动而引致相应的连锁性的关系反应。

　　基于对以上两个问题的分析与讨论,我们认为,现代社会诞生之前,人类在不同社会历史发展时期或者发展阶段所建构的制度体系,虽然在一定程度上存在着制造并分配社会风险的现象,但是,在总体上而言,仍然不具备普遍而系统地制造、分配、传导与传播社会风险尤其是制度性风险的基础与功能。其根源在于:第一,人类社会活动的规则与制度体系的建构,乃是一个历史的发展、演变、丰富与完善的过程,因而早期人类在发展的过程中所形成或者建立的规则与制度体系,大都比较简单且具有自然性与个别性;第二,现代社会诞生之前,人类在任何一个历史发展时期所构建或者形成的社会制度体系,都主要是由一定的社会生活习俗、行为规范和行政律令等构成的自然性的封闭系统,因而不具有大规模或系统地生成社会风险的基础;第三,现代社会诞生之前人类所构建的行为规则与制度体系,通常是在一个相对封闭的社会环境系统之中运行的,不仅规则与制度体系本身缺乏必要的变通性与发展性,而且不同的规则与制度体系之间也不具有密切的联系性与互动性,因而这些社会行为规则与制度体系一般不具有大规模或系统地分配、传导与传播社会风险的功能。因此,我们于此所说的制度性分配,也主要指的是现代社会发展背景下所出现的制度性的风险分配、传导与传播现象。

　　(二)制度性分配的基础

　　人类社会制度体系的建构与发展,是一个历史的演进与发展的过程。由于不同社会历史发展时期有着不同的社会制度建构的基础,因而不同社会历史发展时期人类为维系社会运行与发展所建立的规则与制度体系,也存在着巨大的差异。现代社会的规则与制度体系,是适应现代社会人类社会生产的专业化与机械化、社会生活的开放化与多样化的发展而建构起来的,是以,现代社会的规则与制度体系与之前人类社会所建立的一切规则与制度体系都不同。它不仅具有复杂的结构性与完整的系统性,而且也具有高度的开放性、自组织性与自我发展性。正因为如此,现代社会人类为维系社会运行与发展所建立的规则与制度体系,不仅自身会在现实的运行与发展过程中不断地制造或者生产出一系列制度性的风险,而且也会通过规则与制度体系内在的关联性以及运行过程的功能性影响而将这一风险分配、传导与传播到社会生活的各个领域、各个方面与标的性的人群。

现代社会的规则与制度体系之所以具有制造、分配、传导与传播社会风险的功能，乃是与现代社会规则与制度体系建立的社会基础直接联系在一起的。通常，一定的规则与制度体系，既反映着一定时期人类社会生产与社会生活开展对秩序性规范的要求，同时也反映着该时期人类在社会生活(包括社会政治、经济与文化等方面)发展过程中所建立并形成的一定的结构化的关系。现代社会在其运行与发展的过程中所构建并形成的社会规则与制度体系，是适应现代社会人类社会生产与社会生活开放、多元而又有序展开并运行的要求而建立的。因此，从根本上而言，现代社会的规则与制度体系，无论其建构的基础、运行的特征，还是其功能性的获得，都无不是由现代社会自身结构及其运行的特征所决定的。也正是在这一点上而言，现代社会的规则与制度体系不仅具有了结构性、开放性、多元性、复杂性、系统性与发展性的特征，而且也获得了社会风险分配、传导与传播的功能。

现代社会的规则与制度体系之所以具有制造、分配、传导与传播社会风险的功能，无疑与现代社会的规则与制度体系自身及其在社会发展过程中所获得的功能特征有着直接的关系。与现代社会之前人类在社会的历史的发展过程中所建立并形成的规则与制度体系不同，现代社会的规则与制度体系不是一种简单、封闭而又稳定的规则与制度系统，而是一种多元、开放、系统与不断发展变化的规则与制度系统，因而这一规则与制度体系自身及其运行以及所具有的功能性特征，对于其社会风险分配、传导与传播功能的形成与获得，产生着重要的影响。对于现代社会规则与制度体系而言，无论其自身的结构性构成，还是其运行与发展，都无不表现出一定的开放性、多元性、复杂性、系统性与变动性的特征。也正是由于这些特征的获得，才使得现代社会的规则与制度体系不仅与人类已往社会的规则与制度体系区别开来，而且也使得现代社会的规则与制度体系获得了制造、分配、传导与传播社会风险的功能。

(三)制度性分配的方式与过程

制度性的风险分配,主要是通过制度的确立、制度的改变及其制度的现实运行而进行并实现的。是以,对于制度性的风险分配而言,无论是制度性风险的生成、风险分配的类型,还是制度性风险分配的过程,都无不与制度自身的构成、制度所具有的性质特征、制度的运行及其功能实现的方式等有着直接的关系。与关系性、市场性的风险分配不同,制度性的风险分配不是一种单纯的活动性或者简单的关系生成性的风险分配,而是一种依赖于制度建设、制度运行与制度功能性的发挥而实现的多样化与复杂化的风险分配的形式。因此,无论是对于制度性分配方式的具体区分,还是对其分配过程的分析与揭示,我们都必须将之置于现代社会规则与制度体系的建构及其运行的现实境遇之中。惟其如此,我们才有可能更加客观地认识与把握制度性分配异于关系性、市场性风险分配的特征。

1. 制度性分配的方式

我们说,与关系性、市场性的风险分配相比较而言,制度性的风险分配存在着一定的复杂性。这种复杂性,一方面体现为现代社会制度体系建构及其运行的多样性与复杂性,另一方面也体现为制度性风险分配形式的多样性与过程的复杂性。虽然从本质上而言,所谓风险的制度性分配,其实质也不过是一种关系性的分配,是一种借助于制度及其运行所生成的特殊的功能性的对象关系而进行的分配,但是,由于这种分配方式所依赖的关系归根结底是由一定的规则、制度的确立或变更、运行与功能性的发挥而导致生成的,因而制度性分配所依赖的关系,并非是由人类具体的实践与交往活动或者市场交换行为所结成的关系,而是一种制度性生成的关系。显然,制度性的风险分配,必然有着不同于关系性、市场性风险分配的特殊性。

根据现代社会规则与制度所引致或生成的风险关系的状况,我们可以将现代社会制度性风险的分配区分为制度的生成性分配、制度的运行性分配和制度的功能性分配三种类型。与之相应,也就形成了制度性风险分配的三种基本方式,即制度的生成性分配方式、制度的运行性分配方式和制度的功能性分配方式。制度的生成性分配指的是由制度自身内含的风险所引致的风险关系而出现的风险分配,主要包括两种情况:一是所制定或建构的规则与制度体系本身就内含着导致与环境生成紧张关系的倾向性,二是一定的规则与制度系统的改变或废止具有引发并生成与环境紧张关系的可能性。制度的运行性分配指的是通过一定的规则与制度的运行而进行的风险分配,这一分配形式同样也包括两种情况:一是规则与制度的运行所引致的内在矛盾、冲突的生成可能导致的风险分配,二是通过规则与制度的运行而进行的风险的传导性分配。制度的功能性分配,则指的是制度运行过程中由于制度功能性的现实发挥而引致的风险的分配。

值得指出的是,制度性的风险分配,并不是一种完全普遍性的风险分配方式,而是一种标的性的风险分配方式。所谓标的性的分配,指的是与制度的运行及其功能性对象相关联的风险分配,即风险的分配不是针对所有人的普适性的分配,而是关联性对象化的分配。或者说,在制度性的风险分配中,无论是由制度自身内在结构性冲突所生成的内生性的风险分配,还是由制度运行所传导或传播的风险分配,风险所能分配或者施予的对象仅限于与一定的制度运行及其功能性作用展开相关联的人群,也就是制度作用的标的人群。因此,制度性的风险分配主要不是一种依赖于关系性的连锁反应而进行传导与传播的方式,而是一种制度介入与功能指向性的分配与传导方式。

2.制度性分配的过程

作为一种功能性的分配,制度性的风险分配乃是在制度的运行过程中展开并实现的。我们知道,任何一种规则或者制度,只有当其从一种形式化的存在状态转变为一种现实的运行状态的时候,其自身所具有的一切功能性价值或者作用才能够由潜在状态激活为现实状态。也只有在规则或者制度体系处于现实激活状态的条件下,制度性的风险关系才能够生成并且也才能够伴随着制度的运行而将之分配、传导到相关的标的人群。由于一定的规则或者制度的激活是在规则或者制度的运行状态下实现的,而一定的规则或者制度的运行,则必须依赖于人的现实的实践与交往活动的展开,因而这就意味着任何一种规则或者制度的激活,都是在与人的现实而具体的实践与交往活动建立一定的关系中实现的。因此,对于制度性的风险分配而言,人与制度之间特定的行为或者活动关系的结成,就成为必要的前提。倘若没有这一前提,则任何制度性的风险分配都不可能发生。

无论是制度的生成性分配,还是制度的运行性分配和制度的功能性分配,作为制度性风险分配的基本方式,其对制度性风险分配的发端,都无不是在制度运行的过程中展开的。这就意味着,任何一种方式的制度性风险的分配,其过程都是与制度自身的运行直接联系在一起的。在制度性风险生成的条件下,风险的分配过程与制度的运行过程具有同一性,二者是一个合二为一的过程。一个典型的制度性风险分配过程所必须经历的阶段主要包括:(1)制度的激活与制度性风险关系的生成,(2)制度的运行与制度性风险的分配与传导,(3)制度性风险的现实化或者风险关系的消解。在这一过程中,制度的激活与运行虽然是制度性风险关系的生成的前在条件,但是,决定或者说导致制度性风险关系生成的根本因素并不在于制度的激活与运行本身,而在于一种规则或制度体系自身是否内在地蕴含着引致风险产生的倾向性以及这种倾向性是否在制度的运行过程中引致了一定的风险性。与之相应,制度性风险关系的根本消解,也必然取决于制度自身的变革与发展,而非制度的是否激活与运行。

(四)制度性分配的基本特征

制度性的风险分配是一种依赖于人类行为活动的规则与制度体系而进行风险分配的方式,因而这一方式所具有的一切特征,无疑都与人类在现实的存在与发展中所建立的行为活动规则与社会制度体系有着直接的关系。我们知道,现代社会的规则与制度体系是适应现代社会人类社会生活组织化、开放化、多元化、现代化与民主化发展的要求而建构起来的,因而这一规则与制度体系所具有的特征以及与之相伴随的风险的制度性分配,同样也就与之有了直接的关联性。现代社会的规则与制度体系之所以能够承载或者更确切地说必然地内含着社会风险分配的功能,根本的原因就在于现代社会人类所建立的行为活动规则与制度体系不仅自身内含着生成社会风险的基础,而且也有着将之分配并广泛传播的介质条件。与现代社会规则与制度体系的特征及其运行相适应,制度性的风险在分配与传播过程中所表现出的特征主要包括介入性、标的性、开放性、多样性与功能性等。

1. 介入性特征

一定的规则与制度体系作为人类行为活动规范的集合,它既是人类实践与交往活动必须遵循的准则,也是人类实践与交往活动关系的形式化体现。当然,一定的规则与制度体系,当其作为一种形式化的存在时,并不对人类的实践活动与交往行为产生任何现实的功能作用或者影响。一定的规则与制度体系,只有当其与人类现实的实践与交往活动建立起一定的功能关系时,才能够被人类现实的实践与交往活动所激活而成为一种现实存在的客观规约力量。也只有在这一条件或者说状态下,规则与制度体系才能够成为一定的社会风险分配、传导与传播的形式。因此,对于制度性的风险分配而言,一定的规则与制度体系的激活或者说人的现实活动对一定的规则与制度体系的介入,乃是制度性风险分配方式所呈现出来的重要特征。

2. 运行性特征

制度性风险分配的介入性特征,决定了一切规则与制度体系对社会风险的分配、传导或传播都是在运行过程之中展开并实现的。一方面,一定的规则与制度体系只有在现实的运行状态下,才能够与人类的现实生活发生关联性并由此而建立起一定的关系,从而为风险的制度性分配、传导与传播奠定必要的基础;另一方面,制度性风险的生成以及通过现实的规则与制度体系而进行的风险分配、传导与传播活动,都是在一定的规则与制度体系的运行过程之中实现的。因此,制度性风险分配的运行性特征主要表征在两个方面:一是一定的规则与制度体系自身内含的风险性的生成及其风险关系的建立,乃是在一定的规则与制度体系的运行过程中展开并实现的;二是制度性的风险或者通过一定的规则与制度而传导与传播的社会风险的分配,也必然是在一定的规则与制度体系的运行过程中展开并实现的。

3. 标的性特征

制度性的风险分配,也是一种标的性的分配方式。对于人类的实践与交往而言,虽然基于秩序性、效率性的要求而建构的制度与规范系统具有一定的形式化或者无人称性的特点,但是,由于人类在现实的实践与交往活动中所建构的任何一种规则或者制度体系都存在着一定的适用性要求,因而不同的规则与制度体系无疑有着自身特定的适用范围。显然,规则与制度体系所具有的适用性特征,决定了制度性的风险分配并非是一种无差别的普遍性分配,而是一种标的性的分配。制度性风险分配的标的性特征主要表征在以下两个方面:第一,一种规则或者制度体系的标的人群是与其适用范围直接联系在一起的,二者具有同一性,即一种规则或者制度体系的适用面愈广,则其所覆盖的标的性人群的范围也就愈大,因而风险分配可能涉及的人群也就愈广;第二,在标的性人群的风险分配与传导中,制度性的风险关系的生成以及这一关系所引致的连锁性反应,直接决定了风险分配与传导的结果。由此可见,制度性风险分配的标的性特征,在本质上而言,也是一种介入性的分配。

4. 功能性特征

功能性的分配,是制度性的风险分配所表现出来的基本特征。人类在现实的实践与交往活动中所建构的一切规则与制度,无论是否具有强制性,其对人类现实的实践与交往所施予的影响主要是功能性的。制度性的风险分配,同样也是如此。因此,所谓制度性风险分配的功能性特征,主要指的是通过制度体系的运行及其功能的展开而实现风险的分配、传导与传播的特征。这一特征主要表征在:一是规则与制度自身内在冲突与矛盾所引致的制度性风险的生成及其分配,是在规则与制度的实际运行和功能的现实发挥过程中得以实现的;二是一定的规则与制度体系对人类现实的实践与交往活动所引致的生存与发展风险的分配、传导或者传播,同样也是在规则与制度的实际运行和功能的现实发挥过程中得以实现的;三是执行或者说运行,即是其功能发挥与实现的过程,在这一过程的展开中,制度的执行者及其功能所波及的对象,都有可能成为制度性风险分配、传导与传播的标的性人群。

除介入性、运行性、标的性与功能性的特征之外,现代社会制度性的风险分配还表现出开放性、多样性与系统性的特征。这些特征的获得,虽然在现象上而言,是由现代社会人类所建构的社会规则与制度体系自身具有的开放性、多样性与系统性等特征所导致的,但是,倘若从根本上而言,则是由现代社会自身发展所具有的开放性、多样性、复杂性与系统性的特征决定的。也正是因为如此,才使得现代社会的规则与制度体系一方面获得了生成风险并分配与传导风险的特殊功能,另一方面也使之获得了与之相应的功能性特征。

第三章 现代社会人的发展风险关系的生成

作为迄今为止人类智慧与劳动所创造的最为开放、最为复杂和文明程度最为发达的社会发展形态，现代社会不仅自身内含并生产着极大的自我发展与自我扩张的动能，而且也内含并不断制造着引致一系列社会风险生成的内在矛盾与冲突。现代社会的发展所呈现出来的这一矛盾对立而又统一的特征，一方面为现代社会人的多样化及独立而又自由的发展不断创造出越来越广泛与充分的社会基础和社会客观条件，另一方面，无疑也为现代社会人的自由、健康与全面发展不断制造着越来越广泛、系统与复杂的社会风险。因此，在现代社会，人类自身生存与发展所面对的，不仅仅是愈来愈开放、现代、多元与自由的空间与平台，而且同时也面临着日趋尖锐、复杂而又多样的矛盾、冲突与困惑。这些矛盾、冲突与困惑，不仅为现代社会人类健康的生存与发展蒙上了巨大的阴影，而且也带来了巨大的风险与不确定性。

对于现代社会人类的生存与发展而言，风险并不是一种外在的存在，而是一种现实的客观存在。它不仅广泛、深刻和系统地渗透到了现代社会人类社会生产与社会生活的各个领域、各个层面，而且也对现代社会人类自身的现实生存与发展带来了严峻的挑战。当然，任何一种风险，无论其如何生成并且如何被分配、传导与传播，都必须与人自身的现实生活发生一定的关联性即必须建立一定的风险关系，才有可能对人的现实生存与发展产生一定的影响。或者更确切地说，现代社会人类社会生产、社会生活过程中生成的任何一种风险，都是现代人在自己现实的实践与交往活动过程中创造出来的，是现代社会人类存在与发展与自然、社会、人类自身所建立的一种特殊关系的反映。因此,我们对于现代社会人类生存与发展风险及其对人类自身生存与发展影响的考察,都必须将之置于一种关系的视阈而展开。惟其如此,我们才能够比较客观地揭示并把握人的生存及发展与各种风险之间所具有的复杂的关系及其互动性。

一、风险与风险关系

通常人们将风险视为事物发展过程中所出现的一种不确定性或者由这种不确定性所可能引致的事物发展结果的不确定性。由于客观世界的发展及其人类在现实世界的实践与交往活动可能引致的结果或者相关事物的变化都具有不可预测性和一定的不确定性,因而风险也就始终成为人类生存与发展必须面对的一种由事物发展的不确定性所导致的危机状态。倘若从这一意义上而言,所谓风险,乃指的是事物发展所呈现的一种导向未知的无法预知的倾向性。由于这种倾向性的出现或者发生有可能将人类自身的生存与发展置于某种危机或困境之中,因而被称之为风险。因此,在人类的语境里,风险虽然是一种客观性的存在,但是,却无不与人类自身的生存与发展有着直接的关联性。或者更确切地说,风险就是引发或造成人类生存与发展危机或困境的一种特殊现象。显然,我们在日常生活语境下所说的风险,事实上乃是针对人类现实的生存与发展而言的。

当我们站在人类现实生存与发展的角度来审视风险这一特殊的社会现象时,则任何一种风险都是一种关系性的存在,是一种基于对人类自身现实的生存与发展发生特定影响的关系性的存在。这就意味着,任何一种风险或者说事物发展的不确定性,倘若不与人类自身现实的生存与发展或者说人类的现实生活发生一定形式的关联性,则这一所谓的风险,无疑只能作为事物发展过程中出现的一种特殊的倾向性而存在,无论其引致的结果如何,都将是一种外在的客观存在,对人类现实的生存与发展并不产生任何实际的风险性影响。由此可见,事物发展的风险性只有与人类现实的生存与发展发生一定形式的关联从而建立起一定的风险关系,才能够构成人类现实生存与发展的实际风险。是以,人类只有在现实的生存实践与交往活动过程中与客观化的对象建立起一定的风险关系时,风险对于人类现实的生存与发展而言才是真实的和现实的。

(一)风险及其特征

风险作为人类社会生产、社会生活过程中产生并存在的一种特殊的现象,它的生成,一方面与客观事物的发展及其事物内在与事物之间普遍的联系有着高度的关联性,另一方面也与人类自身现实的实践与交往活动的展开及其可能引致的事物之间关系的变化有着直接的关系。风险生成的这一特征,决定了风险自身内涵的复杂性及其风险关系的多样性。正因为如此,人们对风险内涵理解,自然也就会出现一定的歧义性。

1. 风险内涵的理解与界定

关于风险一词内涵的理解,目前在学界也存在着一定的歧义性的认识。不同的学者基于研究视阈的不同或者立场的差异,从而对"风险"一词的内涵给出了不同的诠释。代表性的观点主要有以下几种:

一是将"风险"一词的内涵理解为危险和危机之意。这是现代汉语在日常生活语境下最常见的一种诠释,如《现代汉语辞典》对"风险"一词的释义为"可能发生的危险"[1],最新在线电子版的《新华字典》对"风险"一词内涵的解释为"遭受损失、伤害、不利或毁灭的可能性"。[2] 由此可见,在日常生活语境下,风险一词主要指的是一种人类生存遭遇危险的可能性。

二是将"风险"一词的内涵理解为经济活动的不确定性而引发不幸事件的可能性。[3] 这里所谓的不幸事件,主要指的是经济利益的损失。在经济学的释义里,风险始终是与经济活动的不确定性所导致的经济利益的损失直接联系在一起的。当然,这里所谓的经济利益的损失,也只是一种可能态,而并不是一种现实态。

---

① 参见中国社会科学院语言研究所词典编辑室编:《现代汉语词典》,商务印书馆1992年版,第330页。

② 参见 http://xh.5156edu.com/html3/10799.html《在线新华字典》对于风险一词的解释。

③ 美国学者海民斯、法国学者莱曼等均持有这样的观点,参见马民书主编:《风险论》,军事科学出版社2000年版,第4页。

三是将"风险"一词的内涵理解为一种危机现象,即遭遇不幸事件的危险性及其可能蕴含的发展机会。① 这里所谓的不幸事件,指的是对人的生存与生活带来不利影响的事件。在社会学的释义里,风险一词的内涵既与人类在现实的生存与发展过程中可能遭遇的风险事件的危害性有关,也与通过这一事件可能获得的生存与发展的机遇有关,含有危险与机遇二重涵义。

四是将"风险"一词的内涵理解为人类特有的意识建构现象,正如斯科特·拉什所说的那样:"风险概念本身就是假设性与比喻性的,风险不是一个实体,它是一种思考的方式,一种有很强的人为色彩的创造物"。② 显然,在哲学的释义里,风险一词的内涵是与人类的意识反映性直接联系在一起的,所谓风险,乃是人类意识反映的一种特殊的人为建构现象。

从上述观点可见,虽然人们对"风险"一词内涵的理解存在着一定的歧义性,但是,这种歧义性并非是由人们对风险这一客观事实或者现象本质属性认识的差异所导致的,而是由人们认识事物角度、立场的差异所导致的。综合不同学者关于"风险"内涵解释的不同观点,我们认为,所谓"风险",指的乃是由于事物存在和发展的不确定性所导致的不幸事件或不幸结果出现的可能性。在这里,无论是事物存在与发展的不确定性,还是由这种不确定性所导致的不幸事件或不幸结果出现的可能性,尽管均是一种客观性存在的现象,然而毫无疑问,这里所谓的不确定性或者不幸事件或不幸结果出现的可能性,都是针对于现实生存的人类自身而言的,而非完全针对于事物自身的运动、变化或者发展而言的。显然,人们对"风险"一词内涵的理解,是一种关系性的理解。或者说,"风险"所表征的就是一种关系状态出现的可能性。这里的关系是一种暗含性的关系,是一种关系存在或出现的可能性。

---

① 德国学者尤尔根·哈贝马斯、乌尔里希·贝克,我国学者郑永廷等均持有这样的观点,参见哈贝马斯:《合法性危机》(刘北成、曹卫东译,上海人民出版社 2000 年版)、乌尔里希·贝克:《风险社会》(何博闻译,凤凰出版传媒集团译林出版社 2003 年版)、郑永廷等:《人的现代化理论与实践》(人民出版社 2006 年版)。

② 参见斯科特·拉什:《风险社会与风险文化》,王武龙编译,载《马克思主义与现实》2002 年第 4 期。

因为在"风险"一词的内涵中,不论是事物发展的不确定性,还是所谓的不幸事件和不幸结果,都是相对于人这一主体而言的。人是"风险"一词所暗含的关系对象,只不过人在"风险"的内涵中是以潜在状态而呈现的。从这一意义上而言,"风险"一词表征的就是一种风险关系。

虽然风险是一种针对于人类自身现实存在与发展的关系性的显现,但是,这并不是说我们可以把"风险"与"风险关系"等同视之。事实上二者之间存在着明显的区别。"风险"指的是事物本身所具有的导致不幸事件出现的倾向性。这种倾向性是事物本身所具有的,具有客观性。尽管这种倾向性是与人关联的,存在于人与物的关系之中,但它尚不是现实的关系。与此不同,"风险关系"指的是人同风险之间所生成的一种联系,即人同事物发展的不确定性所导致不幸事件的可能性之间的联系。如果说,在"风险"一词的内涵中,人是一个暗含的关系对象,那么在"风险关系"里,人是一个现实的关系对象。在这里,风险成为一种客观的存在,成为与人关联的直接对象。而风险关系,则正是人与风险之间所生成的一种关联性,是一种彼此互动的关系。当然,在"风险"与"风险关系"之间,也存在着密切的关联性。一方面,风险的生成是一定形式的风险关系建立的前提,没有风险的生成,也就无所谓人类现实的风险关系的建立;另一方面,一定形式的风险关系的形成或者建立,是风险由隐性向显性转化的中介与必要条件,因而没有一定形式的风险关系的建立,则风险只能作为事物发展过程中所出现的一种不确定性的倾向性特征而存在。

2. 风险的构成与基本特征

有关风险构成的问题,始终是与风险的生成条件及其相应的属性特征联系在一起的。我们知道,不确定性和与之相连的不幸事件、伤害性结果出现的几率性导向,是任何风险都必须具备的基本要件。但是,由于所谓的不确定性或者与之相连的不幸事件、伤害性结果出现的几率性导向,无疑都与人类自身的意识判断有着直接的关联性,因而,有关风险的构成问题,也就不成其为一个简单的脱离于人的意识而客观存在的外在性问题,而是一个与人类自身对客观事物的意识有着直接关联性的问题。与此相应,风险自身所具有的基本特征,无疑也就与此有了必然的关联性。

关于风险的构成以及风险形成的特征问题,以下我们将分别给予分析与阐释。

第一,关于风险的构成。

首先,我们需要界定或者说必须解释的是事物发展的不确定性。我们知道,一切外在于人的意识之外的客观事物、现象都无不遵循着自身运动与变化的规律,即使其固有的运动轨迹的变化,也是因为事物内部或者事物之间存续的关系发生变化或者改变所导致的。虽然这种变化或者改变可能导致事物自身的发展出现诸多不确定性的走向,但是,倘若这种不确定性的发展变化不关人类自身的现实生存或者不被人们所意识,则这种不确定性并不能构成风险内涵意义上而言的不确定性。因此,风险内涵意义上所谓的不确定性,不仅与对象化的客观事物自身发展变化所形成的不确定性有着必然的关联性,而且更与作为对象化关系构成主体的人自身对这一不确定性的意识有着直接的关系。一般而言,作为风险重要构成要件的事物发展变化所具有的不确定性,乃主要是通过对象化关系中人自身的意识而得到确认的。

其次,我们需要界定或者说必须解释的是事物发展不确定性所可能引致的不幸事件和不幸结果。从风险内涵构成的视阈看,所谓不幸事件和不幸结果,并非是一种事实性的存在,而是一种可能性的存在。即在风险的内涵关系中,不幸事件和不幸结果是一种潜在的几率性的存在,是一种可能导向的描述态,而非现象态。同时,所谓的不幸事件和不幸结果,虽然内含着客观性的成份,但是它也并非是一种纯粹客观性的现实描述,而是一种主观性的判断。显然,这里所谓的不幸事件和不幸结果,既是相对于人类自身的现实生存与发展而言的,也是由人类自身的主观判断所决定的。一方面,事物发展的不确定性只有与人类现实的生存与发展发生一定形式的关联并且有引致不幸事件和不幸结果发生的可能时,才有可能转化为现实的风险;另一方面,对于人类现实的生存与发展而言(无论是人类群体,还是人类个体),只有那些无法预料或者无法把握的"不幸事件和不幸结果",才是具有风险性的或者说才能真正称其为所谓的"不幸事件和不幸结果"。

由以上分析可以发现,无论是事物发展的不确定性,还是事物发展不确定性所可能引致的不幸事件和不幸结果,人类对其内涵的理解及其本质特征的确定,毫无疑问,都是基于人类自身的立场与角度而言的。因此,在风险的构成中,除了事物发展的不确定性以及由这种不确定性所可能引致的不幸事件和不幸结果这一要素之外,人类自身对事物发展的不确定性以及由这种不确定性所可能引致的不幸事件和不幸结果的意识性,同样成为风险构成不可或缺的基本要素。由此可见,风险的生成及其构成,尽管是由客观事物自身发展的不确定性所引致的一种不幸事件和不幸结果发生的倾向性,具有一定的客观性,但是,倘若事物发展的这一客观倾向不与人类自身对之明确的意识性相结合,则所谓的事物发展的不确定性以及由这种不确定性所引致的一种不幸事件和不幸结果发生的倾向性,就只能是一种外在性的客观存在,而无法成为人类生存与发展所遭遇的风险构成的基本要素。

第二,关于风险的特征。

风险作为人类生存实践与交往活动过程中所出现的一种特殊现象,或者说与人类生存与发展生成的一种特殊形式的关系,无论其生成还是构成,都无不呈现出鲜明的特征。从风险的生成、构成及其存在形式而言,一个典型的风险事件或者风险现象所表现出来的特征主要包括以下几个方面:

一是潜在性。任何一种形式的风险,都是一种潜在性的存在。我们知道,风险的本质是事物发展的不确定性所引致的不幸事件和不幸结果发生的可能性。由于这种可能性只不过是一种倾向性的存在,因而并不是一种事实性的存在。这就意味着风险所指向的结果并未变成现实,只是一种潜在性的存在或者说潜在化的发展趋势。这里所谓的潜在性,主要指的是风险存在与演化过程所呈现出的两种基本情形:一方面是指"随着风险规模的扩张和程度的加深,风险后果越来越难以预知,人们无法把握行为的风险后果"①;另一方面是指"风险后果展现的周期越来越长,当代人行为的后果未必为当代人所了解,而是在几十年、上百年之后,在几代人甚至更多代之后,风险后果才显现出来"。② 风险生成及其存在的潜在性特征,无疑决定了人类对风险预知与把握的困难性。

二是不确定性。我们知道,事物发展的不确定性是引致人类社会风险生成的主要根源,同时也构成了风险存在及其演化的重要特征。因此,这里所谓风险生成及其存在的不确定性特征,其所指也主要表征在两个方面:一方面是指任何风险的生成都是由事物发展的不确定性而引致的,是事物普遍联系与多样化变动及发展关系的体现;另一方面是指伴随着技术的进步与人类实践活动领域、范围的拓展与实践关系的多样化发展,人类实践可能引致的风险的存在及其演化日益呈现出多样化与不确定性的趋势。前者是由事物内部诸要素及事物之间的普遍联系及其相互作用关系的变动所导致的,而后者则是由于人类实践活动的发展而导致的。当然,风险不确定性的产生,无论何种情况,都是与人类自身在现实的实践与交往活动中对于客观性对象化关系的认识与把握的困难性直接联系在一起的。

三是与人类意识的关联性。风险的生成与存在虽然有着一定的客观性,但是,从根本上而言,一切风险都是相对于人类自身的生存与发展而言的,因而风险的最终指向无疑是人类自身。因此,人类关于风险的意识则成为风险显现的重要主体条件。当然,这也并不是说离开人类对风险的意识,风险就不存在,而是恰恰相反。风险之所以称其为风险,是因为任何一种风险都内含着一种引致不幸事件和不幸结果发生的可能性。而这种可能性,尽管与对象化关系中人的主观判断有关,然而它却并不是一种主观化的存在,而是一种客观性的存在。是以,我们所谓的风险与人类意识的关联性,主要指的是风险的主观化显现是与人类对风险的意识性直接相关的。因为

---

① 庄友刚:《跨越风险社会—风险社会的历史唯物主义研究》,人民出版社 2008 年版,第 44—45 页。

② 庄友刚:《跨越风险社会—风险社会的历史唯物主义研究》,人民出版社 2008 年版,第 45 页。

一种风险倘若不被人们所意识，则其对于人类而言就不可能被视为是一种风险。或者更确切地说，一切客观存在的风险及其相应的风险关系，都是在人类对风险所持有的明确的意识中得以显现的。

四是造成不幸事件或不幸结果的可能性。风险之为风险，根本的原因就在于任何一种风险都具有一定的导向破坏性或危害性的倾向，即具有造成不幸事件和不幸结果发生的可能性。这就意味着，风险的结果必然是指向一定的破坏性或危害性的。当然，这一结果是否必然会转化为一种事实性的存在，却涉及到比较复杂的因素。一方面，事物自身的普遍联系决定了事物之间关系的变动即意味着发展趋势的变化或者改变；另一方面，对象化的实践关系中人自身对风险的认识、把握和行动的改变，都会直接影响或改变风险结果指向的趋向。由此可见，风险虽然具有造成不幸事件或不幸结果可能性的特征，但是，这一结果指向的显现，是存在着一定的复杂性与条件性的。

（二）风险关系及其存在形态

风险关系是人类在自身现实的生存实践与交往活动过程中所建立的一种特殊的关系，由于这一关系的对象化客体内含着引致不幸事件或不幸结果发生的可能性，因而被人们称之为风险关系。如同任何关系一样，风险关系同样是一种对象化的关系，是作为实践与交往活动主体的人与风险性的客体之间所生成并建立的一种特殊的关系。之所以说风险关系是一种特殊的关系，乃是因为：其一，任何一种风险关系，都是人与风险之间所建立的一种对象化的关系，这种对象化的关系的结成，既是伴随着人类实践与交往活动关系的建立而生成的，同时也是由人类现实的实践与交往活动及其行为所引致的；其二，作为一种对象化的关系，人与一定的风险之间结成什么样的风险关系，并非完全是由人类的主观意愿所决定的，而是由人类在现实的实践与交往活动过程之中建立的实践关系所决定的。由此可见，人类在现实的实践与交往活动过程之中所结成的任何一种风险关系，都不是一种独立性的存在，而是一种附着性的存在。

1. 风险关系及其建立

所谓风险关系,指的是人与风险之间所形成的一种关系。虽然这种关系如同人类在现实的实践与交往活动中所建立的任何一种实践关系一样,同样是一种对象化的关系。但是,由于任何一种风险都是针对于人类自身现实的生存与发展并且只能在人类自身现实的实践与交往活动中生成,因而人与风险之间关系的建立,也必然是在相应的实践与交往活动过程中实现的。这就意味着:第一,人类在现实的实践与交往活动之中建立的任何一种风险关系,都是人与风险之间所建立的一种对象化的关系;第二,由于风险关系的结成是在人类现实的实践与交往活动中实现的,因而在本质上而言,风险关系并不是一种独立而纯粹的对象化的关系,而是一种附着在一定的实践关系之上的对象化的关系;第三,作为一种对象化的关系,风险关系的性质及其风险生成对象化的指向,并不是由风险本身所决定,而是由人的现实的对象化的实践与交往活动关系所决定的。

风险关系作为人类在现实的实践与交往活动过程中所建立的一种特殊的关系,它不同于人类在现实的生存与发展过程中所建立的任何其他关系。我们知道,人作为一种社会性存在的生命物质,其生命本质的形成及其外在表达,都无不是通过自身在现实的实践与交往活动之中所建立的多样化的实践关系而实现的。因此,关系的存在与发展是人类作为生命物质存在与发展的基本形式。虽然人类在自身现实的实践与交往活动中所建立的关系具有多样性,但是,总括而言,人类存在与发展的基本关系主要包括三大类:一是人类实践与自然所建立的关系,这一关系构成了人的存在与发展的自然关系;二是人类实践与社会所建立的关系,这一关系构成了人的存在与发展的社会关系;三是人类实践与自身所建立的关系,这一关系构成了人的存在与发展的自我关系。显然,风险关系作为人类在现实的实践与交往活动中所建立或者生成的一种对象化的关系,并非是一种独立形态的对象化的关系,而是一种附着形态的对象化的关系。

风险关系作为一种附着形态的对象化的关系,它虽然是伴随着人类现实而具体的实践与交往活动的展开得以生成并建立的,但是,风险关系并不等同于人类在现实而具体的实践与交往活动之中所建立的其他性质的活动关系,其不同在于:第一,风险关系是人在现实的实践与交往活动过程中以风险为对象所建立的一种对象化的关系,是人的存在与发展与自然、社会或他人、自我所建立的一种特殊性质与形式的关系;第二,风险关系不是一种独立形态存在的关系,而是一种附着性的实践活动与对象化的关系;第三,对于人类的现实存在与发展而言,风险关系的结果指向具有一定的不确定性,这种不确定性既与人类现实的实践与交往活动的发展有着密切的关联性,同时也与人类把握、处理与环境关系的能力有着直接的关系;第四,在现实形态上,任何一种风险关系都是个人与一定的风险之间所建立的关系,因而风险关系的结果指向总是针对于风险关系的主体而言的。

无论一个社会是否内含着风险或者内含风险的高低,并不意味着人类所进行的任何一项现实的实践与交往活动都必然会引致一定的风险并且结成一定形式的风险关系。作为一种附着在人类现实的实践与交往活动之上的对象化的关系,风险关系的生成并非是必然的或者说是无条件的,而是相反。人类在现实的实践与交往活动过程中一定形式的风险关系的结成,都必须具备一定的条件。这一条件是:第一,风险的生成是风险关系建立的前提,没有一定的风险的生成,自然也就无所谓人的风险关系的建立;第二,人与风险关系的建立,通常是在人的现实而具体的实践与交往活动之中而实现的,因而人的现实而具体的实践与交往活动则成为人与风险之间联结并建立一定形式关系的主要纽带;第三,人在现实的具体的实践与交往活动过程中风险关系的建立,不仅取决于一定性质与类型的风险的生成,同时也取决于处于实践与交往活动关系之中的人是否具有把握并处理所面临风险的能力。因此,对于现实的具体存在的人而言,所谓的风险关系,在事实上并不是一个固化的存在,而是一个权变的或者说变化的存在。

2. 风险关系存在的基本形态

风险的生成及其风险所具有的特殊性,决定了人类在现实的实践与交往活动之中所建立的风险关系必然不同于其他任何一种人类在实践与交往活动之中所建立的社会关系。这种不同主要反映在以下两个方面:一是风险关系并非是一种独立存在的关系形态,它的生成是以人与他者一定关系的生成为前提的,即当人在与他者的特定关系中隐含着一定的风险性时,才存在着人与风险的关系;二是人与风险的关系并非与其他社会关系一样有着在现实中确然存在的此在对象,与此相反,在风险关系里,人所关联的是一个尚未发生的虚拟态的应然对象。风险关系存在的这一特征,一方面表明了任何性质与形式的风险关系都无不是以附着性的形态建立并存在的,另一方面也表明了风险关系作为一种人类现实的实践性对象化关系所具有的特殊性。因此,与人类在现实的实践与交往活动之中所建立的其他任何一种对象化的关系不同,风险关系既是一种附着性存在的对象化关系,同时也是一种虚拟态存在的应然性的对象化关系。

作为一种特殊的实践活动关系,风险关系并不是一种独立的关系形态,而是一种附着性存在的关系形态。这就意味着,人的实践关系有多少,风险关系也就有多少;一般实践关系如何存在,风险关系也就如何存在。因此,对社会风险关系存在形态的区分,就是一件十分困难的事。或者也可以说是一件非常简单的事,因为只要区分了人的实践关系的存在形式,也就确定了社会风险关系的存在形态。而作为一种特殊的对象化的关系,风险关系并非是人与确然存在的现实对象之间所建立的一种具体的对象化的关系,而是人与一定的风险可能引致的结果之间所建立的一种虚拟态存在的应然性的对象化关系。这就意味着,随着人的现实的实践与交往活动的发展、对象化关系的变动,以及人对对象化关系认识的深入与把握能力的提升,人所面对的风险及其可能建立的风险关系,都始终处于一个变动状态。

风险关系的附着性存在与虚拟应然性对象化的存在,是由风险的生成及其存在的基本特征所决定的。我们知道,风险作为一种引致不幸事件或不幸结果出现的事物发展的可能性或者倾向性,其生成是以事物发展的不确定性的生成以及人与这种不确定性之间关系的建立作为重要基础的。而无论是事物发展的不确定性的生成,还是人与事物发展的不确定性之间关系的建立,都无不是由人的感性的实践与交往活动的展开引致且只能在人的感性的实践与交往活动之中得以生成和建立的。正因为如此,人类生存与发展过程中所遭遇的任何风险的生成及其人与风险之间关系的建立,都只能在人的感性的实践与交往活动之中展开并得以实现。没有人的感性的实践与交往活动的展开,则既不可能有人的存在与发展的任何风险的生成,也不可能有人与风险之间关系的建立。因此,倘若从这一意义上而言,风险关系的附着性存在,也是由其附着的实践与交往活动关系的发展状况所决定的。

风险关系的附着性与虚拟对象化存在的特征,归根结底,取决于其所附着的人在现实的实践与交往活动过程中建立的实践与交往活动关系的性质,即当其所附着的实践与交往活动关系的发展中蕴涵着不确定的成份并且这种成份有可能给人们造成危害和不幸的时候,风险关系才存在;反之,当人在现实的实践与交往活动过程中所建立的实践与交往活动关系是确定的并且对人们不会带来不良影响的时候,则不会存在风险关系。当然,对于具体的人而言,其在现实的实践与交往活动过程中所建立的各种关系是否是确定的,是否会给人的现实生存与发展带来一定的危害或不幸,通常与个体对自身所建立的实践与交往活动关系的驾驭能力有着直接的关系。也就是说,当个体对自身所建立的实践与交往活动关系能够完全驾驭的时候,则意味着其对人所具有的不确定性的消除,自然也就意味着人与风险之间关系的消解;反之,当个体对自身所建立的实践与交往活动关系不能够完全驾驭的时候,则意味着这种关系对人而言自然也就具有了一定的不确定性或者造成某种不幸的可能性,同时也就意味着一定的风险关系的生成与存在。

风险关系附着性生成及其虚拟态对象化存在的特点,决定了它与人的现实的生活实践与交往活动的息息相关性。因此,对于风险关系存在形态类型的区分,我们也可以根据人的现实的生活实践与交往活动的对象化领域的不同或者人的社会生活实践与交往活动范围的差异而将之进行区分。倘若以前者为据而划分,则人的生存与发展的风险关系可以区分为以下三种形态:一是指向自然领域并与自然界所建立的对象化的风险关系,二是指向社会领域并与社会组织、群体或者他人所建立的对象化的风险关系,三是指向精神文化领域并与自我发展所建立的对象化的风险关系;而倘若以后者为据划分,则可以将之区分为现实风险关系、虚拟风险关系与交换风险关系三大类。由于人的生活世界是一个整体的世界,人在这个世界的任何活动(无论其指向自然领域,还是指向社会领域和关乎人类精神世界发展的精神文化领域)都有着密切的关联性,因而这种区分也并不是绝对的,只具有相对意义。事实上,只要是人的现实的实践与交往活动,只要是在这种现实的实践与交往活动中所生成的关系,都是人的存在与发展的现实的关系,人与这些关系所生成的风险关系,毫无例外都是现实的风险关系。而所谓虚拟风险关系和交换风险关系,只不过是现实风险关系之一种而已。我们于此之所以做出如此的区分,乃是根据现代社会风险集成的领域及其对人的生活与发展所产生的影响的重要性而做出的一种简单性的区分,因而并不具有绝对性。

二、人的发展风险关系的生成

我们说,现代社会是一个内含着高度风险的风险性社会,因而现代人现实的社会生活过程中必然时时处处面临着来自不同领域、不同方面形形色色的风险与挑战。但是,由于任何风险对人的现实存在与发展的影响是以风险关系的生成作为基本前提的,因而没有一定的风险关系的生成或者建立,则风险对于人而言就始终是一种外在存在的事物发展的不确定性或者引致某种危机事件和结果发生的倾向性而已,并不能构成人的存在与发展的现实影响力量。因此,人的发展风险关系的生成与建立,是促使风险由客观性的存在转变为关系性的存在、由外在性的存在转变为对象化的存在的重要环节。

人与风险之间关系的生成与建立,是一个个体在现实而具体的实践与交往活动过程中与一定的风险结成对象化关系的过程。在这一过程中,对象化关系变动与发展的不确定性及其引致风险事件或结果发生的可能性的出现,是人的发展风险关系生成并建立的重要基础。人在现实而具体的实践与交往活动的展开过程中,一方面与对象化的客体建立起主客彼此互动的实践性活动关系,另一方面,由于这一关系的生成尤其是主体对对象化客体有目的的改造或者行为干预,因而必然会引致对象化客体自身及其与周围环境关系的变动,乃至引致主客体之间所建立的对象化关系的变化或者改变。当对象化的客体及其在对象化关系中的变动不被主体认识并把握而出现不确定时,则人与对象化的客体之间就必然会因为对象化客体的变动或者发展的不确定性而生成一定的风险关系。

因此,人的发展的风险关系的生成过程,在本质上而言,乃是一个由人的现实而具体的实践与交往活动引致对象化客体风险性生成或显性化演变的过程,是一个人与对象化客体发展变化的不确定性或者说风险性之间生成特定形式关系的过程。当然,人的现实而具体的实践与交往活动是否能够引致对象化客体风险性生成或显性化的转变,一方面取决于对象化客体自身在新的实践活动关系的作用下是否生成一定的风险性即出现发展与变动的不确定性或者引致不幸事件与结果的倾向性,另一方面也取决于人在现实而具体的实践与交往活动过程中对于对象化客体及其关系的认识与把握是否具有模糊性、曲折性和一定的困难性。显然,无论是人的实践活动对于对象化客体作用或改造、影响的实现状况,还是人自身对于对象化客体的认识与把握可能达到的程度,都无不与人类自身的发展与社会技术的进步所引致的人类社会实践与交往活动的开展可能达至的深度、广度以及与之相应而建立的社会实践关系的多样性、复杂性有着直接的关系。

(一)人的发展风险关系生成的基础

我们知道,风险关系作为人类在现实的存在与发展过程中所遭遇或者制造生成的一种具有特殊性质与特殊存在形态的实践活动关系,其生成、演变与发展,既与人类在现实的生存与发展过程中所开展的现实而具体的实践与交往活动发展的状况有着密切的联系,同时也与人类自身生命本质力量的开发与发展对于对象化实践活动关系的认识、把握所达到或实现的程度有着非常密切的关系。因此,对于人的现实的存在与发展而言,风险关系的生成虽然在表象上看来只不过是一个简单的人与风险之间建立一定形式的关系的过程,但是,在事实上,人的生存与发展风险关系的生成、建立及其发展,从根本上而言,必须受到人类自身发展与进步的程度及其在现实的生存与发展过程中所展开的社会实践与交往活动发展状况的制约甚或决定。之所以如此,乃是因为:不仅人类社会发展风险性的生成及其风险性的大小取决于人类自身发展与进步的程度及其在现实的生存与发展过程中所展开的社会实践与交往活动发展状况,而且人的生存与发展的风险关系的建立及其变化与应对,也同样取决于人类自身发展与进步的程度及其在现实的生存与发展过程中所展开的社会实践与交往活动发展状况。

1.社会实践的发展对风险的制造与传播,是人的发展风险关系生成的重要基础

风险关系作为人在现实而具体的实践与交往活动过程之中所建立的一种对象化的附着性实践关系,它的生成与建立是以风险的生成或者制造作为重要基础的。在这一对象化的关系中,风险是作为人的对象化关系的客观指向而存在的,因而没有风险的生成或者被制造、被传播,则不可能有人的发展的风险关系的建立。在这一意义上而言,社会风险的制造与传播,乃成为人的发展风险关系生成的重要基础。当然,对这一问题的客观认识与正确把握,不能仅仅着眼于个体与风险关系生成的具体视角进行过程性的分析,还必须将之置于人类社会实践与交往活动的发展对于人的存在与发展关系的改变、拓展与丰富这一历史的视野而进行分析与探讨。只有基于历史发展的宏观视阈,才能够更加客观和准确地分析人的发展风险关系生成与建立的重要社会基础。

从个体与一定的风险关系的具体生成或者建立的角度而言,则人的发展的任何一种风险关系的生成,必须同时具备两个条件:一是客观事物或人的实践与交往活动的发展具有不确定性,并且这种不确定性具有导致不幸事件或结果发生的可能性;二是个人的实践与行为必须与之关联或者个人就是这一活动的直接参与者。前者是指关联的对象具有风险性,后者是指构成这一关联的现实承担者。只有这两个条件同时具备,才能生成一定的风险关系。当然,在人的发展风险关系的具体生成或者建立的过程中,上述两个条件的形成,乃是一个合二为一的过程。一方面,所谓事物或人的实践与交往活动的发展的不确定性及其由此而引致的不幸事件或结果发生的可

能性,都无不是相对于作为实践与交往活动主体的人而言的;另一方面,人作为实践与交往活动的主体,不仅是事物发展不确定性或者不幸事件与结果发生可能性的制造者,同时也必然是这一风险性倾向或结果的现实承担着。

但是,在宏观视阈上而言,人的发展的风险关系的生成与建立,归根结底取决于人类现实的实践与交往活动所导致的社会整体发展风险性或者说不确定性程度的高低。一般而言,社会整体发展的风险性或者说不确定性程度越高,则人在现实的实践与交往活动过程之中生成并建立风险关系的可能性也就越大;反之,倘若社会整体发展的风险性或者说不确定性程度越低,则人在现实的实践与交往活动过程之中生成并建立风险关系的可能性也就越小。因此,在更广泛与准确意义上而言,社会整体发展的风险性或者说不确定性,构成了人的现实存在与发展风险关系生成和建立的重要社会基础。由于一个社会整体发展的风险性或者说不确定性的生成主要取决于人在现实的生存与发展过程中开展的实践与交往活动的发展所能实现的程度与状况,因而不同社会历史发展背景下人的现实存在与发展的风险关系的生成与建立的基础也就着巨大的差异。通常,社会的开放度愈高、人在现实的生存与发展过程中所开展的实践与交往活动愈多元与复杂,则社会整体发展的风险性或者说不确定性也就愈大。以此观之,相对于原始社会与传统的农业社会而言,现代社会则显然是一个具有更高风险性与不确定性的社会形态。

2. 作为实践主体的人对风险的认识与把握,是影响人的发展风险关系生成的重要条件

为了更为清楚地说明风险关系的生成性,在对风险关系生成条件的认识中,我们还须把握两点:第一,事物或事件发展的不确定性,虽然是由其发展的复杂性所引起的,但却与人的认识能力及其对客观事物或事件的认识程度直接关联着,由于认识的局限和控制条件的限制,人在此还无法直接控制不确定的发展方向或发展结果;第二,无论个体是否认识或意识到风险性的存在,个体只要与不确定的具有一定风险性的事物或事件关联,就构成一

定的风险关系。由此我们可以得出两个基本结论：第一，在一定的风险关系中，风险所可能造成的危害性的大小，既与客观事物或事件所具有的风险性的大小有关，也与人的认识和控制能力有关；第二，在一定的风险关系中，行为主体是否明确意识到行动的风险性，虽然与风险关系的生成没有直接的关联，但却与风险的控制和预防有着直接的关系。因此，从人的环境认识与应对能力对于环境变化及其关系把握的角度而言，作为实践主体的人对风险的认识与把握可能达到的状况或者实现的程度，无疑也构成了影响人的发展风险关系生成的重要条件。

风险关系作为一种对象化的关系，它是人与风险之间所建立的一种特殊形式的实践活动关系。在这一关系中，不仅作为对象化关系指向的风险的生成与演变对于风险关系的生成产生着重要的影响，而且作为对象化关系建立主体的人自身的状况，也必然会成为影响人与风险之间关系生成与建立的重要因素。因此，无论是作为对象化关系指向的风险，还是作为对象化关系建立主体的人，都是人的现实生存与发展的风险关系生成与建立的不可或缺的要素。如果说人的实践与交往活动中对象化客体风险性或者说不确定性的生成是决定人的存在与发展风险关系生成并建立的重要基础的话，那么，在这一对象化的风险性关系之中，人自身对所面对的对象化客体及其与主体之间关系的认知与把握，则成为对象化关系是否演变为风险关系的重要因素。一般而言，当人在现实的实践与交往活动过程中对对象化客体及其与主体之间的关系缺乏客观而准确地认知与把握时，则对象化客体所具有的发展的不确定性必然会演化为一种事实存在的风险性并由此而与主体生成一定形式的风险关系；反之，当人在现实的实践与交往活动过程中对对象化客体及其与主体之间的关系能够客观而准确地认知与把握时，则对象化客体所具有的发展的不确定性对主体而言并不构成事实的风险，因而也就无所谓风险关系的生成或者建立。

应该说，在人的现实的实践与交往活动过程之中所建立的对象化关系中，无论是作为附着在对象化客体变动与发展之上的风险性，还是作为对象化关系主体的人自身对客观事物认知与把握的能力，都是随着人类社会实践与交往活动的发展而处于不断的变动、进化与拓展的状态的。尤其是人自身认识与改造对象化客体的能力,则更是如此。这里的问题在于:一方面,人类认识与改造对象化客体的能力是伴随着科学技术的进步、人自身整体素质的不断提升而日益增强和拓展的,但是,另一方面,人类认识与改造对象化客体能力的不断提升所引致的实践与交往活动的拓展、丰富与发展,也使得人类通过现实的实践与交往活动制造与传播社会风险的能力、几率得以大幅度地提升。因此,在事实上,社会的进步与发展、人类自身认识与改造对象化客体能力的提升,并不能从根本上消解人类社会发展的风险性。历史的逻辑也许恰恰相反。纵观人类社会发展的历史轨迹,我们会清晰地看到,技术进步所引致的人类社会文明形态的每一次跃迁,在深刻地改变着人类社会生活方式、社会生活面貌和人类自身的同时,也使得人类制造与传播社会风险的能力得到大幅度地提升。由此可见,人对对象化客体及其与主体之间关系认识、把握与驾驭能力的提升,只能在一定程度或者具体的对象化关系中影响人与风险关系的建立,而不能从根本上消解风险生成与风险关系建立的基础。

3.人的现实而具体的实践与交往活动的展开,是人的发展风险关系生成的唯一途径

无论是风险还是风险关系,都不是一种独立的存在。风险作为事物发展的一种不确定性与引致不幸事件或结果发生的倾向性,它的存在是以事物的运动、变化与发展为基本条件的;而风险关系作为人与风险之间所建立的一种对象化的关系,它的存在必须附着在人与客观事物或对象之间所建立的一定的对象化的关系之中并通过这一对象化的关系,才能够得以生成与表达。这就意味着,人与风险之间关系的生成与建立,并非是一个与确然存在的现实的风险对象之间所结成的联系,而是一个与应然的事物或对象发展变化的不确定性或者引致不幸事件与结果发生的倾向性之间所建立的关系。然而,我们知道,在现实的形态上,人是不可能和一种无影无形的事物或者对象之间建立起现实的关系的。因此,人与风险之间关系的生成与建立,只能通过现实而具体的实践与交往活动的展开才能够实现。

人的现实而具体的实践与交往活动的展开,之所以是人的发展风险关系生成的唯一途径,乃是因为:

第一,风险作为事物发展的一种不确定性和引致不幸事件与不幸结果的可能性,只有与人的现实存在及其发展相关联时,才能够构成人的存在与发展的现实风险。即任何事物发展的不确定性和引致不幸事件与不幸结果的可能性,只有通过与现实存在的人建立起一定的对象化的关系时,则其所具有的不确定性和引致不幸事件与不幸结果的可能性,才能够转化为一种对人而言的风险性存在。而人与事物发展的不确定性及其引致不幸事件与不幸结果的可能性之间对象化关系的建立,只有且只能在人的现实而具体的实践与交往活动的展开之中才能够实现。

第二,人与风险关系的建立,在本质上而言,乃是一个人与对象化客体所具有的发展的不确定性及其引致不幸事件与不幸结果的可能性之间生成的。但是,由于任何事物所具有的发展的不确定性及其引致不幸事件与不幸结果的可能性都不可能脱离事物而独立存在,因而人不可能与事物内在所具有的发展的不确定性及其引致不幸事件与不幸结果的可能性之间建立起一种现实的对象化的关系,而只能与与之相应的客观事物之间建立起一定的对象化的关系。因此,人在现实的存在与发展过程中任何风险关系的生成或者建立,都必须通过人的现实而具体的实践与交往活动的展开,才能够得到实现。

由此可见,无论是事物所具有的风险性由发展的不确定性及其引致不幸事件与不幸结果的可能性向现实形态的风险的转化,还是人与风险之间对象化关系的生成和建立,都必须依赖于人的现实而具体的实践与交往活动的展开。正是在这一意义上而言,人的现实而具体的实践与交往活动的展开,乃是人的发展风险关系生成的唯一途径。

(二)人的发展风险关系生成的过程

人的发展风险关系生成的过程,是一个人在现实而具体的实践与交往活动过程之中与风险性对象建立起一定的对象化关系的过程。在这一过程中,无论是对象化客体发展的发展的不确定性及其引致不幸事件与不幸结果的可能性的生成、显现,还是人对对象化客体及其与主体之间关系的认知、把握与驾驭的能力状况,都直接影响和决定着人的存在与发展的现实的风险关系的生成及其建立。因此,人的存在与发展的任何一种风险关系的生成与建立,事实上都是一个人在现实而具体的实践与交往活动过程之中与对象化的客体之间彼此互动、彼此作用的变化与演变过程。通常,这一过程的发生所必须经历的阶段或者必须具备的现实条件是:(1)人在现实而具体的实践与交往活动之中与对象化客体之间一定形式的关系的建立;(2)对象化客体发展与变化的不确定性及其引致不幸事件与不幸结果的可能性的生成;(3)人与具有风险性的对象化客体之间的关系的生成及其建立。

1. 实践与交往活动的对象化关系的建立

人的存在与发展的任何一种关系的建立,都是在现实而具体的实践与交往活动之中实现的。没有一定形式的实践与交往活动的展开,则人的存在与发展的任何一种关系都不可能建立。实践与交往活动之所以是人的存在与发展的现实关系建立的唯一途径,乃是因为:第一,人的存在及其发展对于实践与活动的依存性,决定了人必须在一定形式的实践与活动关系形态下,才能展开具体的现实的实践活动,也才能够通过这种具体的现实的实践活动而实现现实的存在与发展;第二,人的实践与活动的关系并不是一种单纯的关系,而是一种复杂的关系集合系统,它既包括了人与实践活动对象之间的关系、人与人之间的关系,而且还包括了人与实践活动技术、手段、工具等媒介物之间的关系以及人与自我之间的关系等;第三,人的感性的实践与活动关系的结成过程,在本质上而言,既是一个此在现实关系的集合过程,也是一个新的社会关系生成的过程。正因为如此,人只有通过现实而具体的实践与交往活动,才能够建立起决定自身存在与发展的各种现实的关系。

人在现实而具体的实践与交往活动之中与对象化客体之间一定形式的关系的建立,是人与风险关系建立必须要经历的基础环节。我们知道,无论是风险,还是风险关系,都不是一种独立形态或者说实体形态的存在,而是一种附着形态的存在。风险与风险关系存在的附着性特征,决定了人与风险之间不可能建立一种实体形态的关系,而只能与风险性的对象化的客体之间建立起一定形式的实体关系。由于人的存在与发展的任何一种形式的关系都必须在现实而具体的实践与交往活动之中才能建立,因此,人与风险之间关系的建立,也必须在人的现实而具体的实践与交往活动之中,通过与一定的对象化客体之间关系的建立,才能够实现。当然,人在现实而具体的实践与交往活动之中与一定的对象化客体之间关系的建立,只是为可能生成的风险关系的建立奠定了必要的条件,而非必然会生成一定的风险关系。

2. 对象化客体发展不确定性的生成与激活

我们说,人的存在与发展的任何风险关系,都是在人的现实而具体的实践与交往活动之中,通过与对象化客体之间关系的建立而实现的。但是,人在现实而具体的实践与交往活动之中与对象化的客体之间所建立的关系,并非必然就是一种风险性的关系。人与对象化客体关系的建立,只是人的风险关系可能生成所必须经历的一个必要环节。在这里,一定的对象化的关系是否必然会转化或者演变为一种具有风险性的关系,乃是由人的现实的实践与交往活动的发展是否能够激活对象化客体发展的不确定性以及由此而导致不幸事件或者不幸结果发生的可能性的出现而决定的。一般而言,只有当人的行为对对象化客体的作用引发或者激活对象化客体发展的不确定性出现以及由此而可能引致一定的不幸事件或者不幸结果发生时,则人与对象化客体之间所建立的对象化关系有可能会转化为一种具有风险性的关系;反之,则人与对象化客体之间所建立的对象化关系并不发生风险性的转化。

人在现实而具体的实践与交往活动之中与对象化客体之间所建立的对象化的关系,在本质上而言,是一种实践活动关系,因而这种关系并非是一种固化的或者静止的关系,而是一种始终处于不断变动与发展状态的动态性的关系。在主客体所构成的对象化的关系之中,人与对象化客体之间的彼此互动与彼此作用,是导致对象化关系始终处于不断变动与发展状态的根本原因。人的现实的实践与交往活动,既是一个主体为实现一定的目的而展开有计划、有组织、有针对性行为或行动的过程,也是一个主体客体化与客体主体化彼此作用与互动的过程。在这一过程中,不仅对象化的客体会因为主体所施加的作用或影响而发生变化,而且对象化客体的变化反过来也会影响和改变主体的行为态度与行为方式,乃至导致主客体之间所建立的对象化的关系也发生相应的变化或者转变。通常,当主体对对象化客体的作用引发或激活对象化客体发展的不确定性时,则意味着对象化客体对人而言风险性的生成;反之,对主体而言,则意味着不会生成任何风险性。

3. 人与对象化客体之间风险关系的生成

虽然人在现实而具体的实践与交往活动之中对对象化客体风险性的激活,使得人与对象化客体之间风险关系的生成或者建立,具有了一定的可能性,但是,这一可能性并不意味着对象化客体的风险性必然会转化为现实的风险,并由此而与主体之间生成或建立起一定的风险关系。我们知道,一定的风险关系的生成及其建立,是人与对象化的客体所具有的不确定性及其引致不幸事件或不幸结果发生的可能性之间结成的联系。这一关系的生成,既关涉到对象化客体性质与特性的转化及演变,同时也关涉到作为对象化主体的个体对对象化客体所具有的性质与特性的转化、演变及其这一转化与演变对主客体之间实践关系可能施予的影响和由此而造成的结果的认识、判断与把握状况。因此,只有人在现实而具体的实践与交往活动之中由于实践活动的发展而导致了主体无法预料且难以把握的对象化客体风险性的发生时,则对象化客体所具有的不确定性及其引致不幸事件或不幸结果发生的可能性就会与主体之间建立起一定的风险关系。

显然,人的存在与发展的风险关系的生成过程,乃是一个人在现实而具体的实践与交往活动之中由于实践活动的发展而导致主体无法预料且难以把握的对象化客体风险性的生成及其与对象化客体风险性之间必然结成对象化关系的过程。这一过程的发生,既包括了人在现实而具体的实践与交往活动之中与对象化客体之间互动关系的建立,也包括了人的现实而具体的实践与交往活动的发展对对象化客体所具有的风险性的激活与诱发,同时还包括了人自身认识与能力的局限性所导致的对对象化客体风险性认知的缺乏或错位。因此,倘若我们仅从人的风险关系生成的过程这一角度而言,则人的存在与发展风险关系建立的过程与人的现实而具体的实践与交往活动过程具有同一性。

(三)现代社会人的发展风险关系生成的复杂性

由于人的存在与发展的风险关系始终是在人的现实而具体的实践与交往活动过程中生成并建立的,因而人在现实而具体的实践与交往活动过程是否会遭遇风险、遭遇怎样的风险以及与风险建立怎样的关系,无疑都与人在现实的生存与发展过程之中所能开展的现实而具体的实践与交往活动有着直接的关系。我们知道,在不同的社会历史发展条件下,人类所能组织并开展的现实而具体的实践与交往活动具有巨大的差异性。这种差异性的存在,一方面为不同历史发展时期人们的现实生存与发展奠定了不同的基础,另一方面也决定了不同时代人类的发展在现实而具体的实践与交往活动过程中风险的生成及风险关系建立的差异性。

与传统社会及已往的任何一个社会形态都不同,现代社会是人类基于现代科学技术手段、自由竞争与现代化的生产方式以及现代社会民主制度而建构起来的一种具有高度开放性、多元性、复杂性与变动性特征的社会形态,因而在这一社会形态与社会条件之下人类所能组织并开展的现实而具体的实践与交往活动,必然与已往人类已经历的任何社会形态下所组织并开展的实践与交往活动具有巨大的差异性。这一差异性不仅体现在现代社会人类所组织并开展的实践与交往活动领域的广泛性、对象的多样性与复杂性方面,而且也体现在实践与交往活动的方式、技术手段等方面的多样性、复杂性与灵活性方面。正因为如此,现代社会人的发展风险关系的生成及其建立必须呈现出与已往人类社会发展条件下风险关系生成及建立所不具有的复杂性与特殊性。其复杂性与特殊性主要表征在以下几个方面:

1. 易生性

现代社会发展的开放性、系统性与多变性特征,决定了现代社会人类所能组织并开展的实践与交往活动的综合性、系统性、多样性、广泛性与多变性,同时也决定了现代社会人在现实而具体的实践与交往活动过程中遭遇风险并生成风险关系的频仍性。因此,对于现代社会人类的现实生存与发展而言,风险的不断制造与风险关系的频仍生成已不是一件偶然的事,而是已成为现代社会人类生存与发展必须面对的一种常态。在现代社会,除了变是不变的之外,一切都在快速的变动之中。在生产领域,新的技术新的生产工具新的社会产业不断涌现;在社会生活领域,新事物新现象层出不穷,生活就如瞬息万变的股市一样变幻莫测;在社会文化领域,新的思想新的观念新的知识信息如核爆炸一般呈裂变式增长。这种谁也无法预料的快速巨变,正是现代社会人类实践与交往活动关系不确定性产生的根源,其中自然也蕴涵着巨大的风险性。但是,与之相反的是,现代社会人类在追求自身的进步与成长的过程中却始终并未能培养起足以驾驭各种错综复杂的社会实践活动关系及其应对变化的能力,这在一定程度上增加并提升了人的发展风险关系生成与建立产生的几率。

2. 多样性

现代社会人类生存与发展的高风险性,既与现代人在现实的实践与交往活动过程中风险关系的易生性、普遍性有关,同时与风险关系生成的多样性也有着直接的关系。现代人的社会生活既是一部色彩斑斓的画卷,更是一架瞬息万变的万花筒。由于技术的持续进步、交往手段的日益现代化发展,因而借助于前所未有的智能化的技术手段,现代人不仅将自己的实践与活动的范围、领域拓展到一个前所未有的广度与深度,而且也将自身现实存在与发展的社会关系的触角延伸到社会生产、社会生活的各个领域。正因为如此,比之前人类已经历的任何一个时代,现代社会人类的现实生活则更具有丰富性与多样性。现代社会人类所能组织并开展的现实而具体的实践与交往活动的丰富性、多样性,无疑为现代人在现实而具体的实践与交往活动过程之中多样化的风险关系的生成和建立奠定了重要的现实基础。如果说传统的农业时代和原始时代人类社会生活所遭遇的风险关系主要是自然性的风险关系的话,那么,现代社会人类在现实的存在与发展过程中遭遇的风险关系则不仅包含了丰富而多样的人与自然之间所建立的风险关系,而且也包含了人与他人、人与社会、人与自我之间所建立的复杂而多样的风险关系。

3. 复合性

虽然人类在现实的存在与发展过程中所组织并开展的实践与交往活动始终是一个以工具与手段为中介的集合各种相关因素并作用于对象化客体而使其发生合目的变化的综合性行为过程,但是,其复杂与综合的程度,却是随着人类社会的进步尤其是工具与技术手段的智能化发展、人类自身驾驭社会实践能力的提升而不断得以提升与拓展的。这就意味着,人类在自身的存在与发展中所创造的用以开展实践与交往活动的技术工具与技术手段愈先进、愈发达,则人类在现实的存在与发展过程中所能组织并开展的实践与交往活动也就愈复杂、愈具有综合性。与既往任何一个社会形态下人类所能组织并开展的实践与交往活动都不同,现代社会条件下人类借以开展社会实践与交往活动的技术工具、技术手段日新月异的发展与进步,不仅极大地拓展了人类实践与交往活动所能达至的范围、领域,而且也使得人类在现实的生存与发展过程中所能组织并开展的社会实践与交往活动更为复杂、系统与多元。现代社会人类实践与交往活动的复杂化、综合化与系统化的发展,一方面使得人类在现实的实践与交往活动之中所建立的关系更为复杂化与多样化,另一方面也必然使得人类通过现实的实践与交往活动所生成或建立的风险关系在更趋复杂化、多样化的同时,具有了更高的复合性。

4. 多变性

现代社会人类在现实的生存与发展过程中通过现实而具体的实践与交往活动可能遭遇的风险及其由此而结成的风险关系,不仅具有易生性、多样性与复合性的特征,而且也具有易变性的特征。这一特征的获得与出现,无疑在一定程度与层面上也表征了现代社会人类存在与发展所面临风险关系以及生成和建立所具有的复杂性。我们知道,现代社会是迄今为止人类通过自身的智慧与劳动创造所建构起来的最为开放、最为复杂与最为多元化的社会形态。这一社会形态所具有的基本特征,注定了现代人在现实的生存与发展过程中所建立的各种实践与活动关系必然是复杂的与多变的。对于现代社会人们的现实生存与发展而言,没有什么是可以不变的。变已成为现代社会人类现实生活的基本特征和主要内容。社会生产与社会生活领域的不断拓展、新的技术对社会生活的不断锲入所引致的生活方式的快速变革、价值追求的多元化发展以及由此而导致的人们的实践与交往活动关系的丰富化与多元化发展,都无不使现代人生存与发展的社会关系始终处于不断的生成、断裂、重组与变动之中。毫无疑问,生存与发展关系的生成、断裂、重组与变动,不仅给现代人现实的生存与发展带来了新的风险与挑战,而且也使得现代人在现实的生存与发展过程中所遭遇的风险关系,也时时处于不断的变动与变化之中。

三、人的发展的主要风险关系

在本质上而言,人类生存与发展的风险及其风险关系的生成,不是一个人类在现实的生存与发展过程中逼迫遭遇的过程,而是一个人类在现实而具体的实践与交往活动过程中制造或者创造的问题。是以,人类生存与发展的风险及其风险关系的生成,归根结底,乃是由人类在现实而具体的实践与交往活动过程中制造或者创造的结果。以此而观之,则人类在现实的生存与发展过程中所能组织并开展的实践与交往活动愈丰富、愈复杂与愈多样,人类在现实的生存与发展过程中所面临的风险及其所建立的风险关系也就愈多样和愈复杂。因此,相对于传统社会与原始社会而言,现代人在现实的生存与发展过程中不仅面临着愈来愈多样且频繁的风险的挑战与考验,而且其与不同风险对象之间生成并建立的风险关系也愈来愈多样和复杂。

现代社会人类生存与发展过程中所面对的风险关系的多样性与复杂性,决定了我们对之认识与分类的困难性。基于便利的原则,通常而言,人们一般依据一定的风险附着体之所属,将人与风险之间所建立的关系区分为自然性风险关系、社会性风险关系和自我性风险关系。虽然这一分类方法具有简便明了的特点,但是,这一分类所具有的局限性,也是显而易见的。我们知道,在风险关系的构成中,人是始终不变的主体,因此,对于风险关系的分类区分,也只能从一定的风险附着之对象化客体的特性或者所属入手。然而,由于技术的进步和生产方式的现代化变革会逐渐导致人类实践与交往活动对象化客体所属界域的突破而使其所属愈来愈模糊化,因而基于风险关系中对象化客体自然性归属的区分方法也必然会逐渐失去其应有的合理性。

为避免这一困境的出现,我们认为,对现代社会人类生存与发展的风险关系的区分,不仅应该着眼于风险附着之对象化客体的特性或者所属而进行,更应该着眼于人的现实而具体的实践与交往活动的领域及其对象化客体的特征而进行合理的区分。倘若以此为据,我们可以将现代社会人类生存与发展的风险关系区分为指向现实生活世界实体对象的实体性风险关系、指向虚拟世界虚拟对象的虚拟性风险关系,以及在虚拟世界指向实体对象与在现实世界指向虚拟对象而交互展开的交互性风险关系。当然,关于事物分类的任何一种标准的区分,都只有相对意义,且都无可避免地存在着一定的局限性。因此,我们于此对现代社会人类生存与发展的风险关系的区分,也只是基于希图能对之展开更为合理与有效的探讨而进行的,因而同样不具有绝对性。

(一)实体性风险关系

人类的生存与发展,不仅仅是一个通过现实而具体的实践与交往活动不断改造自然世界而获取维系自身生命存在与种的繁衍及其延续的物质生活资料的过程,同时也是一个通过现实而具体的实践与交往活动不断改造自我而使自我获得进步与发展的过程。在这一过程中,人类既创造了改变自身现实生活与生存状态的物质生活世界,同时也创造了改变自身并使自我获得丰富、完善与发展的精神生活世界。因此,人类在现实的生存与发展过程之中所组织并展开的现实而具体的实践与交往活动,并非是一个单纯的客体改造的过程,而是一个涉及到主客互动与彼此改造或者创造的过程。这就意味着,人类通过现实而具体的实践与交往活动所建立的实践活动关系,不仅具有一定的综合性,而且也具有一定的复杂性。这里,既包括了人与实体对象之间所建立的关系,同时也包括了人与他人、人与自我以及与一定的知识、信息、意义世界之间所建立的虚拟性的对象化关系。由此可见，在人类现实而具体的实践与交往活动过程之中，作为实践与交往活动主体的人，不仅会与实体性的对象化客体生成一定的风险关系，而且也可能与虚拟性的对象化客体生成一定的风险关系。

1. 实体性风险关系的生成

人类在现实的存在与发展过程中组织并展开的任何一项实践与交往活动，都是一种对象化的活动。因此，对象化关系的生成，乃是人类现实而具体的实践与交往活动展开的必然要求。没有一定的对象化关系的生成与建立，人的现实而具体的实践与交往活动也就无法展开。即使是在人的精神世界发生的意识性活动，同样也是如此。对象化的实践与交往活动关系的建立，乃是人的存在与发展的风险关系建立的基础。由于人在现实而具体的实践与交往活动之中所面对的对象化的客体并非是单一和纯粹的，而是多样与复杂的，因而这也就意味着人与对象化客体之间所建立的实践与活动关系必然也具有一定的多样性与复杂性。其多样性主要表现在人的实践与交往活动的对象化客体始终是随着实践与交往活动指向的变动而变化的，而其复杂性则表现为对象化的客体不仅有从属于物理世界的实体对象，而且也有从属于精神世界的虚拟对象。正因为如此，人类在现实的存在与发展过程所可能遭遇或生成的风险，也就既有由实体性对象化关系所引致而生成的，也有由虚拟性对象化关系所导致而生成的。

如同任何风险关系的生成一样，实体性风险关系同样是在人的现实而具体的实践与交往活动之中生成并建立的。所谓实体性风险关系，指的是人在现实而具体的实践与交往活动之中由实体性的对象化关系的建立所引致而生成的风险关系。我们知道，任何一种风险或者是人与风险之间所建立的风险关系，都不可能是一种实体性的存在，而是一种依附性与倾向性的存在。因此，我们于此而言的实体性，主要不是指人在现实的实践与交往活动过程之中遭遇的风险或者建立的风险关系的存在形式，而是指引致或者寄附一定的风险与风险关系的对象化客体存在的形式。在这里，风险关系虽然是作为依附在一定的对象化关系基础之上而存在的一种人与风险之间所建立的特殊关系,但是,这一关系的存在必须是以一定形式的具体的对象化关系作为必要的载体的。当一定的风险关系附着在人与实体性对象化客体之间所建立的关系之上时,则这一风险关系,我们可以视之为实体性风险关系。

2. 实体性风险关系的基本特征

作为一种附着性存在的关系形式,人类在现实的生存与发展过程中遭遇或建立的任何一种类型的风险关系,都无不是附着在一定的对象化关系之中而存在的。没有人与对象化客体之间实践性关系的建立,则任何风险关系都必然会失去必要的附着性载体而无法存在。与虚拟性风险关系和交互性风险关系不同,实体性风险关系的生成及其存在不是附着在人与虚拟性对象或者制度性对象之间所建立的关系之上,而是附着在人与实体性存在的对象之间所建立的关系之上的。因此,人的存在与发展的实体性风险关系的生成及其存在,无疑表现出不同于其他类型的风险关系的特征。其特征主要体现在以下几个方面:

其一,在实体性风险关系中,风险所附着的载体是一种现实存在的可视与可见的对象化的客体。风险作为事物发展的一种不确定性以及引致不幸事件与不幸结果发生的可能性,它的存在,既不可能离开所附着的相应客体而独立存在,也不可能不与人的现实的生存与发展发生关联而成为一种自在的无所指向的存在。因此,人的存在与发展的任何一种风险都必须依附在人在现实而具体的实践与交往活动过程中建立的对象化关系指向的客体之中。在这里,风险附着的客体的特性归属,通常决定了风险关系类别的区分。显然,在实体性风险关系的构成中,作为风险附着的对象化关系指向的客体具有可视与可见的实体性事物的特征。

其二,实体性风险关系也并非是单一的,而是多样化的。与其他生命物质不同,人作为一种社会性尤其是一种文化性的存在,人在现实而具体的实践与交往活动之中所建立的对象化的实践与活动关系,乃是具有一定的多样性的。它不仅包括了人与自然性的物理世界的客体之间所建立的对象化的关系,也包括了人与人、人与社会以及人与文化性的意识世界的客体之间所建立的对象化的关系。即使是在可视可见的自然性的物理世界里,人的实践与活动的对象化关系的指向,也可以区分为无生命特征的客体和有生命特征的客体两大类。由此可见,实体性风险关系的附着性存在形式,同样也是具有一定的多样性的。

其三,与人类在现实的生存与发展过程中所遭遇的任何风险关系一样,实体性风险关系也并非是一种静止的对象化的附着关系,而是随着其附着的对象化关系的发展而逐渐演变的。从类的发展的角度而言,人类的实践与交往活动始终是一个不断拓展、不断丰富、不断发展与进步的过程;从个体的角度而言,个体成长与发展的过程,是一个个体的实践与交往活动由简单到复杂、由低层级到高层级逐渐丰富、拓展与发展的过程;从具体的实践与交往活动的展开而言,任何一项现实而具体的实践与交往活动都是一个围绕着一定目标或目的的实现而不断行动并改变对象化客体的过程。正是在这一意义上而言,人在现实而具体的实践与交往活动过程之中遭遇或生成的任何一种风险关系,都不是一种静止的存在,而是一种变化性的存在。

3. 实体性风险关系的发展

人类在现实而具体的实践与交往活动过程之中所建立的对象化的实践活动关系,是随着人类实践与交往活动领域的拓展、实践与交往技术手段的进步对时空界域的突破而不断得以丰富和发展的。这就意味着,作为附着性存在的人类生存与发展的风险关系,也必然是随着与之相应的实践与交往活动领域的拓展、实践与交往技术手段的进步对时空界域的突破而不断趋向多样化与复杂化的。实体性风险关系的生成、存在及其演变,同样也是如此。从总的趋势而言,主要反映在以下三个方面:

一是随着人类实践与交往活动领域的拓展、实践与交往技术手段的进步对时空界域的突破,实体性风险关系附着性生成的对象化客体所涵盖的领域、范围得到大幅度的拓展,它不仅包括了宏观世界可视可见的客体对象,也包括了微观世界可视可见的客体对象,同时也包括从无机界到有机界存在的一切可视可见的生命和无生命物质对象;二是随着人类实践与交往活动对客观世界的认识、改造的深入发展,实体性风险关系附着性生成的对象化客体逐渐由纯粹自然性存在的客观对象发展转变为人化的自然对象;三是伴随着人类在现实的生存与发展过程中所能组织并开展的实践与交往活动丰富而多样化的发展,实体性风险关系附着性存在的形式也更加多元化与复杂化。

无疑,与传统的农业社会及其之前的人类社会相比较,现代社会人类实践与交往的活动,无论在领域、对象、范围,还是在技术方式、工具手段等方面,都获得了前所未有的拓展与巨大的发展。当然,这也为现代人现实生存与发展过程中多样化的风险关系的生成及其建立,制造了越来越广泛的基础与客观条件。

(二)虚拟性风险关系

人类在现实的实践与交往活动之中所建立的对象化的关系,并非完全是指向实体性客体的对象化关系,而是存在着一定的复杂性。我们知道,人作为一种智慧性存在的生命物质,他的生命活动的展开并不主要依赖于先天性的生物遗传本能,而是主要依赖于在后天的生存实践与交往活动过程中所获得并形成的知识、经验与技能。因此,人类在现实的生存与发展过程中所组织并开展的一系列实践与交往活动,不仅涉及到客观世界所存在的形形色色的实体性对象,而且也涉及到以有意义的符号系统集成的观念形态的对象。为了便于与人与实体性对象之间建立的对象化关系相区别,我们可以将人与观念形态存在的对象之间所建立的对象化关系称之为虚拟性对象化关系。与之相应,我们可以将附着在人的虚拟性对象化关系之中而生成的风险关系称之为虚拟性风险关系。

1. 虚拟性风险关系及其生成

人类与观念形态的对象化关系的建立,根源于人类意识的自觉与意识的发展。意识的自觉,不仅是人类作为智慧性生命物质存在及其发展的重要表征,也是人类一切创造性实践与交往活动展开的重要基础。当然,意识的自觉与发展,更是人类观念世界或者说精神世界创造、丰富与发展的根本基础之所在。在对客观世界的认识与改造过程中,人类既通过合目的性的实践活动的创造而逐渐改变了自身现实存在的物质世界,同时也与之相应逐渐建构起了人类自身所独有的精神文化世界或者说关于世界认识的观念世界。人类观念世界的建构及其相对独立化的演变与发展,为人类精神领域实践与交往活动的展开奠定了必要的基础。与物质世界展开的生产与生活实践不同,人类在精神世界的创造性活动,面对的主要不是实体性的对象化关系,而是虚拟的观念形态的对象化关系。

由于人类的观念世界是一个由有意义的符号系统所建构的世界,因而这里所谓的虚拟风险关系,指的也就是附着在虚拟关系之中的人与符号信息风险性之间的一种关系。我们知道,符号世界是人类劳动所创造的一个特殊世界,是人类智慧的结晶和社会文明与进步的表征。符号世界是一个有意义的世界、信息的世界。人类通过符号,不仅可以相互传达一定的信息和交流一定的思想与感情,而且还可以通过符号去认知世界或建构一个虚拟的世界。因此,符号世界的产生以及独立化的发展,仿佛给人类插上了想象的翅膀,为人的自由的创造与发展开辟了广阔的空间。但是,另一方面,虚拟对象化关系的出现,无疑对人类的现实生存与发展,也带来了巨大的风险与挑战。

虚拟关系是人与观念世界或者说有意义的符号世界所建立的一种特殊的对象化关系。由于这种关系本身就暗含着一定的风险性,因而在一定意义上而言,虚拟关系就是一种风险关系。虚拟关系之所以是一种风险关系,其根源就在于这种关系本身就潜伏着对人的发展造成不幸结果发生的可能性。我们知道,任何机遇总是与风险密切联系在一起的。机遇愈大,则风险也愈大。虚拟关系对于人的发展来说,正是这样一种高机遇高风险的关系。一方面,虚拟关系的建立与发展,为人的自主的自由的自我的发展创造了一个无任何界域和限制的平台;另一方面,这种自由的自主的自我的无任何限制的发展,同时也潜藏着将人的发展导入歧途甚至毁灭的巨大风险。正是基于这一意义,我们可以说,人与观念世界之间所建立的虚拟性对象化关系本身就是一种蕴含着巨大风险的风险性关系。

2. 虚拟性风险关系的主要特征

虚拟世界虽然是人类用自己智慧性的劳动创造所建构起来的观念形态

的世界,但是,虚拟世界的现实存在及其演化、发展却是以有意义的信息符号系统的形式而展开的。我们知道,人作为一种智慧性的生命物质,其生命活动的展开主要不是依赖于生物性遗传的本能而实现的,而是依赖于人类自身在后天的生存实践活动之中所获得的知识、经验以及相应的生存技能而实现的。人类生命存在的这一特征,决定了其现实而具体的实践与交往活动的展开不仅要与现实的实体性世界的对象建立起一定的对象化的关系,而且也必然要与虚拟世界或者说观念世界的对象发生一定的关系从而建立起相应的对象化的关系。虚拟性风险关系作为附着在人类与自身所创造的虚拟世界的对象所建立的关系之上的一种风险关系,因着虚拟世界风险生成的特殊性而必然获得区别于实体性风险关系的特征。其特征主要是:

一是风险附着的对象化关系的虚拟性。虚拟性风险关系是人与虚拟世界的风险之间所结成的一种特殊关系。由于虚拟世界是一个由人类所创造的信息符号所建构的虚拟实在系统,因而这一世界存在的一切,虽然根源于人类现实世界的生活,但在根本上而言,它是一种观念形态的存在,而不是一种实体性的存在,具有一定的虚拟性。人类依赖于信息符号系统所建构的虚拟实在系统的虚拟性,无疑决定了人类与这一世界的对象所建立关系的虚拟性。与之相应,人类与虚拟世界的对象之间所生成的风险关系,也必然是附着在虚拟性的对象化关系之中的。

二是风险关系的复杂性与多变性。虚拟性风险关系的复杂性与多样性,根源于虚拟世界自身的复杂性与发展的不确定性。人类依赖于信息符号系统所建构的符号信息世界,既是一个有意义的虚拟世界,但同时也是一个虚拟实在的世界。虚虚实实是这个世界的特征,虚中有实,实中有虚,一切风险就暗含在这种虚实之间。因为虚虚实实,所以这个世界就极为复杂。而复杂,则意味着不确定,意味着风险与多变。因之,人与这一世界的对象所建立的风险关系,也就必然具有复杂性、多样性与多变性。

三是虚拟性风险关系的生成不仅具有自主性,同时也表现出一定的无意识性。所谓自主性,指的是任何虚拟性对象化关系的建立,都是由个体的自觉行为所建立的,是个体自主介入虚拟世界而与虚拟世界的对象生成一定的关系的。而所谓无意识性,则指的是个体在自主介入虚拟世界之后,倘若对虚拟世界的资讯、各种各样的信息不能做出科学与正确的分析与判断,则必然会在无意识之中将自己的生存与发展导入一种风险的境地。由此可见,人在虚拟性的对象化关系的建立过程之中,风险关系的生成与演变,既有自主自觉的一面,同时也具有被动与无意识性的一面。

3.虚拟性风险关系的现代发展

虚拟性对象化关系的生成,是人类意识自觉、意识发展与文化创造的结果。这一事实说明:第一,人类意识的自觉与发展是人在现实而具体的实践与交往活动过程中虚拟性对象化关系建立的基础,是人类从物的种属关系提升出来之后就客观存在的一种现象;第二,虚拟性对象化关系是伴随着人类自身对观念世界的创造及其支持这一世界独立化运动的技术系统的进步而不断丰富与发展的。与之相应,人类与自身创造并建构的虚拟世界所建立或生成的风险关系,也始终处于不断的丰富与发展之中。尤其是进入现代社会之后,人类通讯信息技术日益现代化的发展,特别是以计算机及其互联网技术为代表的多媒体技术的出现与迅猛发展,不仅彻底改变了人类现实而具体的实践与交往活动的对象、范围、方式与面貌,而且也为人类更为广泛、丰富与多元化的虚拟世界的建构创造了愈来愈先进与便利的技术支持。因此,与传统社会以及之前人类已经历的社会形态相比,现代社会人类能够组织并开展的虚拟世界的对象化改造活动及其由此而引致的风险关系,无论在虚拟世界建构的技术手段方面,还是在虚拟世界的对象化实践与交往活动展开的深度与广度方面,毫无疑问,都获得了前所未有的发展。其发展主要表现在:

第一,计算机及其现代网络技术为代表的现代通讯信息技术的诞生与迅猛发展,为人类在虚拟世界的实践与交往活动制造并打开一个无时空和疆域界域限制的平台的同时,完全改变了传统媒介时代人类虚拟对象化活动的单向性与自我封闭性。我们知道,现代信息与虚拟世界是现代人在集合了人类所创造的一切符号系统并运用现代通讯信息技术手段的支持而构建的一个有意义的虚拟实在世界。[①] 这一运用现代通讯信息技术手段对人类已创造的语言、文字、声音、图像等各种信息符号系统的集合而形成的虚拟世界的出现,不仅为人类多样化的虚拟关系的建立创造了一个全新的平台,而且也不断引致并催生了新的虚拟风险关系形式的出现。

第二,随着现代计算机及其网络技术的产生和在人类社会生活诸领域的广泛应用,网络化的生存或者说通过虚拟实在世界而展开现实的实践与交往活动,已成为现代社会人类生存与发展的一种主要方式。这就意味着,现代虚拟风险关系已不仅仅是人与符号信息世界风险性之间的关系,而是包含着此关系在内的人与虚拟的存在方式的风险性之间所具有的一种关系。与这一趋势相适应,虚拟关系及其附着在这一关系之上的风险关系,已广泛而深刻地锲入到人类社会生产与社会生活的各个领域与各个方面。与传统的人类虚拟性风险关系建立的有限性相比,现代社会人类通过计算机及其网络技术建构的虚拟世界的活动而生成的风险关系,则完全打破了时空界域的限制,具有更高的广泛性与普遍性。

第三,与传统的人类虚拟性风险关系不同,现代社会人类在计算机与网络技术支持基础之上所建构的虚拟世界所遭遇的风险关系,不仅具有多样性、丰富性与复杂性,而且对人类现实的生存与发展所具有的风险性影响,也更为广泛与巨大。在现代人的现实生存与发展中,依赖于计算机及其网络所建构的虚拟实在世界而展开现实而具体的实践与交往活动,已成为现代人生存的基本方式。这就意味着,虚拟关系及其附着在这一关系之上的虚拟性风险关系,已构成现代社会人类存在与发展的重要关系。因而,这一关系对于现代人现实的生存与发展而言,则不仅是广泛的,而且影响也是极为深刻与重大的。

(三) 交互性风险关系

在广义上理解,人类在现实而具体的实践与交往活动之中一切对象化

---

① 关于现代通讯信息技术对人类有意义符号系统集合的论述,可参见张治库:《现代社会关系视阈下人的发展研究》一书第三章"现代社会关系促进人的发展的机制"之"信息与虚拟关系:人的发展的选择机制"中的相关论述。光明日报出版社 2010 年版,第 116—124 页。

的关系,都具有一定的交互性。这种交互性,集中体现为人与对象化客体之间的互动与互为性。但是,我们在此所讨论的交互性关系,并不是在广泛意义上而言的,而主要指的是基于互为对象化关系客体的主体之间所生成的一种信息、知识、经验、能量、情感或财富等交流与交换的关系。倘若在这一意义上展开理解,则我们可以将交互性关系称之为广泛意义上的交换性关系。与之相应,由附着在一定的交互关系之上并由这一关系而引致的风险性关系,则可以将之视为广泛意义上的交换性风险关系。因此,交互性关系及其附着在这一关系之上的交互性风险关系,通常只限于不同主体或者说人与人之间而生成。

1. 交互性风险关系及其建立

与实体性风险关系、虚拟性风险关系一样,交互性风险关系也是附着在交互性关系之上的一种风险关系,它同样是在人类现实而具体的实践与交往活动过程中生成并建立的。我们说,交互性关系是人类在现实而具体的实践与交往活动过程中不同主体之间基于信息、知识、经验、能量、情感或财富等交流与交换而建立的一种互为对象性客体的对象化关系,因而这一关系在广义上也可以称之为不同主体之间的交换关系。交互性关系生成及其发生的根源在于人的生存与发展的社会文化性。

人作为一种智慧性的生命物质,他的存在与发展主要不是以个体活动形式而展开的,而是以有组织的社会群体活动的形式而展开的。人类存在与发展的这一特征,既决定了人类不同个体与群体之间相互协作、相互依存的必然性,同时也决定了不同主体之间展开信息、知识、经验、能量、情感或财富等交流与交换的必要性。交互性关系及其附着在这一关系之上的风险性关系的生成与建立,正是人类不同主体之间基于信息、知识、经验、能量、情感或财富等交流与交换而结成的一种特殊的实践与活动关系。

不同主体之间基于信息、知识、经验、能量、情感或财富等交流与交换而结成的交互性关系,之所以会引致风险的生成并使主体之间结成一定的风险关系,乃是因为:其一,在交互性的关系互动中,主体之间赖以实现交流与交换目的的任何一种介体,都存在着引致影响或危及交互主体现实生存与发展风险发生的可能性;其二,无论交互主体之间以任何物质或影响为介体,交流与交换这一行为产生的方式及其结果,也都存在着引致影响或危及交互主体现实生存与发展风险发生的可能性。因此,如同人在现实而具体的实践与交往活动过程中结成的实体性关系、虚拟性关系一样,交互性关系同样也能够引致人类生存与发展的风险关系的生成。

2. 交互性风险关系的主要特征

交互性风险关系所具有的特征,是与交互性对象化关系的生成及其特征直接联系在一起的。由于交互性关系是人类在现实而具体的实践与交往活动过程中不同主体之间基于信息、知识、经验、能量、情感或财富等交流与交换而建立的一种互为对象性客体的对象化关系,因而附着在这一关系之上而生成的交互性风险关系,也必然存在着与其他风险关系相区别的特征。与实体性风险关系、虚拟性风险关系相比较,交互性风险关系所具有的特征,主要表征在以下三个方面:

第一,与实体性风险关系、虚拟性风险关系的生成不同,交互性风险关系不是在对象化客体与主体之间生成的风险关系,而是在交互性对象化主体之间所生成的一种风险关系。在这一关系的结构化构成中,人自身既是风险与风险关系的制造者,也是风险与风险关系的受动者与具体承担者。人既是风险的来源,是风险制造的主体,也是风险结果的指向,是风险关系的结成者。因此,在本质上而言,交互性风险关系是一种人与人之间所建立的风险关系。

第二,交互性风险关系的生成是由交互性对象化主体之间展开的信息、知识、经验、能量、情感或财富等交流与交换行为所引致的。虽然在交互性风险关系的生成中,人自身是彼此所面对的风险关系生成的根源,但是,这一关系的生成及其建立,乃是由对象化交互主体之间所进行的信息、知识、经验、能量、情感或财富等交流与交换行为而引致的。也就是说,在交互性风险及其风险关系的生成中,主体之间交互性对象化关系的建立必须以一定的信息、知识、经验、能量、情感或财富等交流与交换行为为介体或者为基础。失去这一介体或基础的支持,则主体之间既不可能建立起交互性的对象化关系,也不可能生成交互性的风险关系。

第三,交互性风险关系对人的现实存在与发展的影响,一方面呈现着一定的复杂性,另一方面也存在着一定的不确定性。就其复杂性而言,在交互性的风险关系中,由于交互性对象化关系的主体是以彼此为风险的根源与风险关系建构的对象的,因而这就决定了二者之间所建立的风险关系具有互为性,与之相应的风险性的影响,同样也是互为的,而不是单向度的;就其不确定性而言,由于交互性风险及其风险关系的生成是交互性对象化关系的主体之间以一定的信息、知识、经验、能量、情感或财富等交流与交换为介体或者为基础而建立的,因而这一风险关系对于人的生存与发展的影响就不可能具有确定性,而是权变的、情境的和个体化的。

3. 交互性风险关系的现代发展

交互性关系是人类在群体或者社会性的实践与交往活动过程中所建立的一种基本关系,是人类实践性发展与社会文化性存在的重要表征。因此,交互性关系是人类在群体性生存与发展过程中所建立的一种古老的实践活动关系。这一关系的产生,既在人类组织化和群体性的实践与交往活动之中结成,自然也就会随着人类社会组织化和群体性的实践与交往活动的丰富、发展而不断丰富与拓展。与之相应,人类通过交互性活动关系而生成与引致的风险与风险关系,同样得到了前所未有的丰富、拓展与发展。相对于已往社会人类所遭遇的交互性风险关系而言,现代社会人类通过组织化和群体性的实践与交往活动结成的交互性对象化关系及其与之相应的风险关系,已发生了巨大的变化。其变化主要反映在以下几个方面:

一是交换的市场化发展使得市场性交换风险关系成为现代社会人类交互性风险关系的主要形式。在现代社会,市场已渗透到人类社会生产与社会生活的各个领域、各个方面,不仅成为决定整个社会经济发展的根本性因素,而且也成为影响人们社会生活的主要因素。市场的扩张与发展,不仅引致和激发了人类对物质财富创造的极大热情,而且也导致了人类将一切资源转化为商品而进行市场交换行为的普遍化。在这一背景下,普遍的市场交换行为,自然就成为现代社会人类交互性关系建立的主要基础和主要平台。而与之相应的风险关系,则必然成为现代社会人类交互性风险关系的主要形式。

二是知识、信息与技术在人类交互性风险关系的生成中获得了前所未有的重要性。我们知道,知识、信息与技术作为人类交互性对象化关系建立的重要介体,不仅对人类在实践与交往活动过程中交互性对象化关系的建立发挥着重要的作用,而且也是造成和引致交互性对象化关系转变并演化为风险关系的重要因素。与传统社会及其之前的人类社会不同,现代社会人类自我意识的觉醒与主体意识的扩张、个体自由而独立的发展,极大地促进了人类对新的知识、新的技术的发现、发明与创造,从而导致现代社会人类通过符号集成的知识系统、信息系统、技术系统呈现出集合指数增长的态势。在这一背景下,知识、信息与技术等因素已不仅仅是粘结人类不同主体之间交互性对象化关系建立的重要介体,而且也已成为引致和催生现代社会人类交互性风险关系的生成重要因素。

三是交互性关系自身越来越成为一种风险关系。伴随着人类交往技术的进步、交往工具与交往手段的现代化发展以及与之相应的实践与交往活动的发展对于时空界域的突破,人类在现实而具体的实践与交往活动过程之中所建立的交互性对象化的关系,已变得越来越多元、越来越丰富、越来越复杂。这一事实,一方面表明伴随着交往技术的进步、交往工具与交往手段的现代化发展,人类交互性对象化关系建立的领域、范围及其相应的能力得到了前所未有的提升。但是,另一方面,人类在社会生产与社会生活过程中建立的交互性对象化关系愈多元、愈丰富、愈复杂,无疑意味着人类对这一关系的认识、把握与驾驭,则愈困难。因此,对于现代社会人类的生存与发展而言,无论是交互性对象化关系的建立,还是演变、重组或者断裂,都有可能意味着一种风险关系的生成。

第四章 现代社会人的发展面临的主要风险

　　作为建立在人类劳动高度分工、社会生活高度分化、社会生产与社会生活方式高度技术化支持基础之上的现代社会,乃是一个内含着诸多错综复杂的矛盾与冲突的高度风险性社会。是以,在这一社会境遇下生存的现代人,必然会在自己现实而具体的实践与交往活动过程之中时时处处遭遇到形形色色的风险并与之生成或者建立起一定形式的风险关系。这些风险,一方面由人类现实而具体的实践与交往活动所引致,另一方面也在人类现实而具体的实践与交往活动过程之中得以显现。这一事实表明:人类在实现生存与发展的过程中所组织并开展的现实而具体的实践与交往活动,既是人类生存与发展所遭遇的一切风险的制造力量,也是引致并促使人类社会发展风险性不断提升、风险与风险关系日益多元化、丰富化、复杂化演变的根本驱动力。正因为如此,现代社会人类生存与发展所面临的风险及其与之所建立的风险关系,无疑远比人类已往社会更为复杂、多样与丰富。

　　从风险缘起或者说根源的领域而言,人类生存与发展所遭遇的一切风险,追根溯源,无非源自于人类赖以生存的客观世界或者说自然界、人类用智慧和劳动创造所建构并由个体所集合而形成的社会组织系统,以及集中反映人类智慧与文化创造成果的精神世界。但是,由于人类为了实现有效和有意义的生存而展开的实践与交往活动的发展及其对客观世界的持续改造,因而逐渐使得人类赖以生存的客观世界存在的一切事物,也被普遍地打上了人的主观化的烙印,成为承载着人类生存与发展价值追求的人化的创造世界。或者说,人类为了实现有效和有意义的生存而展开的实践与交往活动的发展及其对客观世界的持续改造,在逐渐打破并消解着自然、社会与人类精神世界隔离界域的同时,也使得人类赖以生存与发展的各种要素相互融合而形成了一个统一的世界。因此,对与现代社会人类的生存与发展而言,风险的缘起或者说根源对象,已越来越走向综合。故此,本章对现代社会人类生存与发展风险的分类探讨,也只具有相对意义,而并非具有绝对性。

一、自然风险

自然界是人类赖以生存的家园,是人类生命存在和一切生命活动展开的物质基础。没有自然世界在长期的演化过程中所形成的适宜于人类这样一种生命物质生存的基础,则人类的生存与发展就是不可想象的。如同地球上所有的生命物质一样,人类的诞生与出现同样是自然界长期进化的结果,是大自然孕育的所有生命物质中的一分子。作为一种生命物质或者说生命现象,无论是人类自身生命体的维系、种的繁衍与延续,还是人类生命活动的展开,都必须通过与自然界进行必要的信息、能量的交换,才能够实现。是以,大自然之于人类,无疑是人类实现现实生存与安身立命的根本保障之所在。

人类作为地球上生命物质的一员,如同地球上存在的任何生命物质一样,其生存与发展的实现必须以自然界长期进化与演化而形成的生态系统为重要基础,必须参与到生态系统物质之间展开的信息、能量交换的循环之中,才能够获得生命维持、种的繁衍与延续所需要的必要的物质资料的支持。而要参与到生态系统物质之间展开的信息、能量交换的循环之中,则意味着人类必须与大自然建立起一定的互动关系。没有这一关系的建立,则人类就不可能参与到生态系统物质之间展开的信息、能量交换的循环之中,更不可能展开表征生命存在的一切现实而具体的实践与交往活动。由此可见,人类自身生命体的维系、种的繁衍与延续以及生命活动的展开,都必须与自然界在长期的进化与演化过程中形成的生态系统建立起密切的关系才能够实现。

与其他生命物质的生物本能性或者说自然性的存在不同,人类作为一种智慧性与社会性存在的生命物质,其对自然界生态系统的参与是以感性的实践与交往活动的方式而展开的,即人类是以对自然界生态系统的合目的的改造而实现与生态系统物质之间的信息与能量的交换的。通过现实而具体的实践与交往活动对对象化的客观世界的改造,一方面人类由此而获得了维系自身生命体存在、种的繁衍与延续所必需的物质生活资料,但是,另一方面,人类对自然界生态系统的参与及其合目的的改造行为,无疑在逐渐改变着人类赖以生存的自然生态系统,甚或对这一自然形成的生态系统造成灾难性的破坏。因此,我们于此而言的所谓自然风险,正是人类在与自然世界展开对象化的改造活动过程中由于人类的活动而引致的自然生态系统的变化或者破坏而导致的风险。

(一)自然风险的产生及其特征

地球上的自然世界尤其是支持生命物质存在的生态系统,是一个自然界在漫长的进化与演变过程中所形成的自组织与自在运行的不同物质、不同生命体之间彼此依存和彼此互动的复杂的动态平衡系统。正如周海林、谢高地在《人类生存困境—发展的悖论》一书中所说的那样:"在地球上的生物产生、进化和发展的亿万年间,生物圈中一定的动、植物群落和生态系统的各种对立因素通过相互制约、转化、补偿和交换等作用,达到一个相对稳定的自然平衡阶段,即生态平衡状态"。[①] 在人类的生存活动未能影响和改变生物圈物质之间所建立的动态平衡关系之前,人类与大自然所建立的关系是一种和谐的依存关系,因而人类在现实的生存与发展过程中遭遇的自然风险也只是由于自然界生态系统的自在变化所导致的自然性风险,具有一定的偶然性。但是,随着生产工具与技术的进步、人类改造自然能力的大幅度提升,则人类活动对于自然界生物圈有机体之间所建立的动态平衡关系就具有了巨大的破坏性,由此而引致的自然界生态系统的变化以及可能导致的自然风险,就成为一种系统而普遍的现象。

---

① 周海林、谢高地:《人类生存困境——发展的悖论》,社会科学文献出版社2003年版,第11页。

1. 自然风险的界说

对于自然风险的认识与理解,学界一般不存在更多的分歧性。通常人们认为,所谓自然风险,主要指的是自然界存在的一切事物及其变化引致的对于人类现实生存与发展可能产生的危害性影响或者灾难性结果的倾向性。当然,在风险意义上而言,这里所谓的危害性影响或者灾难性结果的倾向性,既是指自然界风险客体在事物之间彼此作用的过程中所出现或者生成的一种新的内在特性,同时也是指由风险客体所具有的这一内在特性引致的人类现实生存与发展不幸结果发生的可能性。

因此,在此我们需要厘清的是:一是自然界万事万物的发展何以生成风险性? 二是风险性客体所具有的风险性何以成为引致人类现实生存与发展不幸事件或不幸结果产生的根源? 显然,对以上两个问题准确或者说更切合事实的解答,并非是一件轻而易举的事。从前者来看,事物的风险性尽管根源于事物自身内在的矛盾运动,但是,并非所有的矛盾运动都能够生成或者导致事物发展的风险性,只有那些能够引起事物质变或者引致一事物与他事物固有关系断裂、突变的矛盾运动,才是促使和导致事物发展风险性生成的根源;从后者来看,风险性客体所具有的风险性之所以能够引致人类现实生存与发展不幸事件或不幸结果的产生,根本的原因就在于事物所具有的风险性能够引发人与对象化自然客体之间关系的非正常变化,并且这种变化超出了人的经验或者能力驾驭的范围,具有不可预料性和不可控性。

由此可见,自然风险虽然是由自然界存在的万事万物之间的内在联系、彼此互动而导致生成的结果,但是,这一结果的出现,只有在引致事物之间固有关系的断裂、重组、改变和事物自身的发展出现突变性的转变以及关乎人类现实的生存与发展并且成为引致一定的不幸事件或不幸结果时,自然界万事万物的演变、变化与转变才有可能生成一定的风险性,并且相对于人类而言,才能形成或者说构成一种客观存在的现实的风险。

2. 自然风险的产生

自然风险的产生,首先源于人类生存即生命体的维系与自然世界对象化关系的建立。这里的意义在于:第一,人作为自然世界的有机构成,他的存在及其生命活动的展开不可能外在于自然世界而进行,无论是自然生命体的维系,还是种的繁衍与延续,都需要通过与自然世界建立起一定的对象化的关系,才能够与自然世界存在的万事万物之间展开必要的物质、信息与能量的交流与交换;第二,自然世界存在的一切事物及其事物之间的自在演化,如果不与人类现实的生存与发展发生关联,则自然世界万事万物的存在及其变化只不过是一个外在于人类现实生存的客观运动与变化的过程,不会对人类的生存与发展产生任何现实性的影响。由此可见,正是由于人类生存即生命体的维系与自然世界对象化关系的建立,才使得自然世界万事万物的存在及其变化对于人类的生存与发展而言具有了生成或者产生影响(包括风险性影响)的现实基础。

当然,从根本上而言,自然风险的产生根源于人类生存所展开的生命活动对自然秩序、自然生态系统、自然世界发展规律的干预、改变或者灾难性的破坏。人与自然的关系作为人类存在与发展的基本关系,不仅深刻地影响和改变着人类生存活动的展开以及由此而导致的可能性生存状态的实现,并且无疑也规定或改变着人类作为类的生命物质的存在与发展的状态。因此,人类与自然建立什么样的关系,也就决定了人类自身如何存在与如何发展。人类历史发展所呈现出的一个基本的事实是,伴随着人类种群的不断繁衍与人口总量的迅速扩张以及人类认识与改造自然世界的能力的不断提升,不仅人类介入与干预自然世界发展的深度与广度得到了空前的提升,而且对自然世界的自在运行尤其是自然生态系统的平衡发展所施予的影响,也越来越趋向灾难性。正是在这一意义上而言,人类生存对自然秩序、自然生态系统、自然世界发展规律的干预、改变或者灾难性的破坏,才是自然风险产生的真正根源之所在。

3. 自然风险的基本特征

自然风险根源于自然界万事万物之间的内在联系、彼此互动所引致的事物之间固有关系的断裂、重组、改变以及由此而导致的事物自身发展的突变。并且这一突变性的转变,在与人类现实而具体的实践与交往活动所建立的对象化关系中具有不可预料性和不可控性,或者更确切地说,具有对于人类现实生存与发展产生一定的危害性影响或者灾难性结果的倾向性。尽管在本质上而言,人类生存与发展所面对的一切风险都具有一定的共同性,但是,由于不同根源、不同性质的风险,无论其生成、演变或是对于人类现实生存与发展施予的风险性影响及其相应的方式,都存在着一定的差异性,表现出不同的特征。

相对于人类生存与发展所面对的社会风险与自我风险而言,自然风险无论在生成的来源、与人类生存所建立的关系形式,还是在对人类生存与发展所产生的现实影响方面,无疑都表现出一些明显的区别性特征。这些特征主要是:

第一,自然风险指的是自然世界的万事万物在其存在、演变与发展过程中所出现的对人类现实生存与发展产生危害性影响或者引致灾难性结果的可能性,因而一切自然风险,归根结底,无疑都根源于自然世界万事万物之间的内在关联性以及由此而导致的事物发展与变化的特定状态的出现。

第二,伴随着人类认识与改造自然世界能力的不断提升、工具与技术的日益现代化发展,人类活动对自然世界万事万物的自在运行尤其是生态系统自组织发展的介入、干预或改变的深度与广度也逐渐得到大幅度的拓展,从而致使人类认识与改造自然的生存实践活动越来越成为引致自然风险产生的根源。

第三,与社会风险和自我风险对人类生存与发展所施予的影响方式不同,自然风险对于人类生存与发展的影响并非是由自然界万事万物自在运行及其变化的状态而决定的,而是由人类在现实的生存与发展过程中与自然界所建立的关系及其对人类生存的现实影响所决定的。

此外,由于自然风险的生成及其演变从根本上取决于人类生存及其发展与自然界所建立的关系,因而这就意味着,自然风险生成的对象、风险性指向的范围、影响的程度等,都始终处于一个历史的动态变化过程。以此观之,则早期人类生存与发展所遭遇的自然风险具有一定的偶发性,且对人类的影响具有个别性;而愈到晚近,则愈具有普遍性,对人类的影响也愈具系统性与整体性。

（二）自然风险的演变与发展

我们说，自然风险的生成及其演变，在根本上而言，取决于人类在现实的生存与发展过程中与自然关系的建立及其这一关系的演变。与一切依赖于生物性遗传特征、遗传本能而获得生存与发展的生命物质不同，人类作为一种智慧性与社会性存在的生命物质，其生存与发展主要不是依赖于生物性的遗传特征与遗传本能而实现的，而是通过自身感性的实践与交往活动对世界的改造而实现的。人类存在与发展的实践活动性特征，决定了伴随着人类认识与改造自然能力的逐步提升，人类与自然世界所建立的关系也必然是随之而发展与演变的。与之相应，人类通过自身现实的生存实践活动所引致的自然风险及其与之建立的风险关系，自然也会呈现出不断发展与演变的态势。

1. 原始时代的自然风险

人类作为自然世界的有机构成，其生命体的存在与维系、种的繁衍与延续，都必须通过一定的实践与交往活动与自然世界的物质、信息、能量的交流与交换才能够实现。人类生存与发展的这一特征，决定了人类与自然世界对象化互动关系建立的必然性。这一关系的生成与建立，同时也决定了事物之间关系的变化、断裂、重组而引致的突变转化为自然风险并且凸显为一种现实的存在的必然性。受制于人类自身发展及其所能组织并开展的现实而具体的实践与交往活动的限制，原始时代人类在现实的生存与发展过程中与自然世界所建立的对象化关系主要是一种基于生物性本能基础之上的，因而具有简单性、直接性与依存性的特点。因此，在这一关系之中生成的自然风险，无疑不是"人化"的结果，而主要是自然性风险事件与人类的偶然遭遇。

狩猎与采集是原始时代人类所能组织并展开的最主要的生存实践与交往活动，因而也构成了原始人生存与发展的主要方式。在这一生存与活动方式之下，原始人不可能与自然世界建立起具有对立性的对象化的关系，而只能是一种高度依存的寄生关系。① 虽然从今天人类的观点来看,原始人的生存与发展似乎与自然世界的万事万物之间建立了一种高度依存与和谐共契的关系,似乎充满了美好与诗情画意,然而,事实远非如人们想象的那样。对于原始人类而言,其生存与发展所遭遇的自然风险,不仅仅是狩猎与采集活动过程中可能发生的风险性事件如猛兽的攻击等,更要面对严酷的自然世界随时可能出现的风险事件的整体挑战与考验,如寒暑交替的严寒与酷热,地震、泥石流、火山喷发等自然事件可能造成的灾难等等。当然,在总体上来说,原始人类在自然性的生存过程中所遭遇的自然风险,无疑具有一定的自然性、偶发性和个别性的特征。

2. 农业时代的自然风险

农业时代的到来,既是人类劳动创造与社会文明发展进步的结果,也是人类与自然世界新的对象化活动关系建立的重要标志。如果说原始时代人类的生存是一种"寄生于自然"式的生存的话,那么,农业时代人类的生存则逐渐改变了这一方式而演变或者进步为一种"有限利用自然"式的方式。农业的萌芽及其发展,标志着人类生活中的一个深远的变化。根据英国著名文学家、史学家赫·乔·韦尔斯的研究,在距今8000年的数千年之间,农业缓慢发展,人类开始逐渐有意识地种植粮食并出现储存食物的活动。由于耕作和食物源的相对稳定化,人类也逐渐由原始时代的游居转变为定居,并且也开始定时用餐,人类已不再是一种随缘为生和完全寄生于自然的动物了。② 显然,农业时代人类生存与活动方式的转变,为人类与自然世界新的对象化活动关系的建立奠定了必要的基础。

定居以及利用植物的生长规律与季节变换而进行耕作与种植,无疑对人类的生存与发展产生了深刻的影响,同时也逐渐改变了人类生存与自然

---

① 周海林、谢高地在《人类生存困境——发展的悖论》一书中,将原始人类的生活方式看成是一种"寄生于自然的采集时代"的生活,这是有一定的道理的。社会科学文献出版社2003年版,第64页。

② 参见赫·乔·韦尔斯:《世界史纲——生物和人类的简明史》,广西师范大学出版社2001年版。

世界的对象化活动关系。在这一背景下,人类生存与发展所面对的自然风险,也与之相应出现了新的变化。在农业时代,人类的生存与发展虽然依然要面对偶发的自然性风险事件的困扰,但是,这些偶发的自然性风险事件已不构成农业时代人类生存的主要自然风险。与农业时代人类与自然世界所建立的对象化活动关系相适应,自然灾害所造成的农作物的减产、绝收以及对豢养畜类灭绝性的摧毁,才是农耕时代人类生存与发展所面对的主要自然风险。然而,这样的自然风险,毕竟也是偶发的,不具有普遍性。因此,总体上而言,在长久的农耕时代里,人类活动对自然的依附和影响虽然是广泛而深刻的,但由于农耕时代人类的生存主要是有限利用自然而不是改造自然,因而人类活动对自然生态系统可能产生的灾难性影响是极为有限的,自然也就无法引致生态系统整体性风险的出现。

3. 工业时代自然风险的变化

工业时代的到来,彻底颠覆和改变了人类在长期的演变与进化过程中与自然世界万事万物尤其是自然生态系统之间所建立起来的相互依存的关系。科学技术日积月累的持续发展、生产工具机械化与智能化的转变与发展,在彻底改变人类社会生产、社会生活方式与面貌的同时,也为人类生存与自然世界新的对象化活动关系的建立创造了重要的条件。正如周海林、谢高地在《人类生存困境—发展的悖论》一书中所说的那样:"在整个工业时代,人类活动的整个特征可能在能力与心理上有如下深刻变化:一是人类大规模利用机械去控制和改造自然,使自然成为人类的财产;二是科学家锐利的目光洞穿了一系列自然奥秘,使'上帝'的威望遭受了沉重打击;三是国家机器变得非常强大"。① 以上三个方面的变化,使得人类不再把自己的生活与安全寄望于自然与上帝,而是把一切希望和安全都寄予了人类自身所创造的无比强大的"国家"。显然,工业时代人类生存与活动方式的现代化变革以及由此而导致的人类与自然世界对象化活动关系的革命性转变,

---

① 周海林、谢高地:《人类生存困境——发展的悖论》,社会科学文献出版社 2003 年版,第 73 页。

使得人类生存与发展所面临的自然风险也出现了前所未有的变化与转变。这一转变与变化主要表现在以下四个方面：

一是自然风险根源的人为化或者说人化的风险成为工业时代人类生存与发展所面对的主要自然风险。我们知道，在人类未能实现大规模利用、改造与控制自然之前，人类生存与发展面对的自然风险主要是自然世界万事万物自在运行、演化过程中所发生的自然性风险或者说自然性灾害。但是，工业革命以来，人类生存与发展所面对的自然风险，已主要不再是自然性风险事件所造成的危害，而是由于人类自身生存对自然世界的改造、控制与利用等人为性活动引致的生态系统的失衡所导致的自然性灾难。

二是自然风险的生成由偶然的自发性转变为人化的普遍性。伴随着人类大规模改造、利用与控制自然世界对象化活动的展开，人类活动对自然世界生态系统的影响已由局部性转变为整体性。与之相应，人类活动与自然世界所建立的关系，也由地域性、个别性转变为全球性与普遍性，由此而可能引发的自然风险，也逐渐由偶然的自发性转变为人化的普遍性。尤其是在人类社会的发展进入到全球一体化的背景下，人类活动对自然世界生态系统的介入与干预，其深度与广度无疑是人类任何一个时代都无法企及的，因而可以引致的自然风险也是前所未有的。

三是自然风险的分配由自发性的分配逐渐转变为系统性的分配。由于工业时代人类对自然世界尤其是生态系统的介入、干预足以引起自然世界整个生态系统的系统性反应，因而由人类活动所引致的自然风险已不可能只局限于局部地域、个别生物圈或者个别性人群，而是必然会通过生态系统的连锁性反应而分配、传导到生命世界的各个系统与各个方面。因此，工业时代人类生存与发展所遭遇的自然风险，不是一种偶发的或者个别的自然风险性事件、现象与人类的遭遇，而是一种系统的与整体的风险。

四是自然风险对人类现实生存与发展的影响逐渐由区域性、个别性转变为整体性与普遍性。工业时代的到来及其向全球不同地域、不同国家与不同社会的扩张，一方面使得人类的现实生活与纯粹自然世界的联系变得越来越遥远，但是，另一方面也使得人类现实的生存与发展、人类整体发展的未来命运与自然世界尤其是生态系统之间的联系从未如此的密切与紧密。在工业时代,技术的进步与发展所导致的人类活动对自然世界自在运行影响的深刻性与深远性,使得人类活动对自然世界生态系统所进行的任何区域性、方面性的介入与干预而引致的自然风险,都有可能通过生态系统自身的循环而波及到人类社会生活的各个领域与各个方面,进而对全球人类的整体生存与发展造成普遍的风险性影响。

(三) 现代人发展面临的主要自然风险

现代人发展所面临的自然风险,主要不是来自于自然界,而是来源于人类自身生命本质力量的表达对自然世界生态系统的干预、改造、限制、利用所造成的灾难性的后果。尽管现代人在越来越发达、越来越现代化的技术工具与技术手段的支持下所建构起来的生活世界距离纯粹自然世界已越来越遥远,但是,这并不是说现代人的生存与发展已经脱离或者远离了对自然世界及其演进规律的依赖。事实也许恰恰相反。在今天,全球人类的生存与发展从未如此紧迫与严峻地面临着由于人类活动对自然生态系统的破坏而引发的来自整个生态系统的失衡所导致的整体性、系统性的自然风险的挑战。可以说,现代社会人类在现实的生存与发展过程中所面对的来自自然世界的灾难性影响,已不是一个个别的、偶发的与局部的现象,而是一个整体的、系统的与持续性的客观存在。

现代社会人类生存与发展所面对的自然风险,是一种因人类现实的生存活动对自然世界尤其是生态系统灾难性的破坏而导致的整体性、系统性与普遍性的风险,因而对于现代人在现实的生存与发展过程中可能遭遇的主要自然风险的区分与描述,并非是一件轻而易举的事,而是非常困难的。基于这一理由,我们在此无意于或者更确切地说也无法对现代人生存与发展所面临的自然风险给予区分性的一一描述,而只能对纷繁而复杂的系统的自然性风险给出简要的分类性的分析。如果从现代社会自然风险的生成、影响性的传导及其可能波及范围的程度这一角度出发进行分类,我们可以将现代社会人类生存与发展面临的主要自然风险依次区分为原生性风险、次生性风险、连锁性风险和系统性风险四大类。以下,我们将对之进行

——分析与描述。

1. 原生性风险

所谓原生性风险,指的是在人类现实而具体的实践与交往活动过程之中,由于人与自然世界的自在运行所引致的自然性灾害事件的直接遭遇,因而被迫导致所生成的一种风险现象。这里需要指出的是:在原生性风险关系的生成中,自然世界的自在运行所引致的具有灾害性特征的自然事件的发生如地震爆发、火山喷发、干旱与洪涝、雪崩、泥石流等,是风险性生成的直接原因,而人类生存与之现实遭遇关系的生成,则是决定这些具有灾害性特征的自然事件是否能够转化为现实的自然风险的根本原因。因此,原生性风险是一种人与自然性风险事件直接遭遇而引致的瞬时性的自然风险,因而具有偶发性、直接性和即时性的特征。

虽然现代社会人类活动对自然世界生态系统的介入、干预或者改造已发展到足以引发或导致整个自然生态系统发生系统性风险的程度,但是,这也并非意味着现代社会人类的生存与发展所面临的自然风险都必然是一种系统性的风险。与原始时代和农业时代人类生存与发展面临的比较单纯类型的自然风险不同,现代社会人类生存与发展所面临的自然风险呈现着更为复杂的景象。这一复杂的景象集中反映在现代社会人类生存与发展面对的自然风险系统所具有的复杂性与多样性方面。由于现代社会人类生存与发展与自然世界所建立的对象化活动关系具有一定的复杂性与多样性,因而就决定了在现代人可能遭遇的自然风险系统中不仅大量地存在着由人类大规模现代化生产活动导致生成的系统性的风险,而且也始终存在着自然世界的自在运行所引致的自然性灾害事件对人类生存造成的原生性的自然风险。

2. 次生性风险

与原生性自然风险不同,次生性自然风险是由于人类生存对大自然对象化活动关系中对象化客体的利用、改造或使用而引致的一种自然性风险。次生性风险的发生,一般是由于人类对对象化活动关系中对象化客体的属性、特征、功能与发展规律认识或利用的错误而导致的,属于典型的人化的自然风险。如人类对罂粟的发现利用、对各种含有剧毒特性的物种的不当利用等，皆属于次生性风险。

认识、改造和利用自然世界的万事万物及其发展规律而服务于人类现实的生存与发展，一直是人类生存与发展持续努力与孜孜以求的目标。在这一过程中，人类不仅建构起了关于客观世界是什么和如何运行与发展的知识体系，而且也建构起了认识、改造与利用客观世界事物的技术与工具体系。这些知识体系与工具体系的建立，虽然使得人类认识、改造和利用自然世界客观事物的能力得到了不断提升，但是，受客观世界所具有的复杂性以及人类自身认识水平、技术能力发展局限性的制约，事实上在任何一个时代，人类都不可能完全穷尽自然的奥秘，也不可能具备完全征服和驾驭自然的力量。因此，由人类对对象化活动关系中对象化客体的属性、特征、功能与发展规律认识或利用错误而导致的次生性自然风险，也就不可能完全得以杜绝。现代社会人类的生存与发展，同样也面临着由于人类对自然世界对象化关系认识或利用错误而导致的大量的次生性自然风险。

3. 连锁性风险

连锁性风险是由于人类生存对大自然对象化活动关系中对象化客体的利用、改造或使用而引致相应的自然世界相互关联的事物之间发生一定的连锁性的危机反应所导致的一种自然性风险。例如，人类为了提升农作物的单位亩产量、防止病虫害而对农药、化肥的大量使用，虽然大幅度地提升了农作物的单位亩产量，有效地满足了人口增长对粮食持续增长的需求，但与此同时，却也造成了土地盐碱化、沙化、农作物抗药性的提升以及一些生物物种的灭绝等；又如，人类为了满足取暖、书写、纸质媒体印制等对木材的大量需求而对原始森林的大肆砍伐，不仅造成了大量的植被破坏、水土流失的自然灾害，而且也危及到依赖于原始森林而生存、繁衍的许多生命物种，存在着引发生态系统危机的风险。可以说，由于人类生存活动对自然界对象化客体的利用、改造或使用而引发的连锁性风险的事例，在现代社会亦不甚枚举。

与原生性、次生性风险所具有的对人类生存的直接危害性不同，连锁性风险是一种连续关联性的风险,它对人类生存与发展的危害性影响不是直接遭遇性的,而主要是通过相互关联的事物之间的彼此连锁性反应而实现的。因此,连锁性风险的发生及其对人类生存与发展可能产生的风险性影响,主要取决于人类生存对大自然对象化客体的利用、改造或使用是否引发了相互关联事物之间的危机性连锁反应以及这种连锁性反应是否具有危及人类现实生存与发展的可能性。正因为如此,连锁性的自然风险,通常是在人类改造自然活动能力的提升达到能够引发自然世界关联事物之间连锁性反应事件发生之后才可能出现的一种风险现象。显然,连锁性自然风险,主要不是在原始时代与农业时代人类的生存实践与交往活动之中发生的,而是在人类社会的发展进入到工业时代之后才有可能大规模发生的。

4. 系统性风险

系统性风险是由于人类生存对自然世界的客体对象大规模持续地改造、利用或使用而引发的整个自然生态系统发生重大危机的变化或者失衡所导致的自然性风险。系统性风险,是一种基于自然世界尤其是自然生态系统运行与发展的整体失衡而导致的一种能够从整体上将人类的生存与发展导入到危机境地的自然倾向,因而系统性风险的发生或者出现,一方面表明人类活动对自然世界对象化客体改造能力的提升达到了足以影响和改变自然生态系统自在运行的高度,但是,另一方面也表明了人类生存与发展已经与大自然万事万物之间产生了尖锐的对抗与冲突。

事实也正是如此。有关人类活动对自然世界生态系统的影响以及工业时代以来的社会增长对资源环境系统所造成的灾难性的摧毁,世界各国的许多专家学者、社会组织等都给予了高度关注并给出了大体一致的评估。其中最为著名和影响广泛的当属罗马俱乐部 1972 年发表的《增长的极限》的报告。根据该报告的评估,"如果在世界人口、工业化、污染、粮食生产和资源消耗方面以现在的趋势持续下去的话,这个行星上的增长极限有朝一

日将在今后一百年中发生"。① 另据联合国环境规划署在 2000 年发布的
《全球环境展望(2000)》一书显示,工业化以来全球人类活动所造成的二氧
化碳排放量、资源的消耗、空气污染、珍稀物种灭绝的数量以及城市生活危
险性废弃物的总量等都在呈现着逐年增长的态势。② 所有这些事实都表
明:现代社会人类生产的持续增长、工业化活动的持续展开,正在和已经造
成了全球人类生存与环境发展演变之间的系统性危机。

虽然现代社会人类在现实的生存与发展过程中所展开的实践与交往活
动似乎越来越远离自然世界的束缚,但是,现代科学技术的迅速发展及其在
人类社会生产与社会生活各个领域、各个方面的广泛运用,却使得人类在现
实的生存与发展过程中所展开的实践与交往活动对大自然尤其是自然界生
态系统的介入、干预及其产生的影响,从未如此深刻、广泛与深远。由此而
引发的人类生存与自然世界的矛盾、冲突,也从未如此尖锐和如此激烈。因
此,系统性的风险,无疑已成为现代社会人类生存与发展所面对的主要自然
风险。

客观而言,人类生存与发展所经历的任何一个时代,都必然会遭遇到各
种各样、形形色色的自然风险所导致的危害。但是,风险这样一种特殊的现
象,无论其生成,还是其发展与演变,都与人类自身的存在及其所展开的生
存与实践活动有着直接的关联性,因而人类怎样生存和与自然世界万事万
物之间建立怎样的关系,则意味着人类就会获得怎样的生存境地与生存状
况。现代社会人类的生存与发展之所以会面临着愈来愈严峻的来自自然世
界系统性生态危机的全面挑战,根本的原因在于我们人类自身,而不在于自
然世界。

---

① 转引自周海林、谢高地:《人类生存困境——发展的悖论》,社会科学文献出版社 2003 年版,
第 86 页。

② 参见周海林、谢高地:《人类生存困境——发展的悖论》,社会科学文献出版社 2003 年版,第
88—89 页。

二、社会风险

作为一种社会性或者说感性的实践的活动的存在物,人类的存在与发展并非是以单纯的个体的形式展开的,而是以集群的社会的形式而展开的。可以说,正是由于人类集群性与活动性的生存方式,不仅促使人类在现实而具体的生存实践与交往活动过程中逐渐结成了具有一定结构形式与功能特征的社会组织形态,而且也使得人类现实的生存与发展获得了一种超越于个体简单的数学集合与生物性限制的强大力量。在人类为实现生存而展开的现实而感性的实践与交往活动中,一方面通过生命本质力量展开的劳动创造不断改造和改变着人类现实生存的客观世界并为新的社会形态的建构创造着越来越丰厚的物质基础、技术与工具的支持条件,另一方面也通过这一过程而不断地使自身内在的潜能与素质得到更为充分的开发、拓展与发展,从而为新的社会形态的建构创造着更具创造力与活力的社会主体条件。显然,一定的社会作为单个体的有机集合,它的构成及其结构形态,都是随着人类感性的实践活动的发展而不断发展与演变的。

社会风险的生成及其演变,从根本上而言根源于人类社会实践与交往活动的发展,或者说根源于人类在现实的实践与交往活动之中所创造的社会这一特殊形态的人类生存集合体的变迁与发展。一方面,人作为一定结构形式的社会组织系统的有机构成,其自身现实的生存与发展状况及其所能实现的人与人之间现实的组合,决定了与之相应的社会的构成及其发展可能达至的程度;另一方面,社会作为人与人之间的有机组合,其结构的状况与发展实现的程度,既决定了人类自身现实生存可能达至的状况,同时也决定了人类自身的发展所能达至的程度。由于人与社会的互动及其人与人之间社会组合的发展演变,始终都是在人的现实而具体的实践与交往活动之中展开并实现的,因而人的现实而具体的实践与交往活动的不断拓展、不断丰富与不断发展,在为人类的社会组合(人与人关系的发展与形式化的凝结)、人与社会的互动不断创造出的越来越丰富、多样与复杂化条件的同时,也在不断地制造和生成着越来越强大的影响、限制人类生存与发展以及可能引致人类生存与发展趋向危机的风险性力量。

现代社会作为人类创造的由现代技术文明支持的高度人化的社会形态,它不仅是迄今为止人类劳动与智慧所创造的最为开放、最为多元、最为系统与复杂、最为发达与文明的社会形态,而且也是一个内含着诸多难以消解的内在矛盾与冲突的高度风险性的社会。现代社会发展的风险,在根本上而言,同样根源于现代社会人类在现实的生存与发展过程中组织并展开实践与交往活动所具有的多样性、复杂性与系统性的特征及其由此而结成的人的存在的各种关系所具有的内在矛盾性与冲突性。由于现代社会人类在现实而具体的实践与交往活动过程中生成的各种关系之间内在的矛盾与冲突具有不可消解性,因而在现代社会境遇下,人类现实的生存与发展就不可能不始终面对来自各种复杂关系的矛盾、冲突及演变所导致的形形色色的风险的挑战。倘若仅从社会风险的角度而言,现代社会发展所导致与激化的人与他人、人与社会规则、人与社会技术工具之间的各种矛盾与冲突的不断生成、发展与演变,使得现代社会人类在现实的生存与发展过程中,不仅要时时面对来自社会资源与利益分配、权利配置与获取等方面的矛盾与冲突导致的风险的挑战,而且也要时时面对人与社会运行规则、社会技术系统、社会意识形态之间的矛盾与冲突所导致的风险的挑战。

(一)社会发展与风险的产生

客观而言,任何一个形态的社会条件下,人类在现实的生存与发展过程之中都有可能遭遇到来自不同领域、不同方面的不同类型的风险的挑战。只不过,在不同形态的社会条件下,人类在现实的生存与发展过程中所能组织并开展的实践与交往活动联结而生成的人类存在与发展关系的差异性,决定了人类在现实的生存与发展过程之中所遭遇的风险及其建立的风险关系的差异性。因此,社会的发展与演变,在为人类新的更加丰富与多样化的实践与交往活动的展开以及新的社会关系的生成、发展不断创造着现实而必要的条件的同时,无疑也为人类生存与发展多样化的社会风险的生成制造着愈益广泛的社会基础。正是在这一意义上而言,人类在现实的生存与发展过程中所遭遇的一切社会风险,都根源于由人类实践与交往活动的持续发展、进步所导致的社会变迁与发展。

1. 社会的诞生

虽然人类社会是由古猿所具有的集群倾向这一动物性生存的特征中演化而来的,但是,社会不等于动物由集群倾向而结成的群体。社会的形成,有其演变与发展的过程,它并不是动物群体内部或群体之间的简单的组合。人类群体的组合即社会的结成,不同于动物基于物性之上的自然集群,它有一个发生与发展的过程。从发生学的角度看,决定人类群体组合形成的动力因素主要有两方面:一是人类群体的生物学因素,二是人类群体的文化学因素。

从人类群体的生物学因素而言,古猿生活的集群性,是人类群体组合的主要生物学动因。人类的先祖古猿,是一类群体性非常突出的动物。恩格斯说:"我们的猿类祖先是一种社会化的动物,人,一切动物中最社会化的动物,显然不可能从一种非社会化的祖先发展而来"。[1] 据现代生物学的研究,动物的集群现象是动物为了生存的需要而在生命的进化过程中所获得的一种生存本能。自然的生命世界里遵循着"适者生存"的基本法则,单个的生命体一般无法在险峻恶劣的环境中求得生存与种的延续,因而就需要生命体的联合才能以群的力量应对生存的挑战。古猿的生存及其进化同样也是如此。"为了在发展中脱离动物状态,实现自然界中最伟大的进步,还需要一种因素:以群的联合力量和集体行动来弥补个体自卫能力的不足"。[2] 毫无疑问,人类群体及其社会也是在古猿的这一集群倾向上逐渐演化而来的。

从文化学的角度看,社会的形成必须具备两个基本条件。其一是一定程度的社会分工的出现,其二是一定形式的生产关系的生成。无论是社会分工的出现,还是生产关系的生成,都是人类意识发展与文化创造的产物,因而,社会在本质上是人类有意识的文化现象。也正是在这一点上,社会与

---

① 马克思、恩格斯:《马克思恩格斯选集》(第 3 卷),人民出版社 1995 年版,第 510 页。
② 马克思、恩格斯:《马克思恩格斯选集》(第 4 卷),人民出版社 1995 年版,第 29 页。

动物的集群有了本质的区别。在古猿向人类的转变过程中,工具的制造和使用,语言的产生和交往的出现,新的劳动关系的生成,都在逐步累积着文化的动因,不断促进着猿群向有意识的社会组合的转变。正如恩格斯所说:"劳动的发展必然促使社会成员更紧密地互相结合起来,因为它使互相帮助和共同协作的场合增多了,并且使每一个人都清楚地意识到这种共同协作的好处"。① 正是在这一背景下,自然的分工关系出现并逐渐演化成一种新型的劳动与分配关系的形式。原始社会晚期,氏族公社的出现,标志着人类社会的正式诞生。

2. 社会的组合与发展

一般而言,人类社会的组合,有两种方式,一是个体的组合,二是群的组合。但是,在事实上,个体的组合与群体的组合是一个二而为一的过程,二者不存在什么分离。我们知道,社会虽然是由一个个个体所构成的,但是没有人能够外在于社会而存在。这就意味着,社会之外不存在所谓的个体。个体一定是社会的个体,而社会也一定是个体的社会,是以,我们认为,社会形成中的个体组合与群体组合是同时出现的,是一个二而为一的过程。二者的统一,无疑根源于人类在现实的生存与发展过程中所组织并展开的现实而具体的实践与交往活动。正是在这一过程之中,一方面,个体在劳动创造过程中不断获得与积累的社会文化性因素的增长,有力地促进了人类整体社会性程度的不断提升;另一方面,人类社会一经产生,便开始了奔流不息的演变。根据我国哲学人类学者韩民青教授的研究,迄今为止,人类社会的组合已经历了由集群组合到聚群组合再到整体组合等三个历史阶段的演变,并由此而形成了与之相应的不同形态的社会。② 所谓集群组合,指的是人类社会在初始阶段的组合形式,是一种建立在人类生存本能与初步的社会文化意识基础之上的渐进的自然的社会组合形式;所谓聚群组合,指的是阶级和国家产生之后人类社会的基本组合形式,在整个传统社会(农业社会

① 马克思、恩格斯:《马克思恩格斯选集》(第3卷),人民出版社1995年版,第510页。
② 参见韩民青:《哲学人类学》,当代世界出版社2000年版,第71—219页。

时代),聚群组合都是人类社会组合的主导方式;而所谓整体组合,则指的是人类社会在高度分化而又综合发展的基础上所出现的社会组合方式,支持这一组合方式展开的基础主要是基于现代科学技术之上的现代生产方式和与之相应的社会关系形式。

作为人类社会最初的组合形式,集群组合所依赖的基础主要是原始人在自然性的劳动分工过程中所形成的群的依存关系以及在制造与使用简单劳动工具、语言交流交往活动中形成的初步的社会文化意识性。应该说,集群组合是人类社会最低层级的组合形式,当然也是最基础的组合形式。如果没有这一基础性的组合,人类社会就不可能形成,也就无所谓高级形式的组合了。与原始时代人类社会的集群组合不同,农业时代聚群组合的基础主要不是群体成员相互之间高度的生存依赖关系,而是以血缘为基础的家族或宗族关系,以及伦理化的社会文化关系,因而这一组合方式所具有的内在粘结及其外部拓展功能,都是集群组合所无法比拟的。工业时代人类社会的组合,则完全突破了种群、区域所属的限制,其组合不是以人类群的依存关系或者血缘为纽带的家庭(宗族)关系及其相应的伦理化的文化关系为基础的,而是以社会的充分分化、专业化与精细化的劳动分工以及自由而独立的个体之间的劳动协作关系为基础的,因而这一形式的社会组合乃是一种突破了人类生物性限制的全面与系统的社会整合。显然,工业时代以来的人类社会组合,是迄今为止人类通过自身现实而具体的实践与交往活动所创造的最为复杂、最为系统、最为全面的一种社会组合方式,因而建立在这一组合方式之上的现代社会,自然也就成为迄今为止人类最为复杂、最为发达与最为高级的一种社会形态。

一定的社会组合及其由此而结成的社会形态,总是对人类一定的社会实践与交往活动方式的反映,因而社会组合方式的演化与变迁,乃是与人类的实践与交往活动直接同一的。原始时期的集群组合,是与原始人的社会活动或社会劳动直接同一的,是原始社会发展水平和原始人社会劳动方式的反映;而农业时代的聚群组合,则是农业时代人们社会活动与社会发展程度的反映,是基于农业时代人们的劳动需求而产生的。同样,整体组合则是工业时代或者说现代社会人类活动形式的反映,它既是现代人社会活动尤其是社会生产发展的需要,也是现代人社会生产与文化创造的必然结果。因此,在这一意义上而言,人类创造了什么样的社会文化、社会关系与社会技术条件,就有什么样的实践与交往活动方式,因而也就意味着会创造出什么样的社会组合方式以及建立在这一组合方式之上的社会组织形态。

3. 社会发展风险的生成

人类社会的发展,在本质上而言,乃是一个伴随着人类现实而具体的实践与交往活动的发展对新的社会关系与社会组合形式的创造而不断由低层级的社会形态向更高层级的社会形态发展演变的过程。在这一过程中,一方面,随着人类在现实而具体的实践与交往活动之中所建立的社会关系的日益多元化发展、社会组合形式的发展与变迁,人类在现实的生存与发展过程中所能创造与建构的社会形态也越来越复杂、越来越具有系统性与整体性;另一方面,社会结构与社会关系的日益复杂化的发展,在逐渐加剧着人类生存与发展矛盾与冲突的同时,也使得人类生存与发展所面对的风险与挑战越来越复杂、越来越严峻。

社会风险的生成及其演变,虽然在根本上而言取决于人类现实而具体的实践与交往活动的多样化、复杂化与丰富化的发展,但是,其直接的原因则在于人类在现实而具体的实践与交往活动过程之中结成的社会关系的多样化与复杂化的发展所导致的各种社会矛盾、社会冲突的尖锐化与对立化。当然,社会风险的生成,与人类对社会风险所具有的意识性以及驾驭各种错综复杂的社会关系能力的相对性,同样也有着一定的关系。因此,决定社会风险生成及其演变的基础因素,主要包括三个方面:一是人类现实而具体的实践与交往活动的日益发展导致社会生产与社会生活的持续分化,以及与之相应的人类现实存在与发展的社会关系的多样化、复杂化与丰富化的发展;二是社会阶层的分化及其社会不同阶层、不同群体之间矛盾、冲突的凸显与尖锐化;三是相对于风险意识的人类风险关系驾驭能力的相对弱化。

社会生产与社会生活的持续分化以及与之相应的人类现实生存与发展的社会关系的多样化、复杂化与丰富化的发展,是人类社会风险生成与演变的重要基础。如同任何风险的生成取决于事物自身所具有的一种运动、发展与演变的不确定性及其引致不幸事件或不幸结果发生的可能性一样,社会风险的生成或者产生,同样也是由社会发展与演变的不确定性及其引致不幸事件或不幸结果发生的可能性所导致的。由于社会发展与演变的不确定性及其引致不幸事件或不幸结果发生的可能性根源于人类社会生产与社会生活的持续分化以及与之相应的人类现实生存与发展的社会关系的多样化、复杂化与丰富化的发展,因而我们可以认为,正是由于人类现实而具体的实践与交往活动的不断发展所导致的社会生产与社会生活的持续分化以及人类存在与发展的社会关系的多样化、复杂化与丰富化的发展,才为人类社会发展风险的生成或者出现不断制造着现实的条件与基础。

社会阶层的分化及其社会不同阶层、不同群体之间矛盾、冲突的凸显与尖锐化发展,是引致社会风险生成并演化的直接根源。一定的社会作为人人之间的有机集合,虽然在形式上体现为具有一定结构与功能的组织实体,但是,在本质上而言,任何社会,都不过是人与人之间所结成的社会关系尤其是生产关系的形式化的体现。正如马克思所说的那样:"生产关系总合起来就构成为所谓社会关系,构成为所谓社会,并且是构成为一个处于一定历史发展阶段上的社会,具有独特特征的社会"。① 显然,人类在现实而具体的实践与交往活动过程中所结成的各种社会关系尤其是生产关系,构成了社会组合与演变的重要基础。因此,由人类社会劳动分工、社会生活分化所导致的社会阶层的分化及其社会不同阶层、不同群体之间矛盾、冲突的凸显与尖锐化的发展,既是人类现实存在与发展的社会关系多样化、复杂化与丰富化发展的重要体现,也是导致人类社会发展风险产生的重要根源。

相对于风险意识的人类风险关系驾驭能力的相对弱化,是导致或者引发人类社会发展风险得以显现或者说凸显为一种现实存在的重要条件。我们知道,风险虽然是事物运动、发展与演变过程中所出现的一种不确定性以及引致不幸事件或不幸结果发生的可能性,但是,任何风险,都是相对于人

---

① 马克思、恩格斯:《马克思恩格斯选集》(第 1 卷),人民出版社 1995 年版,第 363 页。

类的现实应对能力而言的,是与人类现实危机应对能力比较的产物。因此,对于特定的风险对象而言,人类所具有的相对于对这一特定对象风险性意识的风险关系驾驭与应对能力的相对弱化,也是促使人类对象性活动关系转化为风险关系的一个重要因素。一般而言,人类在现实而具体的实践与交往活动过程中所结成的各种社会关系愈复杂、愈多元、愈丰富且愈变动不居,则意味着人类所具有的驾驭与应对由这些社会关系的发展、演变生成的风险能力的相对弱化。

(二)社会风险的发展与演变

在不同的社会历史发展阶段,人类所能组织并展开的现实而具体的实践与交往活动的差异性,决定了人类在现实的生存与发展过程中所面临的社会关系及其由此而导致的社会性矛盾与冲突的差异性。是以,这就意味着,在不同的历史发展阶段,人类生存与发展所面对的社会风险必然也存在着一定的差异性。这种差异性的出现,一方面说明人类在不同的社会历史发展阶段所面临的社会问题、社会矛盾与冲突具有一定的差异性,另一方面也说明人类生存与发展所面对的社会风险并非是始终如一的,而是不断发展和不断演变的。一个基本的趋势是:伴随着人类实践与交往活动的发展,人类在现实而具体的实践与交往活动过程中所能结成的社会关系越来越丰富、多元与复杂,与之相应而引发的社会矛盾与冲突也就越来越复杂、多样与尖锐,社会发展所引致的对于人类现实生存与发展的风险性也就越来越大。

1. 原始时代的社会风险

原始时代是人类生存由自然性集群向社会结成逐渐发展演变的过程,因而这一时代人类生存与发展所面对的主要风险并不是社会风险,而是自然风险。但是,这也并非意味着原始人类的社会生活就不存在着一定的风险性。事实上,原始人类现实的生存与发展如同任何时代的人类一样,都必须要面对来自由人类自身现实的社会生产与社会生活活动所导致的社会风险的压力与挑战。只不过,相对于自然世界的严酷而言,原始人类生存所面对的社会风险未能得到完全凸显而已。

基于对原始人类社会生产与社会生活的方式、状况的考察,我们认为,原始人类在现实的生存与发展过程中所面对的社会风险主要有以下三个方面:一是狩猎或者采集等生产活动过程中社会成员之间能否实现有效组合的风险,二是氏族或部落内部成员是否违犯氏族或部落长期形成并固守的宗教信仰、风俗习惯、行为惯性的风险,三是不同部落、不同氏族群体之间为生存而联合或者斗争的风险。

就第一个方面而言,受制于生产工具与交往手段的限制,原始人类在具体而现实的生存实践与交往活动之中结成大规模有效社会组合的可能性非常低,因而这就注定了原始人类社会生存的整体风险相较于人类经历的任何一个时代都要大得多。但是,由于原始人类自我意识尤其是风险意识觉醒的程度非常低,因而对纯粹自然性社会组合所导致的生存风险的认识或者意识程度也就非常低。

就第二个方面而言,虽然原始人类在漫长的演化与生存过程之中尚未结成具有复杂结构与强大功能的社会组合,但是,任何一个氏族或部落为了维护或维系成员的共同生活,无疑都形成或建立了一整套共同生活的行为准则。这些行为准则,无论以什么样的现实形式存在,对氏族或部落成员而言,都将成为一种现实的约束力量。因此,氏族或部落内部成员与这些行为准则之间的矛盾与冲突,则具有诱发或者引致社会成员有效参与氏族或部落共同生活社会风险的可能性。

不同部落、不同氏族群体之间为生存而联合或者斗争的风险,是原始人类社会生活所面临的最大的社会风险。我们知道,原始人类的生存主要是以血缘关系为纽带而结成的自然性社会组织的形式而展开的,因此,不同血缘关系氏族部落之间的联合或者斗争,就成为原始人类生存与发展所必须要面对的现实。通常,原始人类为解决氏族部落之间出现的生存矛盾的方式主要有两种:一是联姻,二是摧毁。事实上,无论是联姻,还是战争摧毁,都有可能引发或导致原始人类生存的社会风险。

当然,倘若我们站在社会历史发展的角度来看待并考察原始人类生存与发展所面对的社会风险,则我们既不会产生更多的困惑,也不会出现意外的惊喜。作为人类社会历史的初始阶段,原始人类在为实现现实的生存与发展而展开的实践与交往活动过程中所能组合并建构的社会组织形式还非常简单和原始,社会成员之间所结成的社会关系,主要是一种自然的依存关系,而不是对立的利益关系,因而并不存在生成普遍而系统的社会风险的基础。因此,原始人类生存与发展所面对的社会风险主要不是个体性或偶发性的风险,而是一种整体性生存的社会风险。由于这一风险与原始人类生存与发展所面对的自然风险具有统一性,因而我们也可以将之视为由人类发展社会化程度低下所导致出现的一种特殊的自然性风险。

2. 农业时代的社会风险

相对于原始时代人类现实的生存与发展而言,农业时代人类生存与发展所面临的社会风险,显然要比原始时代复杂得多。农业时代的到来,为人类在新的实践与交往活动基础上更为复杂的社会关系的结成及其相应的社会组合形态的建构创造了必要的条件。一方面,伴随着生产工具与生技术的进步、劳动分工的发展,农业时代人类社会生活的持续分化,不仅导致了新的生产关系(私有制形态下的生产关系)的发展,而且也进一步加剧了社会阶层的分化及其对立关系的演变;另一方面,为维系和巩固集团利益而出现的阶级统治以及由此而衍生的国家政权组织、制度系统和意识形态控制系统等,逐渐成为制约、规范和约束农业时代人类社会生活的重要客观力量。以私有制为主导的社会生产关系的发展与演变、社会阶层的分化与不同社会阶层对立关系的出现以及围绕着阶级统治而衍生的国家政权组织、制度系统和意识形态控制系统的诞生及其发展,毫无疑问,农业时代人类社会所发生的这一系列变化,无疑为新的社会风险的制造创造出了重要的现实基础。

显然,与原始人类生存与发展所面对的风险不同,农业时代人类在现实的生存与发展过程中所面对的风险已主要不是自然风险,而是逐渐由自然性风险过渡到社会性风险。考察农业时代人类社会生产与社会生活方式的发展以及由此而导致的决定人类现实生存与发展的社会关系的变化,我们认为,农业时代人类生存与发展所面对的社会风险主要体现在以下几个方面:一是不同族群或民族、不同家族之间关系对立而引致的族群性风险;二是阶层分化与关系对立而引致的社会对抗性风险;三是围绕着阶级统治而展开的社会控制所引致的社会发展性风险。

就第一个方面而言,相对于原始时代,农业时代人类社会的组合虽然有了巨大的进步与发展,但是,这一进步依然是在人的自然性关系粘结的基础上展开的,因而围绕着血缘关系所形成的族群、家族或民族等生活共同体仍然是农业时代人类社会组合的主要单元。不同族群或民族、不同家族的成员在现实的生存实践与交往活动过程中,既有可能实现有效的合作与联合而和谐相处,同时也可能因种种利益、情感、观念、生活习俗等的差异而产生矛盾与冲突,甚至引致灾难性的社会风险。民族之间的冲突与对抗、家族之间的仇杀,在整个农业时代人类的社会生活过程中,都是屡见不鲜的事实。

就第二个方面而言,私有制主导的生产关系的固化与发展,不仅会进一步促进社会阶层的分化而形成不同的社会阶级集团,而且也会进一步加剧与激化不同社会阶级集团之间的矛盾、冲突与对立。自从人类私有制诞生以来,不同社会阶级集团之间为了维护或者攫取更大的利益而展开的你死我活的斗争,无不引发了巨大的社会动荡与社会灾难,从而成为整个农业时代人类生存与发展所面对的最大的社会风险。当然,对于被剥削与被压迫的整个农民阶层而言,其反抗地主、土豪阶层的剥削与压迫所展开的对抗与斗争,始终有着促进社会进步的正义性与合理性,但是由此而引致的阶级对抗的社会风险,却也是不争的事实。

就第三个方面而言,在一个阶级对立的社会,统治阶级为了维护统治而对社会成员所展开的一系列控制策略与行动,既成为维护社会稳定与发展的重要力量,同时也可能成为诱发、激化各种社会矛盾与冲突并引致社会风险生成的重要因素。农业时代人类生存与发展所面对的社会控制的风险,其本质是一定的社会制度体系、行为规范体系、道德约束体系与社会成员现实的生存与发展之间的冲突与对立可能引致或造成的生存困境及其危害性影响。因此,所谓社会控制性的风险,其所指的对象一般不会波及社会的整体成员,而是社会的分散群体或者个体性成员。

总之,农业时代的人类生存与发展,不仅要面对依然比较严酷的自然灾害所导致的自然风险的挑战,同时也要面对越来越多样化与复杂的社会风险的挑战。当然,与所遭遇的自然风险相比较,农业时代人类生产与生活社会化水平的不断提升,使得社会这一组织形式开始逐渐成为影响和决定人类现实生存与发展的重要客观力量。与之相应,由人类共同社会生活所引发的矛盾与冲突导致的社会风险,也就逐渐得以凸显。然而,无论如何,农业时代人类在现实的生存与发展过程中所面对或者遭遇的社会风险,既非如原始时代的社会风险那样简单而直接,亦非如工业时代的社会风险那样系统、普遍而复杂。

3. 工业时代社会风险的变化

工业时代的到来,在开启人类社会现代化发展的新的时代的同时,也使得人类现实的生存与发展迎来了一个全面风险的时代。在这样一个前所未有的社会整体大变革的伟大时代,一方面,人类通过自身的聪明才智与孜孜不懈的劳动,为每一个社会成员自由、独立、多样而全面的发展不断地创造出越来越现实的条件,另一方面,无疑也为人类整体(包括每一个社会成员)健康的生存与发展不断地制造出越来越复杂、越来越系统与越来越普遍的社会风险性因素。因此,相对于原始人类与农业时代人类生存与发展所面对的社会风险,工业时代人类在现实的生存与发展过程中遭遇的社会风险,已经发生了显著的变化。这一变化或者说转变,主要体现在以下几个方面:

一是社会风险生成的基础发生了重大转变。我们知道,工业革命以来人类社会的变革是一种系统而整体的革命性变革。这一变革所导致的根本变化在于以自然经济为基础、血缘关系为纽带所建构的传统社会形态的解体和以商品经济为基础、自由而独立的个体劳动协作关系为纽带所建构的现代社会形态的诞生及其发展。因此,相对于传统的农业社会而言,现代社会的发展,无论在社会组合与结构基础、社会组合方式方面,还是在社会运行与发展状态等方面,都出现了前所未有的变化。正是这一前所未有的巨大变化,在导致传统社会结构与形态逐渐解构的同时,也为一个更加开放、更加自由而多元的社会形态的建构奠定了重要的社会基础。

二是社会风险的生成与分配方式发生了重大转变。虽然任何风险的生成、分配与传导都是以一种关系性的形式而展开的,但是,作为一种附着性生成、存在与传导的特殊现象,风险以什么样的方式生成、分配与传导,从根本上而言取决于其附着关系所具有的特征。与农业时代人类在现实的生存与发展过程中主要基于血缘与自然性的职业劳动而建构起来的相对简单和稳定的社会关系不同,现代社会人类基于劳动的专业化分工与自由而独立个体之间的劳动协作所建构起来的社会关系不仅是多元、丰富与系统性的,而且也是错综复杂与多变的。因此,作为基于现代社会人类现实存在所建立的错综复杂的社会关系而生成、存在、分配与传导的现代社会风险,其生成、存在、分配与传导的方式必然与传统社会存在着巨大的差异。

三是技术化与系统性的风险逐渐演变成为工业时代人类社会发展的主要风险。科学技术的进步及其在人类社会生产与社会生活诸领域的广泛应用,是促使和导致人类社会生产与社会生活方式由传统向现代转变的根本动力性因素。技术的进步尤其是计算机及其互联网为代表的现代通讯信息技术的飞速发展,不仅将人类不同区域、不同社会、不同民族人们的社会生产与社会生活日益联结成了一个息息相关的整体,而且也通过虚拟化的技术系统将人类的社会生活导入了一个突破时空界域限制的虚拟实在世界。现代社会生产与社会生活的高度技术化发展,一方面的确彻底改变了人类已往社会主要依赖于自然世界规律而获得生存的方式,但是,另一方面,由技术制造、技术分配与传导的社会风险,同样也会系统、广泛而深刻地渗透到社会生产与社会生活的各个领域、各个方面和各个过程。

四是自然风险的社会化与社会风险的自然化转变。与农业时代及其之前任何一个主要依赖于自然世界物种彼此依存关系而获得生存与发展的时代不同,工业革命以来人类社会生产与社会生活的技术化发展,一方面使得人类基于知识、技术、文化、制度而生成并激发的社会性力量越来越深刻地改变着自然,从而使自然越来越演变为一种人化的自然,另一方面也使得人类基于知识、技术、文化、制度而生成并激发的自然性力量越来越深刻地影响和改变着社会,从而使人类社会生活对自然的整体依存度越来越高。自然世界的人化与对人类社会生活的全面切入、社会生活的自然化发展和对自然世界尤其是自然生态系统整体依存度的不断提升,在逐渐促使自然世界与人类社会相互融合的同时,也导致了自然风险的社会化与社会风险的自然化转变。

应该说,工业时代以来人类生存与发展所遭遇的社会风险的一系列变化,从根本上而言,根源于工业革命以来人类社会自身所发生的巨大变化。也正是这一亘古罕见的伟大变革,从根本上解除了人类生存与发展对自然以及自然性群体的高度依附,从而深刻地影响和改变了人类现实生存与发展的各种关系及其存在的状态。正是这一变化,从根本上制造了一个基于技术文明之上的风险社会。关于这一点,我们已在本书的第一章作了深入而系统的分析与阐释,故此不再赘述。

(三)现代人发展面临的主要社会风险

现代社会的诞生及其发展,无疑将人类的生存与发展带入到了一个全面风险的时代。在现代社会,无论是人类整体的生存与发展,还是人类个体的生存与发展,时时处处都有可能会遭遇到来自自然、社会和自我等不同领域、不同方面的形形色色的风险给出科学的考验与挑战。因此,倘若要对这些错综复杂而又形形色色的风险的归类与区分,则是非常困难的。即使是从社会风险的角度而言,也同样存在着相当大的难度。基于对现代社会人类生存与发展所面临的重要社会风险的分析与考察,我们认为现代社会人类在现实的生存与发展过程中所面对的社会风险主要有:一是配置与分配型风险,二是契约与交换型风险,三是竞争与机会型风险,四是技术与控制型风险,五是选择与价值型风险。

1. 配置与分配型风险

社会资源的配置与分配是人类社会生产与社会生活过程中必须要面对的重要问题。在不同的社会历史发展阶段,人类为了解决这一问题,创造出了不同的制度与方式。除原始社会的自然均等分配之外,人类所建立的关于社会资源配置与分配的制度主要有两大类:一类是公有制,一类是私有制。当然,无论是公有制,还是私有制,人类对社会资源的具体配置与分配,都是以一定的方式而展开的。因此,在这里就必然会涉及到两个非常重要而又基本的问题。这两个问题:一是谁来主导社会资源的配置与分配,二是如何配置与分配。显然,在不同制度类型的社会,社会资源配置与分配的主体以及配置与分配的方式,无疑都存在着巨大的差异。但是,倘若从风险制造的角度而言,这里的问题并不在于由谁来主导和如何配置与分配,而是如何消除不公平与不公正的问题。因为公平问题,才是导致社会资源配置与分配风险生成的根源。

社会资源配置与分配的公平问题,在现代社会的发展过程中是一个伴随着阶级矛盾、冲突激化而日渐凸显的问题。总体上而言,无论是资本主义国家在疾风暴雨式的阶级斗争中的妥协、修正与努力,还是社会主义国家在建设与发展过程中的自觉探索与实践,始终都未能有效地解决好这一问题。正如拉尔夫·达仁道夫所说:"社会就意味着统治,而统治就意味着不平等"[1],不平等,则意味社会公平与公正的无法实现。历史发展的事实也正是如此,在民族、国家、政府和社会利益集团存在的历史背景下,就不可能消除社会资源配置与分配中的主导现象,因而也就不可能真正有效地解决社会资源配置与分配过程中的公平与公正问题。

从工业革命以来人类社会发展的历史事实来看,社会资源的有效配置与公平分配,始终是不同制度的国家、社会都必须共同面对和着力解决的问题,也是引发社会动荡与社会风险的重要根源。西方资本主义国家走向现代化的过程,一般都是在野蛮的侵略、暴力的掠夺与血腥的镇压中实现的,而社会主义国家的诞生与社会主义制度的建立,同样是在疾风暴雨式的阶级斗争与对有产者的野蛮剥夺中实现的。由此可见,人类社会通向现代化的过程,本身就充满了血腥与暴力、侵略与剥夺,它既是由社会资源配置与分配的非公正与非公平所引致的,同时也成为社会资源配置与分配新的不公正、不公平产生的根源。因此,人类社会现代化的发展虽然在一定程度上

---

① 拉尔夫·达仁道夫:《现代社会冲突》,中国社会科学出版社 2000 年版,第 39 页。

解决或者说提升了社会资源配置与分配的效率问题,但是却始终未能有效地解决社会资源配置与分配的公平问题。事实上也不可能解决这一问题。

现代化的发展之所以不能有效地解决人类社会发展所面临的资源配置与分配的公平问题,其根源在于:第一,现代化发展的过程,是一个伴随着劳动的专业化分工和个体对生物性群体依存性的解除而不断促使社会分化与多元化发展的过程,因而也是一个利益主体多元分化的过程;第二,伴随着实践与交往活动技术与手段的日益现代化发展,人类社会生产与社会生活发展的综合化、整体化与一体化的倾向愈来愈显著,从而使得不同利益主体之间的合作与竞争的倾向也日益得到强化;第三,无论是利益主体的多元分化,还是多元利益主体的合作与竞争,无疑都使得社会资源配置与分配的公平问题成为一个更为凸显的社会问题;第四,市场与政府的存在,非但不能有效地解决或消除社会资源配置与分配的不公正、不公平问题,反而成为新的社会不公正、不公平问题的制造者与激化者。因此,现代化的发展既不能有效地消除和解决一个国家内部社会不同利益主体之间的资源配置与分配的公平问题,更不可能有效地消除和解决不同地域、不同国家、不同社会、不同民族之间资源配置与分配的公平问题。自然,由社会资源配置与分配的矛盾与冲突所引发的社会风险,就不可能得到消解。

2. 契约与交换型风险

伴随着市场的扩展与利益主体多元化的发展,更广泛的交换已成为现代社会人类生存不可或缺的重要生活内容,因而由交换所引致的契约与交换型风险,也就成为现代社会人类现实生存与发展所必须面对的主要社会风险。交换在狭义上理解,是一种市场互换与买卖行为;而在广义上理解,则是不同主体之间出现的一种信息、能量互换的行为。契约是人们在交换行为过程中关于双方权利义务的一种约定,它直接体现为一种约束行为的规则与制度。在交换与契约之间,契约是交换行为展开的基础与保障,而交换则是一个契约履行与实现的过程。交换的本质在于互换,而支持或者保障互换行为得以实现的根本因素在于交换双方对交换契约的共同履行与遵守。因此,交换的风险在本质上而言是一种契约丧失或者说交换关系中断或改变的风险。

交换与契约作为一种古老的社会现象,在现代社会不仅获得了新的内涵与生命力,而且也获得了前所未有的丰富、拓展与发展。伴随着现代社会结构基础与运行方式的转变以及围绕着商品经济的发展与现代市场的拓展,一方面,人类社会生产与社会生活过程中可资交换的资源、要素、信息等得到了空前的拓展,几乎一切可以交换的资源、要素、信息都成为交换的对象,另一方面交换行为已深刻而全面地切入到人类社会生产与社会生活的各个领域、各个方面,成为影响人类社会生产与社会生活的重要方面。与此相应,为了保障市场的健康运行与交换行为的有序、有效展开和充分实现,人类建构起了一系列相关的契约性制度。交换内涵、性质的丰富与拓展,导致了现代社会人类交换行为的频仍化与普遍化;而基于不同领域、类型与性质的交换,则使得现代社会在发展的过程中逐渐建立起系统而多元的规则与制度体系。

虽然现代社会人类基于普遍的交换建构起了系统而广泛的规则与制度体系,但是,这也并不是意味着现代社会人类的交换领域就不会发生风险。事实恰恰相反,我们知道,现代社会人类一切交换行为的发生与展开,无论其社会基础、现实条件,还是其性质与范围等,都与传统社会及其之前人类社会所出现的一切契约性的交换存在着巨大的不同,因而这就注定了现代社会人类在现实的生存与发展过程中一切交换行为必然具有一定的特殊性、复杂性和不确定性。从根本上而言,现代社会人类交换与契约型风险的生成,根源于社会劳动分工、社会生活分化所导致的人类现实生活的多元化、开放化、技术化和加速度化的发展。社会的多元化与开放化的发展,导致现代社会人类社会生活过程中的交换始终处于不断的扩展、丰富与变化之中;而社会生活技术化与加速度化的发展,则使得人类基于现实的交换需求所建立的一切契约性规则、制度体系,也始终面临着迟滞、僵化和不断解构的风险。此外,在一个快速多变的社会环境中,支持契约性规则、制度体系得以遵守和践行的社会诚信体系的建立,也是一件相当困难的事。正因为如此,现代社会人类现实的生存与发展也必然会时时处处面临着由于契约性变动、中断或失约而引致的各种各样的交换与契约型风险的挑战。

3. 竞争与机会型风险

如同配置与分配型风险、契约与交换型风险一样,竞争与机会型风险也是现代社会人类在现实的生存与发展过程中所遭遇的重要社会风险。竞争的产生,根源于利益主体的分化与多元化发展;而竞争的结果,必然与机会的获得或者丧失有着直接的关联性,因而竞争总是与利益的获得和一定的发展机会直接联系在一起的。竞争与利益、发展机会获得之间所具有的密切关系性决定了:一方面,竞争在社会生产与社会生活领域的出现,为人类社会的发展与进步提供了强大的驱动力;另一方面,竞争的无序化或者恶性化发展,必然会引发社会不同利益主体之间尖锐的矛盾与冲突,并有可能因此而成为社会风险不断制造与生产的根源。

尽管竞争在人类发展的任何一个社会历史阶段都客观地存在着,由不当、恶性和无序竞争所激发或导致的不同种群、不同民族、不同社会、不同利益集团或者不同个体之间的矛盾与冲突乃至野蛮而残酷的厮杀,也并非是不存在的,而是屡见不鲜的,但是,现代社会背景与条件下的竞争,与人类已经历的任何一个时代都不同。这种不同主要反映在以下几个方面:一是现代社会的竞争是在利益主体高度分化的背景下展开的,因而无论是竞争的领域、竞争的对象,还是竞争的主体,都具有广泛性、普遍性与多样化的特征;二是与既往人类社会生活过程中出现的恶性与野蛮竞争不同,现代社会的竞争在总体程度上而言是一个逐渐走向有序与文明化的过程;三是现代社会的竞争主要不是以消灭或摧毁竞争对手为目标,而是以利益与一定发展机会的获得为主要目标。因此,相对于既往社会的人类竞争,现代社会不同利益主体之间的竞争既存在着合理与进步的一面,当然也存在着引发社会矛盾与冲突进而引致人类生存与发展陷于危机的一面。

现代社会人类在现实而具体的生存与发展实践活动中的竞争之所以会引致人类社会生活的普遍机会性风险,根本的原因就在于:第一,现代社会个体的独立和社会生活的高度分化,决定了竞争在现代社会人类现实的生存与发展实践活动过程之中存在的普遍性与广泛性;第二,伴随着社会整体文明程度的不断提升,虽然人类不同群体之间所展开的生存竞争越来越趋向有序化与文明化,但是,由于社会资源(包括各种物质资源以及知识、信息、技术与人力资源等)的稀缺性与发展机遇的有限性,使得人类之间的竞争不是弱化了,而是越来越尖锐与激烈了;第三,以上两点,决定了现代社会人类不同民族、国家与社会之间的竞争,主要是一种资源与发展机遇的竞争。由此可见,现代社会人类不同民族、国家与社会之间的竞争,尽管可能会诱发各种错综复杂的社会矛盾与冲突,但其所导致的人类生存与发展的风险,主要还是一种机会型的风险。

4. 技术与控制型风险

作为建立在高度技术文明基础之上的现代社会,知识与技术对于现代社会人类的社会生产与社会生活而言,无疑具有至关重要的意义。在一定程度上而言,这一意义完全超越了人类已经历的任何一个时代。如果说技术在现代社会之前人类已经历的社会发展中的主要价值在于改进生产工具、生产技术从而促进社会生产整体水平提升的话,那么,现代社会人类科学技术的迅猛发展及其在人类社会生产、社会生活各个领域、各个方面的广泛应用,则完全突破了其固有的价值与意义。在现代社会人类现实的生存与发展中,技术不但是促使人类社会生产工具、手段不断进步与变革的直接推动力,更是人类试图控制世界(包括自然、社会与人类自身)不可或缺的重要力量。可以说,在现代社会,技术已经和正在以其无与伦比的魔力深刻而广泛地改变着人类社会的每一个成员及其社会生活的每一个角落。是以,由技术文明引致的风险也就必然会成为现代社会每一个成员在现实的生存与发展过程中可能遭遇的重要社会风险。

科学技术在现代社会所释放出来的巨大魔力,导致现代社会人类对技术的依赖与膜拜达到了无以复加的地步。人类不仅试图用技术创建一个异于任何时代的高度技术化的文明社会(事实上,人类也的确已经在一定程度上实现了这一伟大梦想),而且也试图用技术的力量牢牢地控制这一社会。然而,正如潘多拉的魔盒混杂着希望与毁灭一样,技术的进步在深刻地影响和改变着现代社会人类社会生产与社会生活面貌的同时,也在不断地制造与传播着一系列由技术失灵、崩溃、反向能量爆发等引发的巨大灾难和不幸事件。这些灾难和不幸事件主要包括三大类：一是技术对客观事物自在运行规律的干预、改变或者破坏而引发的自然性灾难，如基因改造、核泄漏与核辐射等；二是技术对人类社会生产与社会生活的过度干预、全面切入、控制或失灵而引发的社会性灾难，如大面积的网络瘫痪、化肥与农药的过度使用等；第三，人的现实生活对技术的高度依赖所造成的人自身的异化，如网络依赖症、办公室综合症等。①

技术的进步、发展及其在人类社会生活过程、社会生活诸方面的广泛应用之所以会引发或者导致一系列社会控制型风险的产生，其根源无疑在于技术自身以及控制技术的人类自身。从技术本身而言，一方面，任何技术，无论其如何先进与发达，都只不过是人类所创造的为了实现某种特定目的而运用的一种工具与手段，因而其功能发挥必然呈现出无指向性的特征；另一方面，技术的智能化程度与社会的技术化程度越高，则技术失灵、技术失控所产生的社会冲击与影响力也就越高。从控制技术的人类自身而言，人类自身的进步与发展始终是一个历史的渐进过程，这就注定了无论是人类群体还是人类个体，其对技术的运用与控制，在任何时候都存在着不可超越的局限性。人类不可能成为万能的上帝，而且永远也不可能代替上帝的意志。正是因为如此，人类创造的技术的智能化程度与社会构成及其运行的技术化程度越高，则由技术失灵、技术坍塌和技术失控所造成的社会风险也就越大、越广泛。

5. 选择与价值型风险

在广义上而言，选择是一切物种包括人类进化与发展的基本方式。地球上一切生命的演化与发展，无时无刻都在进行着适应性的选择，并由此而与环境达成和解与和谐。作为地球上唯一存在的智慧性生命物质，人类自身在生存与发展过程中的选择，显然与其他任何一种生命物质都不同。人

① 有关技术可能造成的人类生存灾难与不幸事件的分析，可参见约翰·莱斯利：《世界的尽头》一书的相关论述，江苏人民出版社 2001 年版。

类对自己的行动及其环境的选择并不是基于生物性的本能而展开的,而是基于自己的价值诉求、理性判断而展开的,因而人类的选择行为无不呈现出自觉性、意识性、能动性与价值性的特征。因此,这就意味着:第一,人类的选择具有历史性,它始终是一个伴随着历史的演变、发展而不断拓展与丰富的过程;第二,人类如何选择,就意味着人类如何存在与如何发展(无论是个体还是群体,都是如此),因而人类自身就是自身选择行为结果的直接承担着。正因为如此,在一个相对封闭、稳定与单一的社会形态中,人类的生存与发展通常不会遭遇选择与价值型风险。但是,倘若与之相反,则人类在现实的生存与发展过程中必然会时时处处遭遇由选择而引发的各种价值性风险。

现代社会是一个基于专业化劳动分工、个体自由独立和技术创造基础上的高度分化又高度综合的复杂的社会系统,开放性、多元性、流动性、系统性是其在运行与发展过程中所表现出来的区别于其他社会形态的根本性特征。这一特征的获得,一方面为现代社会人类尤其是人类个体的生存与发展创造了前所未有的自由选择的空间,另一方面,无疑也给人类现实的选择带来了极大的困境、困惑与矛盾,从而使人类尤其是人类个体的生存与发展时时处处陷于无从选择的矛盾与痛苦之中。人类社会的快速演变与发展,已经使得选择深刻而广泛地切入到现代社会人类的现实生活之中,并且对现代人现实的生存与发展产生着愈来愈深刻的影响。"没有选择,现代人就无法适应社会生活;没有选择,就不会有现代人的存在,也不会有现代人的发展"。① 可以说,无时无处不在的选择,已构成了现代社会人类生存的基本方式。人类既不能逃离选择,自然也就不可能摆脱由选择而引发或导致的价值性风险。

选择之所以会造成现代社会人类现实生存与发展的广泛而普遍的价值性风险,根本的原因就在于:一是现代社会价值的多元化发展与快速多变,在为人类现实的生存与发展创造并奠定了多样而自由的选择基础的同时,

---

① 张治库:《现代社会关系视阈下人的发展研究》,光明日报出版社 2010 年版,第 146 页。

也带来了前所未有的困惑与矛盾;二是人类(无论是个体还是群体)现实的选择是一个涉及到诸多问题的复杂的过程,它既受制于利益诉求相关的各种因素的制约,也要受到人类自身进步程度与发展水平的制约,因而人类的每一个或每一次的选择行为并不必然地会导向正确与合理的结果;三是现代社会发展的复杂性、系统性与整体性,既导致了人类现实选择的诸多困境,同时也使得人类在现实的生存与发展过程中的任何选择都充满了无法预测的变数;四是高密度与高频率的选择,一方面必然导致选择本身成为一种选择,另一方面也必然促使选择主体的扭曲与选择能力的丧失。基于以上理由,我们认为由开放、多元与变动背景下的选择行为所引发并导致的选择与价值型风险,同样也是现代社会人类在现实的生存与发展过程中必然要遭遇的无法逃避的社会风险。

三、自我风险

自我风险是现代社会人类在现实的生存与发展过程中遭遇到的一种特殊性质的社会风险,是社会风险在人类自身人格建构、自我选择与发展过程中的一种具体而现实化的体现或者反映。自我意识的觉醒与主体意识的形成,是自我风险生成的前提与基础;而自我人格建构与发展过程中自我意识不同方面的对立所引发的矛盾、冲突,则是导致自我风险生成的根本原因。由于人类自我意识的觉醒和主体意识的形成是一个伴随着人类对客观世界的认识、改造而不断形成、发展、丰富与提高的过程,因而这就决定了在不同的社会历史条件下人类自我意识的觉醒与主体意识的形成状况存在着巨大的差异。

一个基本的趋势是:社会生活分化的程度越低、人的自我意识与主体意识觉醒的程度越低,则人类生存对生物性遗传技能的依赖程度就越高,自我意识形成与主体人格建构的需求也就越低,与之相应发生风险的可能性也就越低;反之,社会生活分化的程度越高、人的自我意识与主体意识觉醒的程度越高,则人类生存对社会文化性技能的依赖程度也就越高,自我意识形成与主体人格建构的需求也就越高,与之相应发生风险的可能性也就越高。

　　显然,现代社会之前的人类社会生存中,自我风险生成的可能性是非常低的。这不仅是因为现代社会之前的人类社会生存始终处于社会生活的低分化阶段,更重要的是因为作为自我意识承载的人类个体尚未完全从对群的生物性依赖关系中解放出来,因而人类自我意识觉醒与主体意识确立的整体程度还非常低。可以说,现代社会之前的人类社会并未能创造出生成自我风险的现实基础。自我风险的生成及其普遍化的存在是在人类社会的发展进入到现代社会之后才广泛出现的,是现代社会人类在现实的生存与发展过程中所遭遇的最具有现代特色的一种生存风险。

(一)自我风险的生成及其特征

　　人类作为一种社会文化性存在的生命现象,其生存与发展主要不是通过对生物性遗传本能的依赖而实现的,而是通过对生物性遗传本能的不断超越而实现的。由于人类(无论是群体还是个体)对生物性遗传本能的超越是一个在现实而具体的实践与交往活动过程中不断改造自我并生成一定的社会文化性的过程,因而这就注定了人天生就是一种未完成的生命物质。一方面,人只有在对社会性实践与交往活动的参与与展开中才能够由生物性的人逐渐转变为社会性的人,另一方面,人的社会文化性的生成、丰富、提升与发展,都无不是在现实而具体的实践与交往活动的展开中实现的。因此,我们于此而言的所谓人的存在与发展的自我风险,指的就是人在自我意识形成、人格建构与发展过程中所遭遇的风险。由于人类发展的自我风险的生成是以个体的分化、诞生为前在条件与基础的,并且只有个体才是自我风险的真正承担者,因而我们于此对自我风险进行的分析与讨论,也主要是着眼于类的个体的角度而展开的。

1. 自我风险概念的界说

　　人是一切生命物质中唯一具有自我意识的高等生命物质。但是,人的自我意识并非是与生俱来或者是通过生物性的遗传就能够获得的,而是必须在生物性遗传开发的基础上、通过人在后天的生存与发展实践活动中有意识与自觉地培养、塑造与建构,才能够形成。是以,人的自我意识的形成与发展,既是一个在现实而具体的实践与交往活动中对生物性遗传素质不断开发与超越的过程,同时也是一个基于现实而具体的实践与交往活动而对于人关于自我的意识的建构与发展的自觉养成与培养的过程。人如何建立关于自我的意识系统和建立怎样的自我意识系统,并非具有必然的确定性,而是充满了一定的变数和诸多的不确定性。因此,这里我们所谓的自我风险,指的就是人在关于"自我"的意识系统的形成、培养与建构过程中所发生的风险性。

显然,对于自我风险概念内涵的准确界定或者正确理解,必须首先对"自我意识的内涵"与"自我意识形成的特殊性"这两个问题给出明确的界定与回答。因为只有对这两个问题做出科学而准确的解释,我们才能够对自我风险这一概念的内涵给出准确界定与正确理解。自我意识是人类特有的一种意识文化现象,是人类自身对与自身所建立起来的对象化关系的意识性反映,其内涵主要包括以下三个方面的内容:一是关于自我是什么的认识与评价;二是关于自我发展的认识与定位;三是关于现实自我与理想自我如何统一的认识与定位。由于人类对自我的认识、评价与定位主要不是在主体的自我关系中得到确认的,而是在主体与他人之间所建立的对象化关系中得以确认的,因而自我意识形成的过程并不完全或者纯粹是一个主体关于"自我"的主观意识过程,而是一个主体基于与他者关系的互动而对"自我"进行客观认识、评价与反映的过程。毫无疑问,这一过程既是复杂的,也是变化与发展的。

由上述分析可见,人的自我意识的形成与发展的过程,不仅充满了复杂性,而且也蕴含着诸多的变数和不确定性。其复杂性在于自我意识形成的过程并不完全或纯粹是一个主体内在主观反映的过程,而是一个主体基于与对象化关系的互动对自我进行认识、评价与反映的综合过程;而其不确定性则在于:一是人的未完成性既决定了人自身的现实存在始终是一个发展变化的过程,同时也决定了人关于"自我"的意识,同样始终是一个发展变化的过程;二是人对自我认识与把握的复杂性决定了人对"自我"的意识性反映并非必然与事实相符,而是存在着巨大的不确定性,既可能相符,也可能扭曲与错误。因此,所谓自我风险,就是一个人在自我意识形成与建构过程中由于对"自我"非客观与非正确的意识性反映而引致危及自身健康存在与发展的可能性。

2. 自我风险的生成

自我风险的生成与人的自我意识的形成、建立及其发展有着直接的关系。因此，人的自我意识的形成与建立，就成为自我风险生成的前在基础。然而，我们知道，人的自我意识的形成与建立是以个体自我意识的觉醒为基础的；而自我意识的觉醒，则是以个体在群体中的分化与独立以及独立个体的社会化为前提条件的。从前者而言，个体在群体中的分化与独立是一个伴随着生物性关系主导的群体的逐渐解体而实现个体解放的过程；从后者而言，则是一个个体由生物性的人转变为社会性的人，即个体的成长与实现社会化的过程。一方面，个体只有从对一定群体的生物性依附关系中解脱出来，才能够实现自由和独立，并且只有自由和独立，个体才有可能在现实的生存与发展过程中自觉地养成、塑造与建构起关于"自我"的意识；另一方面，个体自我意识的养成、塑造与建构，只能在后天现实而具体的实践与交往活动即促进人的社会化发展的活动之中展开，并且也只有在这一过程之中，才能够逐渐形成与建构起一定的自我意识。

如果说一定的自我意识的觉醒、形成与建立是个体自我风险生成的前在基础的话，那么，人在自我意识的养成、塑造与建构过程中不确定性的生成，则是引致自我风险发生的根本原因。一般而言，人在自我意识的养成、塑造与建构过程中不确定性的生成，既与人的生存与发展的社会环境有着高度的关联性，同时也与个体自身成长与发展的个性化的背景、历程有着直接的关系。通常情况下，在一个相对封闭、单一与稳定的社会环境条件下，个体生活与成长的变动性也就相对较小，引致自我意识养成、塑造与建构不确定性生成的外在因素也就越少；反之，在一个开放、多元而又变动不居的时代，个人生活与成长的变动性也就越大，引致自我意识养成、塑造与建构不确定性生成的外在因素也就越多。也正因为如此，与传统社会及其之前人类所经历的任何一个社会形态相比，现代社会人类在自我意识的养成、塑造与建构过程中不确定性的生成，其几率要比任何时代都大得多。

虽然人在自我意识的养成、塑造与建构过程中不确定性的生成为自我风险的生成创造了重要的现实土壤,但是,不确定性并不等于事实的风险,只能称之为一种风险性。我们知道,任何不确定性只有与人自身的现实生存与发展发生密切的关联并且生成引致不幸事件与不幸结果的可能性时,事物所具有的发展的不确定性,才能够转化为现实的风险。人的自我风险的生成,同样也是如此。从这一意义上而言,只有当人在自我意识的养成、塑造与建构过程中生成的不确定性可能引致危及个体正常生存与健康发展时,则这一不确定性就会转化为一种现实的自我风险。由于人在自我意识的养成、塑造与建构过程中生成的不确定性只有在自我意识扭曲、分裂和与事实不相符合的条件下,才能够危及个体的正常生存与健康发展,因而决定自我风险生成的直接原因在于:个体在后天的生存与发展过程中未能建立起或者所建立的自我意识系统出现分裂、扭曲、错误或者与实际不相符合的严重倾向。

3. 自我风险的特征

作为一种特殊形式的社会风险,自我风险与自然风险、一般意义上所指的社会风险之间都存在着巨大的差异性。这种差异性的出现,既是由自我风险生成的特殊的对象化关系所决定的,也是由其特殊的生成方式、功能性演变的特点所决定的。从自我风险根源或生成的依附性对象化关系来看,自我风险并不是根源于如自然风险、社会风险那样的客观性的对象化关系之中,而是根源于人与"自我"之间所建立的特殊的对象化关系之中,是一种真正的自我风险。在这个意义上而言,自我风险就是人自身为自身制造的风险。从自我风险生成的方式、功能性演变的特点来看,自我风险的生成及其功能性释放,都与人在现实的生存与发展过程中所建立的关于"自我"的意识有着直接的关系。在这里,只有当人在现实的生存与发展过程中所建立的关于"自我"的意识出现分裂、扭曲、错误或者与实际严重不相符合的倾向时,则有可能会引致人的存在与发展的自我风险的发生,并对人的现实存在与发展造成一定的风险性影响。否则,一般不可能引发人的存在与发展的自我风险,自然也就不可能对人的存在与发展造成现实的风险性影响。

　　基于自我风险生成的特殊性及其与自然风险、社会风险的区别,我们认为,自我风险所具有的特征主要体现在以下几个方面:

　　一是自我风险根源于人与自我之间所建立的对象化的关系之中,是人与自我之间所生成的一种风险关系,因而具有内生性的特征。与自然风险、社会风险生成于人与自然、人与社会客体之间所建立的对象化关系之中不同,自我风险并不是生成于人与外在客观存在的实体性的对象化关系之中,而是生成于人与自我意识之间所建立的对象化的关系之中。在人与自我意识之间所建立的对象化的关系之中,自我意识作为人对现实存在的“我”的主观反映的集合,它既是人的风险关系生成的对象性所指,同时也是人的风险关系生成的主体性所指。因此,这种关系,在事实上而言,乃是一种内生性的关系,而不是一种外生性的关系。

　　二是决定自我风险是否生成与生成状况如何的根本因素在于人在现实的存在与发展过程中所建立的自我意识系统,由于人的自我意识系统始终是一个伴随着人的成长不断建构与变动的开放系统,因而人与自我之间风险的生成,也就始终充满了变数。我们说,人的生命的存在始终是一个未完成的过程。这里所谓未完成的过程,主要指的不是人自身生物性生命体的生长与发育,而是指人的精神世界(即意识世界)的不断丰富与发展。由于人的精神世界的不断丰富与发展的过程,也就是一个人的自我意识系统不断得到更新、发展与变化的过程,因而必然也是一个人与自我关系不断调整的过程。显然,在这一过程中,人与自我之间是否生成一定的风险关系或者生成怎样的风险关系,自然也就充满了极大的不确定性。

　　三是自我风险的内生性,决定了自我风险一般不具有传导性与分配性。与此相应,一个社会或一个时代的人们自我风险生成的状况,主要取决于社会整体发展的基本状况,而不是取决于单个的个体发展的情况。自我风险的生成,虽然根源于人在现实的生存与发展过程中是否建立或者建立起怎样的关于“自我”的意识系统,但是,由于人的意识系统的形成通常是由人的现实的实践与交往活动所决定的,是人对客观世界与现实生活的认识与反映的集合,因而一个社会或一个时代的人们的自我意识觉醒可能实现的程度、建构的整体状况,则主要是由社会的发展与进步为个体自我意识的觉醒及其建立所创造或提供的社会基础与现实条件所决定的。因此,作为一种内生性的风险,自我风险的生成及其风险性的影响尽管不具有直接的传导性与自然的分配性,但是却与一个时代或一个社会整体分化的程度及其发展的状况有着密切的关系。

四是自我风险对个体生存与发展的影响取决于个体在现实的生存与发展过程中已经建立的自我意识系统所内含的风险性的程度。与自然风险、社会风险等遭遇式风险对人的影响不同,作为一种内生性的风险,一方面,自我风险对人的生存与发展的影响具有不可回避性,另一方面,风险影响的大小则主要取决于风险主体已建构的自我意识被扭曲的程度。一般而言,风险主体未能建立起合乎实际的自我意识系统或者所建立的自我意识系统处于扭曲、分裂的状态,则必然会造成个体生存与发展的现实风险,并且风险性影响的程度,也主要是由风险主体自身已建构的自我意识系统被扭曲与分裂的程度所决定的。

(二)现代社会自我风险的凸显

自我风险作为一种内生的主体性风险,虽然其生成与否取决于人在现实的生存与发展过程之中自我意识系统的建立及其建构的现实状况,但是,个体在现实的生存与发展过程之中所建立的自我意识系统及其能够实现的状况,归根结底,受制于社会整体分化与发展程度的制约,因而不同时代或社会发展的不同阶段,人类在现实的生存与发展过程中是否遭遇自我风险和遭遇自我风险的状况、程度,必然存在着巨大的差异。我们知道,自我风险的生成是以人的自我意识的觉醒与主体意识的形成作为重要基础的,而人的自我意识的觉醒与主体意识的形成,则是在人类社会的进步与发展导致独立而自由个体的普遍产生之后才出现的。因此,在这一意义上而言,现代社会的诞生及其发展,才真正为个体从生物性依附群体中的分化创造了现实的基础与条件。与此相应,与人的自我意识形成与发展相关联的自我风险,也才逐渐在人类的社会生活中凸现出来。

现代社会人的存在与发展的自我风险的凸显,追根溯源,是由现代社会发展对人类自身的解放及其由此而引致的人自身发展的矛盾、冲突与困境所导致的。一方面,现代社会的诞生及其发展,不仅为个体从人类生物性依附群体中的解放与分化奠定了重要的社会基础,而且也为人类个体自我意识的觉醒、主体意识的确立和人的自由而多样化的发展创造出了现实的平台与前所未有的广阔空间;另一方面,伴随着劳动分工的专业化发展、社会生活的持续分化以及人的主体意识的空前高涨和与自然、社会矛盾冲突的日益激化,人自身正在成为人类发展所面临的重大现实问题。在这一历史背景下,由人的自我意识建构与发展问题所引发的自我风险,也就成为现代社会人类生存与发展所必须面临的重要风险。由此可见,现代社会人类生存与发展的自我风险的凸显,既与现代人在自我意识体系建构与形成过程中所遭遇的矛盾、冲突及其困境有关,同时也与现代社会发展所内含的内在矛盾、冲突与悖论有关。

首先,现代社会人的发展自我风险的凸显,是现代社会发展内在矛盾、冲突与悖论在人的存在与发展方面的现实反映。与之前人类已经历的任何一个社会形态都不同,现代社会是一个内含着诸多矛盾、冲突与悖论的高度风险的社会。关于这一点,我们在本书的第一章已经做了比较详尽的分析与论述。这些矛盾、冲突与悖论的出现,既是现代社会开放化、多元化与系统化发展的必然结果,同时,也必然会渗透到现代社会人类生产与生活的各个领域、各个方面,进而对人类自身的生存与发展产生深刻而广泛的影响。我们知道,人作为一种社会文化性的存在,他并不是以单个的形式而存在的,而是以群体或者社会的形式而存在的。人的存在与发展的这一特征决定了:第一,作为个体而独立存在与发展的独立性,始终是相对的,即使是在个体高度分化的现代社会,同样也是如此;第二,任何个体的发展,都必须反映并且受制于其所属时代与社会发展可能达到的水平的限制。正因为如此,现代社会发展的内在矛盾、冲突与悖论以及由此而导致的风险性,不可能不反映到现代人生存与发展的现实中来。

其次,现代社会人的发展自我风险的凸显,是现代人自我意识系统建构及其发展矛盾、冲突所导致的必然结果。现代人作为现代社会的有机构成，既是现代社会劳动专业化分工与社会生活分化发展的产物，同时也是现代社会专业性劳动和分化性生活的直接承担者，因而现代社会发展所内含的一切矛盾、冲突与悖论都必然会渗透并反映到现代人社会生活的现实中来，并且对现代人自我意识系统的建构、形成与发展产生现实而深刻的影响。因此，与传统社会背景下人的自我意识系统形成与发展的稳定性不同，现代社会人的自我意识系统的建构、人格的养成与发展过程中始终面临着无法消解的矛盾、冲突与困境。这些矛盾、冲突与困境主要是：第一，个性化与社会化发展的矛盾与冲突；第二，碎片化与系统化的矛盾与冲突；第三，稳定性与多变性的矛盾与冲突；第四，理想人格建构与现实适应之间的矛盾与冲突。这些矛盾与冲突的出现，一方面促进了现代社会人的自我意识系统建构、人格养成的多样化与丰富化的发展，但是，另一方面，无疑也造成了现代人完整与统一的自我意识系统的建构、健康人格养成的困境与障碍。

最后，现代人自我发展意识与主体意识的过度扩张，在日益加剧与激化人与自然、社会、他人之间对立性矛盾与冲突的同时，也导致了现代人自我发展风险的彰显与凸显。现代化发展的过程，既是一个伴随着社会政治、经济与文化的持续发展而不断提升社会综合进步与整体文明程度的过程，同时也是一个伴随着社会劳动分工的精细化与社会生活分化的深入发展而不断促进个体解放与自由发展的过程。在这一过程中，不仅人作为自然、社会存在主体的地位得到了明确的确立与空前的巩固，而且人的发展的自我意识、主体意识，也得到了前所未有的增强与扩张。人的主体地位的确立、自我意识与主体意识的觉醒与提升甚至过度扩张，一方面极大地调动和提升了人类劳动与创造的积极性，但是，另一方面，无疑也加剧与激化了人与自然、社会、他人之间的对立与冲突。显然，这种两极化对立现象的出现，不仅极大地制约着现代社会人的完整而统一的自我意识系统的建构与健康人格的养成，而且也使得现代社会人类（包括人类群体与个体）现实的生存与发展始终面临着由于无法建立完整而统一的自我意识系统所导致的巨大的自我风险。

(三)现代人发展面临的主要自我风险

现代社会发展与运行的内在矛盾、冲突与悖论,决定了现代人在现实的生存与发展过程中完整而统一的自我意识与人格系统建构、养成的困难性,从而使得基于个体自我意识与人格系统建构过程中不同要素之间的矛盾、冲突所导致的自我风险成为现代社会人的现实存在与发展必须要面对的重要风险。由于人的存在与发展的自我风险与人的自我意识、人格系统的建构与形成有着直接的关系,因而对于这一风险的分类探讨与考察,也就只能或者必须着眼于现代人自我意识与人格系统建构的矛盾特征来展开。根据这一认识,我们认为,现代社会人类在现实的生存与发展过程中所面临的自我风险主要包括三个方面:一是自我建构与认同的风险,二是自我发展选择的风险,三是社会关系适应的风险。

1. 自我建构与认同的风险

现代社会生活的快速分化,在导致人类社会生活日益多元化、丰富化发展的同时,也导致了人类社会生活的瞬时化与碎片化的发展。对于现代人而言,社会生活既如万花筒一般变化万端,亦如湍急飞逝的河流一般奔腾不息。尤其是在人类社会的发展进入到一个以知识、技术、信息、思想的生产、创造与发展为社会进步核心支持的信息与知识经济时代,则不仅极大地推动了人类社会生活与社会生产的加速度化发展,而且也将人类的社会生活导入了一个快速分化、价值多元与流变不居的时代。在这样一个时代,人类在现实的生存与发展中,不仅要时刻面对社会生活快速多变的挑战,更要时刻面对价值多元化发展对人的自我意识形成、发展以及人格系统建构所带来的冲击与挑战。因此,自我建构与认同的风险,则必然会成为现代社会人的自我意识形成、发展以及人格系统建构过程中所要必须面对的首当其冲的自我风险。

人的自我建构与认同,是人之所以适应环境并获得健康发展的必然要求。所谓自我建构与认同,指的是人的自我意识的建构、形成及其对自我的认同,其基本内涵主要包括两个方面:一是关于"我"的意识的形成与建构,这是一个个体自我意识觉醒并有意培养和自觉建构的过程;二是关于"我"

的意识的自我认同与悦纳,这是一个个体在现实的生存与发展过程中对于已经建立和形成的"自我"在意识中进行确认、认同和接纳的过程。我们知道,自我意识和与之相应的人格系统的形成与建立以及个人对自我的认同与悦纳,是一个人作为主体存在并展开现实生存与发展实践与交往活动的重要标志。对于个体的存在与发展而言,自我意识的觉醒、形成与发展,不仅在根本上推动并促使了个体与周围一切事物尤其是与他人的分离,从而使个体获得了作为主体性存在的价值与意义,而且也使得个体能够作为一种自由而独立存在的主体自觉地展开实现自身健康生存与发展的实践活动,并使得自身获得合目的的发展。

当然,人的自我建构与认同的过程并非是一个伴随着人的成长自然实现的简单过程,而是一个个体在现实的生存与发展过程中自觉建构、培养与塑造的过程。在这里,自我建构与认同的实现与否,既是由个体自我意识觉醒的程度以及自我意识建构的自觉性所决定的,同时也是由个体所处的社会整体发展状况及其发展所能达到的水平所决定的。因此,人的自我建构与认同的过程,事实上是一个人与客观环境彼此作用与互为改造的过程。显然,统一、完整而又健康的自我意识的建构与认同,只能在人的成长、发展与客观环境和谐统一的过程中才能够实现;反之,则必然会遭遇诸多的矛盾、冲突与困惑甚或巨大的风险。现代社会生活的快速分化导致的人类社会生活的多元化、丰富化、复杂化、瞬时化与碎片化的发展,决定了现代人成长、发展与客观环境和谐统一的困难性,因而也就决定了现代人统一、完整而又健康的自我意识的建构与认同的风险性。这种困难性或者说风险性就在于:一个开放、多元、复杂与快速变动的社会生活环境,既不利于人的统一、完整而又健康的自我意识的建构,同时也不利于人对已经建构的自我的认同与悦纳。

因此,对于现代社会人的现实的生存与发展而言,如何在一个开放、多元、复杂、快速变动且又充满了诸多矛盾与冲突的社会生活环境中建构并形成统一、完整而又健康的自我意识和与之相应的人格,事实上已成为现代人现实生存与发展必须始终要面对的一种巨大困扰。这种困扰的出现与存在,不仅极大地影响和制约着现代人对于"自我"的正确认识、评价以及自觉地认同与接纳,而且对于现代人自由、独立、多样与健康的发展也产生着巨大的影响和制约。正是因为如此,现代人自我意识、健康人格的形成与建构过程中,也就必然会始终面临着由于自我建构与认同无法实现所造成的自我风险的不断困扰。

2. 自我发展选择的风险

现代人统一、完整而又健康的自我意识的建构及其人格的养成,始终与自我发展的选择紧密地联系在一起。实际上,一个人对于自我意识与健康人格有意识和自觉地培养、建构的过程,也就是一个自我发展选择的过程。当然,作为社会的有机构成,个体的自我发展选择不可能脱离社会的制约而完全在无现实基础支持的凭空想象中进行,也不可能在凭空的想象中进行。无论个体选择什么,还是怎样选择,无疑都必须要受到其所处的社会或时代为人的自由而多样化的发展已创造出的现实条件的制约。因此,人的自我发展的选择问题,事实上既是一个个体基于自我意识与人格建构的追求而对自我发展进行选择性设计和自觉培养的问题,也是一个社会整体发展与文明程度综合提升的问题。

与传统社会及其之前的人类社会不同,选择性适应与选择性发展已成为现代社会人的生存与发展必须时刻要面对的主要社会生活内容。现代社会人类生存与发展尤其是个体生存与发展选择度的提升,一方面是由于个体分化、个体解放所推动的人的自我意识的觉醒和主体意识的不断增强而导致的,另一方面也是由社会的进步与发展为人的自由而多样化的发展所创造的前所未有的空间与平台而导致的。人的自我发展选择自由度与空间的提升,既为现代社会人的独立、自由而多样化的发展创造了重要的现实基础,同时也给现代社会人的发展的自我选择造成了诸多的矛盾、冲突与困惑,并由此而极大地提升了现代社会人的自我意识建构、自我发展选择的风险性。

现代社会人在自我意识的形成、自我人格的建构过程中之所以会遭遇到诸多选择性的矛盾、冲突与困惑,根本的原因就在于现代社会人类社会生活的分化与多元化发展在导致人类价值追求异质化与多样化发展的同时，必然会造成人的自我发展选择的矛盾、冲突与困境。这些矛盾、冲突与困境是：第一，人的自我意识的形成、自我人格的建构是一个伴随着人的成长而实现自我独立和自我健康发展的过程，这一过程的实现必然要求个体在自我发展选择上必须具有高度的统一性；第二，在一个快速变动与价值多元化共存的时代，个体关于统一而完整的自我意识与自我人格建构的任何努力，都必然会遭到来自多种异质或者矛盾性价值观交互影响的冲击；第三，甚至连续而高密度、高频率的选择本身，同样也已成为现代人自我发展选择所必须要面对的一种无法解脱的困境。由此可见，自我发展选择的风险如同自我建构与认同的风险一样，都已成为现代社会人类自身发展所面临的主要自我风险。

3. 社会关系适应的风险

人的自我建构、认同与发展，归根结底，一方面是为了促进人在明确的自我意识的主导下更好地实现社会化的发展和与周围环境（尤其是社会关系环境）的和谐共处，另一方面也是为了更有效地促进人在适应社会环境的同时实现自由、健康与多样化的发展。当然，由于人的自我建构、认同与发展始终是一个与人的现实的生存与发展相互统一和彼此互动的过程，因而人与社会关系环境是否适应以及适应的状况无疑对于人的自我意识建构、认同与发展也产生重要的影响。作为一种社会性的存在，人只有在与环境、他人的共处与协作中，才能够实现现实的生存与发展并在这一过程中建构起统一而完整的自我意识与人格体系；反之，倘若人在现实的生存与发展中不能够实现与环境、他人的和谐与共处，则人的统一而完整的自我意识与人格体系的建构也必然会因与环境、他人的矛盾与冲突而无法实现，人自身现实的存在及其发展也就会始终处于因自我意识的分裂或混乱而导致的巨大风险之中。

社会关系适应的风险之所以会成为现代人现实生存与发展过程中可能面临的重要自我风险，其根本的原因就在于：

第一，一定的社会关系既是人的现实的实践与交往活动的必然结果，是人的主体力量或者说生命本质力量外化与表达的产物,也是规约人的现实存在与发展的重要客观力量,对于人的自我意识的建构、特定人格的养成产生着重要的作用,因而人在现实的实践与交往活动中如何建立自己的社会关系及其建立怎样的社会关系,也就决定了人如何建构与塑造及其建构与塑造怎样的关于"我"的意识系统和人格特征。

第二,一般而言,人在现实的生存与发展过程中通过现实而具体的实践与交往活动所建立的社会关系愈简单、愈单一,则人对关系的适应与把握也就愈容易。当然,人通过这一关系所能建构的自我意识与人格体系,也就相应地比较简单与单纯。但是,如果与之相反,尤其是当人所建立的不同社会关系之间出现一定的矛盾与冲突时,则人对关系的适应与把握也就愈为困难,统一而完整的自我意识与人格体系建构的风险性也就愈大。

第三,现代社会人的存在与发展的社会关系的多样性、复杂性和多变性,决定了现代人对社会关系适应的困难性,也正是这种困难性,才从根本不上制约着现代人统一而完整的自我意识与人格体系的建构,从而使得现代人的生存与发展始终面临着来自自我风险的挑战。

现代社会人的社会关系适应的风险主要是通过社会关系对人的统一而完整的自我意识与人格体系的建构、培养的制约而表现出来的。我们知道,现代社会生活背景与条件下,人的现实的生存与发展不仅需要通过对各种各样复杂的实践与交往活动的参与才能够实现,而且也必须时刻面临来自各种各样错综复杂、矛盾纠结而又变化多端的社会关系的冲击与挑战。对于现代人的生存与发展而言,一方面必须依赖于在现实而具体的实践与交往活动过程中丰富而多样的社会关系的建立,才能建构并形成适应现代社会发展要求的自我意识与人格体系,但是,另一方面,来自各种各样错综复杂、矛盾纠结而又变化多端的社会关系的冲击与挑战,又使得现代人统一而完整的自我意识与人格体系的建构,始终面临着巨大的风险性与未知性。可以说,现代人的自我建构、自我塑造与自我发展,无疑是一个在诸多矛盾纠结与风险丛生的关系中艰难旅行与跋涉的过程。

第五章 风险对现代社会人的发展的主要影响

在一个内含着高度风险的社会,现代社会人的现实的生存与发展不可能不受到来自人与自然、社会及其自我的对立所造成的各种各样的风险的困扰与影响。无论是来自于自然世界的风险,还是来自于社会与自我的风险,作为一种引发不幸事件与不幸结果的可能性,风险在本质上而言,它是事物存在与发展所呈现出的一种导向危机事件或者说风险事件的不确定性。这种不确定性,通常在人的现实的实践与交往活动过程之中与个体发生对象化的联结而生成一定的风险关系。倘若人不能够明确地意识到风险的存在或者虽意识到但并未给予有效的应对,则人与风险之间所建立的关系就会转化为一种事实的风险并必然会产生相应的风险性后果,进而影响或危及到人的现实生存与健康发展。

当然,由于任何一种风险,从其生成到风险性结果的出现,期间的转化不仅存在着一定的复杂性,而且也存在着许多的不确定性。我们知道,风险的转化及其风险性结果的出现,既与风险生成、分配或传导的方式以及风险的性质等有着直接的关系,同时也与风险主体对风险的认识与把握有着高度的关联性。一般而言,当人在现实的生存与发展过程中所遭遇的风险具有不可抗拒性或者无法整体消解时,则无论人是否对之具有清醒的认识,都必然会转化为一种事实的风险并引致相应的风险结果的出现;反之,倘若人所遭遇的风险不具有不可抗拒性或者能够为风险主体清醒地认识与把握,则风险在其演化为一种事实的风险结果之前可能会得到有效的预防、消解甚至转化为一种新的发展机遇。由此可见,风险对人的现实的存在与发展的影响并非完全都是负向的或者具有破坏性的,而是复杂的和具有二重性的。

一、风险的本质及其功能二重性

风险在本质上而言,是事物存在与发展的不确定性对于人而言可能会引致不幸事件与不幸结果发生的一种倾向性。这种倾向性既与事物自身所具有的发展的不确定性有关,同时与风险主体对风险的认识与把握,也有着直接的关系。是以,在一定的风险关系中,风险性结果的出现及其危害性的大小,都必然会随着人与风险关系的演变、发展、变更而发生相应的变化。这就意味着,处于风险关系中的风险,其性质及其所具有的风险性并非是固化不变的,而是存在着一定的不确定性。当然,处于一定风险关系之中的风险,无论是向一定的发展机遇转化,还是向一定的危害性风险事件转化,都是由一定的风险关系之中人与风险性对象化关系的演变及其所呈现的状态所决定的。

(一)风险的本质

对于风险的认识与理解,我们在本书的第三章虽然基于内涵的诠释已给出了比较详尽的分析与讨论,但是,对于风险的本质这一问题却未能展开充分的讨论。尽管对风险内涵的诠释也必然地包含着对于本质这一问题的理解,然而,由于基于内涵诠释的理解无法从根本上揭示风险本质的生成及其功能特性的获得,因而我们尚需站在更加广阔的视角上对风险的本质这一问题进行更为深入的考察与认识,才能真正揭示隐藏在错综复杂的风险现象之下的本真。惟其如此,我们才能在这一基础上科学地看待与正确地揭示风险与人的现实生存与发展之间所存有的复杂的关系。

我们知道,人是任何风险都暗含的一种关系性对象。风险这一词汇的产生,无论藉于何种客体、事件或现象,从根本上而言,都离不开与人类自身的关联性。因此,倘若我们离开人类现实与具体的存在而分析与讨论风险,则既不可能真正认识和揭示风险这一特殊现象所内含的本真,更不可能正确认识和把握风险这一特殊现象对于人类现实的生存与发展所具有或者可能产生的重大影响。但是,倘若我们仅仅站在与人类关联性的立场上分析与看待一切风险事件与风险现象,则我们同样也不可能真正地认识和揭示风险这一特殊现象所内含的本真。

由此可见,对于风险本质的认识,任何单一视角的考察,都有可能无法揭示或者说真正触及到风险的本质。风险生成及其存在的这一事实,决定了我们对风险本质这一问题的考察,一方面必须着眼于风险客体(即内含着一定风险的客观事物)对之进行对象化的客观认识,另一方面也必须着眼于风险客体风险性的生成(即与人的风险关联性的形成)而对之进行关系性的分析、考察与把握。只有站在对对象化风险客体的客观考察以及对人与对象化风险客体联结的功能性分析这两个维度上,我们才能够真正认识、把握和揭示风险所内含的本质。

基于以上理解,我们认为对于风险本质这一问题的认识与考察,首先必须要确定和厘清的问题主要是两个方面的问题:一是我们在何种意义上确定风险,二是这种确定是在何种意义上规定着事物的风险性。对第一个问题的厘清与考察,有助于我们对人与风险事物之间所具有的风险性联系给出正确的分析与判断;而对第二个问题的厘清与把握,则有助于我们对风险性事物的内在特性或者说事物的风险性给出客观的分析与揭示。以下,我们将对这两个问题分别给予必要的分析、考察和探讨。

第一,关于我们在何种意义上确定风险,这是一个涉及到人与风险本质关联性的问题。

我们知道,风险这一特殊的概念,是人类对客观事物存在与发展过程中所具有的某种特殊性的概括性总称,它既是一种客观性的描述,同时也是一种赋予性的描述。因此,在通常意义上人们如何理解风险,事实上也就在某种意义上规定或者说确定着风险。尽管对于"风险"这一概念内涵的理解,不同的人们之间存在着一定的差异性,但是,这种差异性并非是对立性的,而是在根本一致上的分歧,因而对于我们分析与揭示风险的本质,并不产生决定性的影响。

总括关于风险内涵解释的各种不同观点,①我们不难发现,无论人们对风险这一概念的内涵如何理解并运用何种词汇给予描述,所有的指向其实都是一致的,即人们最终都将风险归结为事物存在与发展过程中所呈现出的一种能够引致对人类现实生存与发展而言可以称之为不幸事件与不幸结果发生的可能性。这里,人们关于风险内涵的理解所揭示的决定事物风险本质生成的根本因素就在于:其一,任何一种风险,都是一种可能性的呈现,而不是一种事实性的呈现;其二,事物存在与发展的风险性的生成或者说引致不幸事件与不幸结果发生的特定属性或者特征的获得,在根本上决定着风险的产生与否。

显然,人们对于风险本质的理解或者说赋予性的解释,无疑是一种功能性的理解。因此,只有基于功能性这一独特的视角,我们才有可能真正触及到事物风险的本质并进而对之给出合乎事实的解释。而关于这一视角的分析与讨论,则必然会逻辑地转向第二个问题。

第二,关于我们对风险的确定在何种意义上规定着事物的风险性,这是一个基于功能性的联系而对事物的风险性特征进行客观化赋予的问题。

脱离了人类,任何事物的存在都是一种自在的存在,其发展演变,无不遵循着自身的规律,因而事物在现实的存在与发展过程中所出现的任何一种变化,都是事物自在存在、自在发展与演变的自然表现,是不存在所谓的风险性的。因此,所谓风险,只是事物的存在、发展、演变在与人类现实的生存与发展发生关联时才出现或者说被赋予而生成的一种特殊现象。正因为如此,我们说,所谓风险,只不过是人类基于功能性的理解而对事物存在与发展过程中所出现的某种特殊属性或者特征、倾向性的一种赋予性的解释。恰恰是这种赋予性的解释,才为我们对风险本质的理解与揭示提供了可能的指向。

从人类对风险所给出的功能性解释中我们可以确定事物的风险属性,

----

① 参见本书第三章《现代社会人的发展风险关系的生成》一章中关于"风险"内涵解释不同观点的介绍与述评。

即事物存在与发展可能引致造成人类现实生存与发展困境的不幸事件与不幸结果的特定属性或者特征、倾向性。据此,我们就可以根据可能引发人类不幸事件与不幸结果发生的必要条件来分析并确定风险关系中对象化客体所具备的相应的属性、特征或倾向性。基于这一逻辑推论,我们认为对象化关系中对象化客体能够引致人类不幸事件与不幸结果发生的属性、特征或倾向性主要包括:(1)事物的存在与发展出现规律性联系的中断、突变;(2)事物的存在与发展出现超出人们当下认知水平、能力所及范围的不确定性变化;(3)事物在存在与发展过程中出现不为对象化关系中主体所能控制的危及人自身安全、健康存在与发展的现象与结果。

基于上述分析,我们认为,风险在本质上而言是事物存在与发展过程中所出现的某些特殊性的变化、特殊的属性或者导向某种特定倾向性的结果,因而这就意味着舍去功能性联结的风险,只不过是事物自身存在与发展过程中所出现的某些特殊性的变化、特殊的属性或者导向某种特定倾向性的结果,是事物自身存在与发展在一定条件下演变与发展自然结果的必然呈现。是以,风险对人的生存与发展可能造成的现实影响并非是本体性的,而是功能性的。正是在这一意义上而言,事物风险的功能指向并非取决于事物本身,而是取决于事物与作为对象化主体的人类之间建立了怎样的风险关系。因此,风险对人的现实生存与发展的影响,归根结底取决于人类与具有风险性特征、属性的事物之间生成了怎样的对象化关系以及在这一关系之下作为对象化客体的风险性事物所具有的功能展开的状况。

(二)风险功能指向的二重性

事物风险本质的客观规定性及其功能指向的关系规定性,决定了我们对于风险结果或者说风险对于人的现实生存与发展可能产生的实际影响的考察,不能仅仅只着眼于风险事物所具有的危害性功能指向,而应该着眼于风险事物在具体而现实的对象化关系之中所可能出现的不同功能指向的转化而进行客观、整体性的分析与考察。只有这样,我们才能够更加准确、客观与全面地认识和把握风险对人的现实生存与发展可能造成的复杂的影响。由此可见,处于一定的风险关系之中的风险事物,其功能的指向显然具有一定的二重性。这就意味着,在一定的风险关系之中,风险事物对人的功能性影响,既可能存在着向机遇的转化而造成的积极性的一面,也可能存在着向不幸事件与不幸结果的发展而造成的危害性的一面。当然,无论是指向积极性方面的转化,还是指向危害性方面的转化,都是需要一定的条件的。

1.风险的机遇性功能

我们说,任何风险,其对人的现实存在与发展的影响都是一种功能性的,因而人在现实而具体的风险关系之中会遭遇怎样的风险性影响,既不完全取决于对象化客体所具有的风险性,同时也不完全取决于对象化主体自身对作为对象化客体的客观事物风险性的认识与把握,而是主要取决于在现实而具体的风险关系之中风险性事物伴随着主客体构成的对象化关系的变化所导致的功能性指向的性质状况。因此,我们于此而言的风险的机遇性功能,也主要是基于一种应然的可能性而言的,而并非是基于一种必然的事实性而言的。

在大概率上,一般而言,一定的风险总是与一定的机遇联系在一起的。这里所谓的机遇,主要是基于人的现实的存在与发展而言的,指的是有利于促进人的健康存在与发展的机会、条件或契机。① 是以,我们于此而言的所谓风险的机遇性功能,也主要指的是在一定的风险关系之中风险的演化或者转变所生成的有利于促进人的健康生存与发展的属性、特征、条件与机缘的集合。由于风险的机遇性功能的生成是以处于一定的对象化关系之中风险事物功能属性与指向的转化为基础的,因而决定风险的机遇性功能生成的根本因素在于对象化的风险关系之中主客体之间的互动是否生成了有利于风险向机遇转化的现实条件及其生成的状况。因此,风险的机遇性功能在本质上而言,乃是风险在一定的对象化关系之中的转化所形成的利于促进人的健康生存与发展的条件性的集合。

---

① 关于人的发展机遇内涵的理解,可参见郑永廷等:《人的现代化理论与实践》,人民出版社2006年版,第369页。

倘若仅仅着眼于风险的机遇性功能分析,则风险对于人的现实的生存与发展可能产生的机遇性的功能内涵主要反映在以下几个方面:

一是促进人类对未知领域、未知事物、未知现象不断发现并持续认识与探索的功能内涵。对于风险主体而言,风险往往意味着与事物发展不确定性相伴随的未知领域、未知事物、未知现象或者未知关系的出现,而这些未知领域、未知事物、未知现象或者未知关系的出现,在构成人的生存与发展现实风险与挑战的同时,也必然会促使人类(无论群体或是个体)对之展开必要的认知性的探索。人作为一种智慧性存在的生命物质,其生命的存在是以创造性的生命本质力量的展开与表达作为重要标志的。所谓生命本质力量的展开与表达,则必然是通过人对客观世界的认识与改造而实现的。因此,处于一定风险关系之中的人基于对风险的有效应对,必然会对造成或引到风险生成的未知领域、未知事物、未知现象展开有目的的认识与探索,而这种有目的的认识与探索,既是人的生命本质力量外在表达的反映,也是人的新的生命本质力量形成的重要途径。

二是促进人类正确处理和综合把握各种错综复杂的现实关系的能力不断提升的功能内涵。风险对于人类而言,不仅意味着未知领域、未知事物、未知现象或者未知关系的生成与出现,同时也意味着人的存在与发展的未知与复杂关系的生成。尤其是在现代社会的发展背景中,人的存在与发展的任何一种风险的生成,不仅意味着多种不确定性的复杂关系的现实集合,而且也意味着新的关系的产生及其各种错综复杂关系之间的多元互动与非确定性的变化。风险所引发的人类生存与发展的多种不确定性的复杂关系的出现,在向人类现实的生存与发展不断提出新的挑战与考验的同时,无疑也成为促进人类正确处理和综合把握各种错综复杂的现实关系的能力不断提升的重要驱动力。

三是促进并不断拓展、丰富与提升人类自身内在文化性品格与社会性特征的功能内涵。人作为一种文化性与社会性的存在,其自身的发展主要不是表征在生物性机能的发掘上,而是表征在人自身所具有的内在的文化性品格与社会性特征的不断拓展、丰富与提升上。是以,人类自身内在文化性品格与社会性特征的不断拓展、丰富与提升,必然成为人的发展的根本要求。而人自身内在文化性品格与社会性特征的不断拓展、丰富、完善与提升,则是在人的现实而具体的实践与交往活动过程中得以实现的。风险作为人类在现实而具体的实践与交往活动过程中所遭遇的一种特殊现象,是与人类实践与交往活动所具有的特殊性直接联系在一起的。一般而言,内含着风险性的人类实践与交往活动的开展对人类自身内在文化性品格与社会性特征的要求更具有挑战性,因而风险性的实践与交往活动的展开及其完成,对人自身内在文化性品格与社会性特征的拓展、丰富、完善与提升,则无疑内含着更高的促进性功能。

四是风险的机遇性转化为人类在新的条件下的生存与发展创造出更为广阔的空间与现实基础的功能内涵。风险与机遇的伴生性特征,决定了风险的机遇性转化必然会为人类现实的存在与发展创造出新的空间、新的条件与基础。并且,风险愈大,通过风险转化所形成的机遇也就愈大。在一定意义上而言,正是由于人类在现实而具体的实践与交往活动过程中对所遭遇的一系列风险性问题的化解和有效应对,才在不断促进人类自身发展与进步的同时,也为人类现实的生存与发展不断创造着新的空间、新的条件与新的基础。当然,在具体的风险关系之中,一定的风险能否有效地转化为相应的发展机遇,乃是由人类对风险的认识、把握与应对所能达到的有效状况所决定的。因此,风险的机遇性转化并非具有必然性,而是必须具备相应的条件的。

2. 风险的危害性功能

人在现实而具体的实践与交往活动过程中所遭遇的任何风险,如果不能够得到及时有效的预防、控制、化解而转化为一种发展的机遇,则必然会导向风险性的结果即危害性功能的出现。风险作为一种能够引发或者导致人类不幸事件与不幸结果发生的特殊现象,其危害性功能的释放必然会对人类现实的生存与发展造成巨大的危害性影响。并且这种影响,是与事物所具有的风险性成正比的,即事物存在与发展内含的风险性越大,则必然对人类现实的生存与发展所造成的危害性影响也就越大。

综合风险可能产生的危害性结果,我们认为风险对人类现实生存与发展产生的危害性功能影响,主要反映在以下几个方面:

一是危及人类整体生存、发展与生命安全的功能性影响。人类的生存、发展与生命安全,不仅依赖于自然世界长期演化所形成的独特的生态系统的支持,而且也依赖于人类有效协作与共同行为或者说活动秩序建立的保障。因此,对于人类的整体生存与发展而言,完整而合乎生命物质安全生存与繁衍要求的自然生态系统的保持以及人类社会有效协作与共同行为或者说活动秩序的建立,必然成为最基本的保障条件。失去这些基本保障条件的支持,则不仅人类维系生命存在与种的延续的生产活动的展开得不到有效的保障,而且人类整体生命安全及其基本生活秩序的维系也无法实现。人类为了维系生存与发展与自然之间所形成的尖锐对立以及不同个体、群体之间由于利益争夺而引发的各种矛盾与冲突可能导致生成的多样化的风险,如果不能够得到及时而有效的预防、控制或者化解,则必然会严重地威胁到人类整体的生存与生命安全。

二是危及人类和谐共处与共同发展、共同进步的功能性影响。人类在现实的生存与发展过程中所遭遇的风险,大都是由人类活动所引发的各种矛盾与冲突的激化而导致的。虽然这些矛盾与冲突的产生具有一定的必然性或者说不可避免性,但是,倘若人类不能在现实而具体的实践与交往活动过程中有效地消解或处理这些矛盾与冲突,则这些矛盾与冲突的演化必然会引发或者酿成危及人类和谐共处与共同发展、共同进步的现实风险。一般而言,人类在现实的生存与发展过程中所能组织和开展的实践活动愈多元与复杂、社会生活联系的紧密度愈高,则愈容易引发并激化不同利益群体与个体之间的矛盾与冲突,当然也就愈容易触发和导致社会性的发展风险与危机。显然,现代社会劳动分工的精细化发展与社会生活的持续分化以及社会发展整体所呈现出的开放性、多样性、复杂性与系统性的特征,都使其比已往人类已经历的任何一个社会形态都更容易引发并激化社会不同利益主体之间的矛盾与冲突,从而也更容易制造出危及人类和谐共处与共同发展、共同进步的社会风险。

三是危及人类个体健康生存与自由而多样化发展的功能性影响。个体作为社会的有机构成,他既是一切现实而具体的社会实践与交往活动的具体承担者,同时也是一切现实而具体的社会实践与交往活动结果的具体承担者。是以,人类在现实而具体的实践与交往活动过程中所遭遇的一切风险及其由风险所引致的结果,归根结底,都必须由一个个的人类个体来具体承担。正是在这一意义上而言,人类通过具体而现实的实践与交往活动为自身的生存与发展创造了怎样的现实环境,则自己就会有怎样的存在与怎样的发展。因此,如果人类在现实而具体的实践与交往活动过程中制造并面对的风险愈复杂、愈多样、愈普遍,则无疑会严重地危及到人类个体健康的生存与自由而多样化的发展。风险之所以会对人类个体的健康生存与自由而多样化的发展造成现实的危害,根本的原因就在于任何风险都具有导致或引致不幸事件与不幸结果发生的可能性。这种可能性一旦变为现实,则不仅会对个体的现实生存造成一定的障碍性影响,而且也会极大地制约并限制个体自由、健康与多样化的发展。

二、风险对人的发展影响生成的条件性

风险生成、存在及其功能实现的特殊性,决定了风险对人的现实生存与发展影响生成的条件性。我们知道,风险作为事物自在存在与发展所呈现出来的一种特殊品性,无疑具有一定的客观性,因而这一特殊品性倘若不与人的现实而具体的实践与交往活动发生一定的关联性,则自然不可能对人的现实存在与发展产生任何可能性的影响。即使这一特殊品性在人的现实而具体的实践与交往活动过程之中与人建立起一定的对象化的客体关系而发生关联性时,也同样会因为对象化关系的变化而发生功能性导向的变化。因此,风险对于人的现实存在与发展影响的生成,不仅存在着人类实践所遵循的活动关系演变与发展的必然性逻辑,而且也存在着事物发展与转化所呈现出的对立统一关系的辩证性逻辑。

风险的生成及其对人的现实生存与发展的影响,始终是在人的现实而具体的实践与交往活动过程之中展开并实现的,因而这就注定了风险与人

的发展之间所存关系的复杂性。一方面,任何风险对人的存在与发展影响的生成都是以人与风险关系的建立为前在条件的,没有人与风险之间一定形式的关系的结成,则风险始终就是事物自在发展、演变过程中所呈现的一种客观倾向性或者说某种特殊的品性,因而并不对人的生存与发展构成现实的影响力;另一方面,由于人与风险之间关系的结成是在人的现实而具体的实践与交往活动过程之中伴随着人的活动的对象化客体关系的生成而建立的,因而基于人的现实而具体的实践与交往活动所生成的人与风险之间的关系也就必然始终处于一定的变动与发展之中,由此而导致的风险对人的现实生存与发展所具有的影响也呈现着一定的非确定性。

基于以上事实,我们认为,任何风险对人的生存与发展现实影响的生成及其生成怎样的影响,都是由一定的条件主导的。这些条件主要包括:第一,人在现实而具体的实践与交往活动过程中与对象化客体风险关系的结成,是风险对人的生存与发展现实影响生成的必要基础或者说前提条件;第二,风险的激活与风险结果倾向性的现实呈现,是风险对人的生存与发展现实影响生成的必要条件;第三,风险性结果的出现,是风险对人的生存与发展影响现实化的重要条件。以上条件的生成过程,既是一个人在现实而具体的实践与交往活动过程中与一定的风险性事件结成现实的风险关系的过程,也是一个客观事物所具有的风险性在与人的对象化活动关系中逐渐生成现实化的风险性影响的过程。

(一)对象化风险关系的结成

人与风险客体对象化关系的结成,是任何风险对人的发展影响力生成的重要基础。在一定意义上而言,倘若没有人与风险客体对象化关系的结成,则既没有所谓事物存在与发展的风险性,也不会有人的风险关系的生成。我们知道,风险作为事物存在与发展过程中所生成并出现的一种特殊的品性或者倾向性,离开了与人的现实生存与发展的关联性,则其始终不过是事物自在存在与发展过程中所出现的一种客观现象而已,并不构成为一种对于人的生存与发展而言的现实性的风险。因此,无论是对于客观事物所具有的风险性品性的现实化激活,还是对于人的存在与发展的现实风险关系的生成,对象化的风险关系的结成都是不可或缺的重要基础与必要条件。

1. 对象化风险关系的结成是事物自在特性风险化的必然条件

正如我们在对风险的内涵给出分析时所言,任何风险,都是相对于人类的现实生存与发展而言的。倘若失去了与人类自身现实生存与发展的关联性,则事物所具有的任何风险性都不过是事物在自在存在、演变与发展过程中所出现的一种特殊品性或者倾向性而已,自然不会对人的现实生存与发展构成任何实际性的风险影响。因此,一种事物在自在存在、演变与发展过程中所出现的可能引致一定的风险事件、风险结果发生的特殊品性或者倾向性,只有在与人的现实生存与发展关联并构成一定的对象化的风险关系时,才能够转化为一种现实化的风险。也只有经历这一对象化关系建立的过程,事物在自在存在、演变与发展过程中所出现的可能引致一定的风险事件、风险结果发生的特殊品性或者倾向性,才能够实现向现实化的风险性的转变。

人的对象化风险关系的结成,是一个人在现实而具体的实践与交往活动过程中与风险性的对象建立对象化关系的过程。在这一过程中,决定对象化风险关系结成的因素主要有两个:其一是处于一定的实践与交往活动关系中的对象化的客观事物在自在存在、演变与发展的过程中是否出现了可能引致一定的风险事件、风险结果发生的特殊品性或者倾向性;其二是在现实而具体的实践与交往活动过程中,作为活动主体的人是否与具有可能引致一定的风险事件、风险结果发生的特殊品性或者倾向性的客观事物生成了特定的对象化活动的关系。前者决定了作为对象化客体的客观事物所具有的引致一定的风险事件、风险结果发生的特殊品性或者倾向性转化为现实风险性的可能性;而后者则决定了人与具有可能引致一定的风险事件、风险结果发生的特殊品性或者倾向性的客观事物结成对象化的风险关系的必然性。

由此可见,在人的对象化风险关系的结成中,处于一定的实践与交往活动关系中的对象化的客观事物所具有的可能引致一定的风险事件、风险结果发生的特殊品性或者倾向性的生成以及与作为主体的人之间对象化关系的建立,对于风险的生成及其现实化的转变起到了决定性的作用。客观事物所具有的可能引致一定的风险事件、风险结果发生的特殊品性或者倾向性,只有置于人的现实而具体的实践与交往活动之中并且与作为活动主体的人建立起对象化的活动关系,才能够实现风险性的现实化转变。也正是由于这一转变,才为人的现实的风险关系的建立创造了重要的基础和现实的可能性。

2.对象化风险关系的结成是人的风险关系生成的必要条件

作为一种附着性的存在,风险的生成及其存在无疑有着自己的特殊性。由于附着性存在的特征,因而使得客观事物所具有的任何风险性的特性都不可能以独立的形态与作为活动主体的人建立起一定的对象化的风险关系,而只能以附着的形态存在并与作为活动主体的人建立起一定的对象化的关系。因此,在一定意义上而言,人在现实而具体的实践与交往活动过程中所建立的对象化的活动关系,也就是人的对象化风险关系。当然,我们于此而言的可以称之为人的对象化风险关系的活动关系,也并非指人在现实而具体的实践与交往活动过程之中所建立的一切对象化的活动关系,而是只限于指那些内含着一定风险性品性或者倾向性的客观事物与作为活动主体的人之间所建立的对象化的活动关系。所以,在这个意义上而言,人在现实而具体的实践与交往活动过程中所建立的具有风险性的对象化的活动关系,也就是人的生存与发展的风险关系。

对象化风险关系的结成作为人的现实化风险关系生成的必要条件,对于人的现实生存与发展的风险关系的建立,具有不可或缺性。其意义在于:第一,人的存在与发展的任何现实的风险关系,无不是在人的现实而具体的实践与交往活动过程中生成并建立的,而人在现实而具体的实践与交往活动过程中所建立的任何一种主客互动性的关系,在本质上而言都是一种对象化的活动关系,人的现实的风险关系,同样也是如此;第二,事物所具有的风险性只有附着在人的现实而具体的实践与交往活动过程中所建立的对象化活动关系之中,才能与人的现实的生存与发展发生关联并构成一定的风险关系;第三,在现实形态上,人与任何风险性事物之间所生成或建立的风险关系,毫无疑问,都是一种对象化的风险关系,是人在现实而具体的实践与交往活动过程中与具有风险性特性的客观事物之间所生成的一种对象化的活动关系。由此可见,人的存在与发展的任何现实化的风险关系生成,都是通过在现实而具体的实践与交往活动过程中与具有风险性特性的客观事物之间对象化风险关系的结成而实现的。

3. 现代社会人的对象化风险关系结成的复杂性

虽然人的现实的风险关系的建立都是通过在现实而具体的实践与交往活动过程中与具有风险性特性的客观事物之间对象化的活动关系的结成而实现的,但是,由于人类在不同社会历史发展条件下所能组织并开展的现实而具体的实践与交往活动存在着巨大的差异性,因而这就必然决定了处于不同社会历史发展条件下的人类在现实而具体的实践与交往活动中对象化风险关系的建立,也存在着巨大的差异性。一般而言,社会劳动分工与社会生活分化的程度越高、社会整体运行及发展的开放性与变动性越大,则社会发展的风险性也就越大,人在自身现实而具体的实践与交往活动过程中所结成的对象化风险关系也就越复杂;反之,社会劳动分工与社会生活分化的程度越低、社会整体运行及其发展的开放性与变动性越小,则社会发展的风险性也就越小,人在自身现实而具体的实践与交往活动过程中遭遇风险的可能性也就越小并且由此而结成的对象化风险关系也就越简单。

现代社会运行与发展的开放性、多样性、复杂性与系统性的特征,决定了现代社会人在自身现实而具体的实践与交往活动过程中对象化风险关系的结成,必然呈现出前所未有的复杂性。这种复杂性,一方面根源于现代社会人类现实的社会实践与交往活动的开放性、多样性、复杂性与多变性,另一方面无疑也与人类自身在现实的生存与发展过程中对于变动性与多样化实践与交往活动的主动或者被动参与有关。因此,与现代社会之前人类对象化风险关系的结成相比较,现代社会人类在自身现实而具体的实践与交往活动过程中对象化风险关系的结成所具有的复杂性,主要表现在以下三个方面:

一是现代社会人的对象化风险关系结成的方式具有多样性。由于现代社会人类实践与交往活动开放化、多样化与丰富化的发展,因而决定了人在现实而具体的实践与交往活动过程对象化风险关系的结成,其方式也必然具有多样性的特征。在现代社会人的对象化风险关系的结成中,既有主动参与式的结成,也有无意识的被动式生成;既有遭遇式的结成,也有传导与分配式的生成等。

二是无论主动参与式的结成抑或是无意识的被动式结成,现代社会人在现实而具体的实践与交往活动过程之中所结成的对象化风险关系,不仅形式具有一定的多样性,而且关系的性质、内含的风险性及其可能造成的风险性程度,也都具有一定的变动性。其变动,乃是随着人的现实而具体的实践与交往活动的发展、演变而展开的。

三是不同类型与性质的对象化风险关系的结成,也存在着一定的复杂性。现代社会,科学技术日新月异的进步与交往工具、手段的现代化发展,使得人类在现实的生存与发展过程中所能组织并展开的社会实践与交往活动,不仅在领域、对象与范围方面得到了前所未有的拓展,而且不同性质、类型的实践与交往活动的分野界限也越来越模糊。显然,现代社会人类社会实践与交往活动的这一变化,必然使得人类在现实而具体的实践与交往活动过程之中所结成的对象化风险关系,也越来越呈现出更大的复杂性。

作为内含着高度风险性的社会形态,现代社会自身的运行、发展与演变,不仅成为现代人现实生存与发展风险性生成与制造的根源,而且也成为现代社会促进人在现实而具体的实践与交往活动过程中多样化的对象化风险关系结成的重要推动力。正是因为如此,现代社会人在现实而具体的实践与交往活动过程中多样化与复杂性的对象化风险关系的结成,既为现代人多样化风险关系的生成奠定了重要的现实基础,也为现代人在开放与风险时代健康而又多样化的发展提出了严峻的挑战。

(二)风险倾向性的现实化呈现

如果说人在现实而具体的实践与交往活动过程中对象化风险关系的结成为风险对人的现实影响的生成创造了必要条件的话,那么,在一定的对象化关系之中风险倾向性的现实化呈现,则为风险对人的生存与发展影响功能指向的现实化转变准备了客观的基础与相应的条件。我们知道,处于一定对象化风险关系之中的事物,其所具有的风险性特质或者品性的激活及其现实化的呈现,不仅是人与风险之间现实关系生成的重要基础,而且也是事物所具有的风险倾向性转化为现实功能指向的必要条件。倘若没有处于一定对象化风险关系之中事物所具有的风险性特质或者品性的激活及其现实化的呈现,则既不可能有人与风险之间现实关系的建立,也不可能有事物所具有的风险倾向性向现实功能指向的转化。因此,在一定的对象化关系之中风险倾向性的现实化呈现,对于风险功能性影响的生成及其指向的现实化转变,无疑具有重要的价值与意义。

1. 风险倾向性的现实化呈现是一个事物所具有的风险性被激活的过程

风险对人的存在与发展的影响,始终是一个事物的风险性在人的现实而具体的实践与交往活动中显现为现实化功能性影响的过程。由于事物所具有的任何风险性都必须通过一定的对象化的风险关系的结成且在这一过程被有效地激活,才能够实现现实化的呈现,因而这就注定了风险倾向性的现实化呈现在本质上而言,乃是一个事物所具有的风险性在人的现实而具体的实践与交往活动过程之中由于对象化关系的建立而被有效激活的过程。对于风险倾向性的现实化呈现而言,这一过程之所以重要,其根源就在于:一是事物所具有的风险性被激活的过程,乃是一个在一定的对象化活动关系之中人与风险之间生成并建立起现实的风险关系的过程,而这一过程,恰恰是一个对象化风险关系之中事物所具有的风险性现实化为风险倾向性的过程;二是事物所具有的风险性,只有通过这一过程而被有效地激活,才能够由自在存在与演化的状态转变为功能性存在的状态。

在人的现实而具体的实践与交往活动之中,客观事物所具有的风险性由于对象化关系的建立而被有效的激活之所以会必然导致事物风险倾向性的现实化呈现,乃是因为:第一,一定的对象化关系的建立,既是作为实践与交往活动主体的人与对象化风险客体生成一定的风险关系的必然过程,也是人与一定的对象化的风险客体彼此展开互动与相互作用的现实基础;第二,一定的对象化关系之中客观事物风险性的激活,既是事物所具有的风险性由潜在存在状态转化为显性存在状态的必然,也是事物所具有的风险性由可能态转变为功能态的重要基础;第三,客观事物所具有的风险性只有在激活的状态下,才有可能为人的存在与发展的对象化风险关系的生成创造出必要的现实条件,同时也才有可能真正并切实促进客观事物风险倾向性的现实化呈现。由此可见,无论人在现实而具体的实践与交往活动过程中建立了怎样的风险关系,也无论这一风险关系对人的存在与发展有着怎样的功能性影响,处于这一风险关系之中的对象化客体所具有的风险性只有在有效激活的状态下,其所具有的风险倾向性才有可能在显性的状态下实现现实化的呈现。

2. 风险倾向性的现实化呈现也是一个事物的风险性显现为现实化功能性影响的过程

在对象化的活动关系中,事物所具有的风险倾向性的现实化呈现,不仅是一个事物所具有的风险性被激活的过程,同时也是一个事物的风险性显现为现实化功能性影响的过程。在这一过程中,由于事物所具有的风险性品性或特质的激活,因而不仅使得人与事物的风险性之间建立起一定形式的现实化的风险关系,而且也使得处于一定形式的风险关系之中事物所具有的风险性因着人与风险的互动而呈现出功能性影响现实化的状态。事物所具有的风险性在对象化活动关系中功能性影响现实化的转变,在不断推动着风险对人的存在与发展影响功能倾向性由边缘状态转变为明晰状态的同时,也为事物风险性结果现实而具体的呈现制造着越来越充分的条件。因此,在人的对象化活动关系之中,事物所具有的风险倾向性的现实化呈现,一方面为事物所具有的风险功能性影响有指向性结果的释放创造了必要的基础与条件,另一方面无疑也为人对对象化风险关系的认识与应对提出了新的挑战。

在对象化活动关系之中事物所具有的风险倾向性的现实化呈现,之所以是一个事物所具有的风险功能性影响有指向性结果的显现或者现实化的过程,乃是因为:第一,任何事物所具有的风险性,在理论上而言,只不过是事物在存在与发展过程中所生成并呈现的某些特殊的特质或品性而已,倘若这些特质或品性不与人的现实存在与发展发生一定形式的关联,则其不可能对人的生存与发展产生任何现实的影响;第二,具有一定风险性特质的客观事物只有在一定的对象化活动关系之中与作为活动主体的人建立起彼此互动的关系,其所具有的风险性才能被有效地激活并呈现为一种关系性的存在;第三,事物所具有的风险倾向性只有通过在对象化活动关系之中现实化的呈现,才能生成并转化为一种具有特定功能指向的关系状态。显然,这一状态的出现,是对象化关系之中事物发展的风险性给予人现实的功能性影响的必然阶段。

3.风险倾向性的现实化呈现也是一个人对对象化关系的认识与调整的过程

在对象化活动关系之中事物所具有的风险倾向性的现实化呈现,不仅是一个事物所具有的风险功能性影响有指向性结果的显现或者现实化的过程,同时也是一个人基于对象化客体风险性状态的变化而对对象化关系进行审视、评估和应对相应调整的过程。在这一过程中,作为活动主体的人对处于对象化关系之中事物所具有的风险性及其变化所引致的对象性风险关系的认识、审视、评价与把握,不仅影响着人与风险之间所建立关系的现实发展,而且也影响着对象化客体所具有的风险倾向性的功能性转化。一般而言,在人的现实而具体的对象化风险关系中,事物所具有的风险倾向性的现实化呈现越充分、越明晰,则人对风险及其功能性指向结果的认识与把握,也就越充分与明晰,与之相应而做出的风险应对对于风险关系功能性转化的影响,自然也就愈为确定和富有积极的效应。反之,则必然产生相反的结果与效应。

风险倾向性的现实化呈现,之所以是一个促进人对对象化风险关系的认识与调整的过程,这是因为:第一,在对象化活动关系之中事物所具有的风险倾向性的现实化呈现愈充分与明晰,则愈有利于人对风险及其功能性指向结果的认识、审视、评价与把握;第二,人只有对处于对象化风险关系之中事物所具有的风险性及其功能性指向结果的认识、审视、评价愈客观与准确,则与之给出的应对与把握也就愈充分和愈有积极的效应;第三,在总体上而言,对象化活动关系之中事物所具有的风险倾向性的现实化呈现的状况,决定了人对所遭遇和面临风险的认识、判断与把握的状况,并由此而决定了人的风险应对对于风险关系功能性转化可能产生的影响。由此可见,对象化活动关系之中事物所具有的风险倾向性的现实化呈现,不仅有利于促进人对对象化风险关系的认识与把握,而且也有利于促进风险关系功能性指向的积极转化。

(三)风险性结果的出现

风险结果的出现,是处于一定的风险关系之中的人与对象化风险客体之间彼此互动的必然结果,也是一定的风险施予人的功能性影响展现的过程。在对象化的风险关系中,事物所具有的风险性特质或者品性由风险倾向性的现实化呈现向风险结果出现的转化,既是一个在作为主体的人有意识地作用下对象化客观事物自身发展、演变与变化的必然过程,也是一个对象化的风险客体在与作为活动主体的人彼此作用与互动的过程中对于主体生成并施予一定的风险性功能影响的客观要求。从前者而言,这一转化具有一定的客观性;而从后者而言,则这一转化具有一定的人为性。然而,无论如何,对象化风险关系中一定的风险性结果的出现,对于事物所具有的一定的风险倾向性向风险性功能影响的转化而言,毫无疑问,起着至关重要的促进作用。

1. 风险性结果的出现对于风险性影响生成的意义

任何风险,当其只是一种引致人类不幸事件与不幸结果发生的事物存在与发展的可能性时,则其对人所具有的功能性影响最多不过是一种观念性的影响而已,即风险对人的存在与发展只起到一种认识或者观念上的警示意义,除此之外,并不产生任何实质性的影响。只有在对象化活动过程中所建立的风险关系之中,当一定的风险倾向性在与作为主体的人彼此互动与彼此作用的过程中演变为一种确定的风险结果时,则风险对人的发展的影响,就会转化为一种现实性的影响。因此,在风险对人的存在与发展影响生成并施予的过程中,风险性结果的出现,无疑具有重要的价值与意义。

风险性结果的出现对于风险性影响的生成之所以具有重要的意义,乃是因为:第一,在一定的对象化风险关系之中,风险性结果的出现是风险功能性影响具体化与现实化的基础,倘若没有风险结果的生成与出现,则风险对人的任何具体而现实性的功能影响都不可能生成;第二,风险性结果的出现,是风险对人的生存与发展所具有的影响性功能具体化的呈现,它不仅有着明确的功能指向性,而且其所具有的风险性影响的程度也是由此而得以具体显现的;第三,风险性结果的出现,尽管存在着对人类现实生存与发展造成不幸的可能性,但是,在另一种意义上而言,无疑有利于促进人对风险及其演变与发展趋势的客观认识、判断和把握,因而对于促进人类有效地应对风险性结果的影响也有着重要的价值与意义。

2. 人的风险认识与应对对于风险性功能释放的影响

处于一定的风险关系之中的人,并不只是风险性影响的被动接受者。相反,在对象化的风险关系中,作为活动主体的人不仅始终是对象化活动组织与展开的主导者,而且其对对象化活动过程中所遭遇风险的认识与应对,无疑也在一定程度上影响和改变着风险的功能性指向及其功能释放的程度。人作为对象化活动的主体和一种能动性的存在物,虽然不可能对对象化活动进程中各种错综复杂的关系及其发展的走向与引致的结果给出完全客观、清晰的认识或预见性的反映,但是,人对风险的认识和应对策略的选择与确定,则不可能不受到事物所具有的风险性结果显现程度的制约。另一方面,人在对象化活动中对风险的认识及其所给出的相应的应对行为,同样也在一定程度上影响和改变着对象化关系中事物所具有的风险性及其功能性影响指向的走向。由此可见,人对风险的认识和应对策略的选择,在对象化活动关系中事物风险性的生成及其功能影响的释放,也产生着不可忽视的影响。

人的风险认识与应对对于对象化风险关系中事物风险性功能释放的影响,主要反映在以下几个方面:一是在对象化的风险关系中,作为对象化活动主体的人无论是否明确地意识到事物风险性的存在及其是否做出相关的应对,在客观上而言都会影响到事物风险性结果的显现和功能性影响的释放;二是倘若在一定的对象化风险关系中,作为对象化活动主体的人能够明确地意识到风险的存在且能够给出有效的应对,则事物所具有的风险性及其功能性影响的释放,都有可能限制在可控的范围甚至于实现功能指向的积极转化,反之,则只能导致事物风险的自然演化与功能性影响的自在释放;三是倘若在一定的对象化风险关系中,作为对象化活动主体的人,虽然能够明确地意识到风险的存在,然而却未能给出科学而有效的应对,则不仅不能改变和控制事物所具有的风险性及其功能性影响释放的走向与范围,甚至可能会加剧事物风险性的程度或者造成不可控的消极功能性影响的释放。

当然,风险作为人的对象化活动过程中对象化客体所具有的一种可能引致不幸事件与不幸结果发生的倾向性或者说特殊品性,其生成、存在、发展与演变,无疑有着自在的规律性,因而对象化活动关系中人的认识及其干预对之可能生成的影响,并非是无限度的,而是相反。人只能在有限度的范围内(即人的现实能力和可使用的技术工具许可或能够支持的范围),通过自身客观地认识、审视、判断和有效的应对,在一定程度上影响和改变事物所具有的风险性及其功能性影响的释放。这就意味着,在人的现实而具体的对象化活动关系中,事物风险性的生成及其对人的发展可能造成的功能性影响,既遵循着事物自身运动、发展与演变的逻辑,具有一定的客观性,同时也与作为对象化活动主体的人自身主观能动性的有效发挥有着直接的关系,因而存在着一定的可改变性。

3. 现代社会风险事件功能性影响生成的复杂性

任何风险对于人的存在与发展影响的生成及其功能性的施予,都必须通过与人之间建立或生成的多样化的风险关系,才能够转变为一种现实性的存在。由于现代社会人在现实而具体的实践与交往活动过程中能够建立的风险关系具有极大的复杂性与多样性,因而这就注定了现代社会人类在现实而具体的实践与交往活动过程中所遭遇的风险事件,其对人类生存与发展功能性影响的生成,无疑也具有一定的复杂性与多样性。这种复杂性与多样性,一方面反映在现代社会人类社会生产与社会生活风险生成及其分配、传播与传导形式的多样性、复杂性上,另一方面也反映在现代社会人类风险应对技术与手段的进步对于风险功能性影响生成所具有的影响的多样性与复杂性上。具体而言,主要体现在以下三个方面:

第一,与传统社会不同,现代社会人类实践与交往活动的丰富性、多样性与复杂性以及社会生活的快速多变性,决定了人类在现实而具体的实践与交往活动过程中可能遭遇或者制造出的现实风险,必然也会呈现出一定的多样性与复杂性。而这种多样性与复杂性的出现,一方面说明了基于现代社会人类现实而具体的实践与交往活动的社会生产与社会生活,具有前所未有的丰富性、多样性与复杂性,但是,另一方面无疑也说明了基于现代社会人类丰富、多样而复杂的实践与交往活动所生成的形形色色的社会风险,其功能性影响的生成,也必然具有一定的复杂性。

第二,作为建立在高度技术化手段支持基础之上的现代社会,技术的进步、日新月异的发展及其对人类社会生产与社会生活诸领域、诸方面的全面锲入,不仅极大地推动和促进着人类社会生产与社会生活对行业、地域、国别的不断突破从而越来越趋于一体化的发展,而且也为人类社会发展风险普遍地生成、分配与传播创造着越来越广泛而现实的基础。在技术的进步日益将不同国别、不同地域、不同行业的社会生产与社会生活密切联结为一体化的背景下,人类在现实而具体的实践与交往活动过程中遭遇或者制造的任何一种风险都有可能得到迅速而广泛的传播与传导,从而生成复杂而广泛的功能性影响。

第三,现代社会风险事件功能性影响生成的复杂性,既与复杂而多样化的人类社会生产与社会交往活动有着直接的关系,同时也与高度现代化与智能化技术支持的人类交往与沟通系统对于风险的迅速而广泛的分配、传播与传导有着直接的关系。基于以上条件,现代社会风险事件功能性影响的生成必然与传统社会有着巨大的区别。其区别在于:一是影响现代社会风险事件功能性影响生成因素的复杂性与多样性,决定了现代社会风险事件功能性影响生成的不确定性;二是现代社会风险事件功能性影响分配、传播与传导的高度技术性,决定了现代社会风险事件功能性影响生成的连续性、广泛性与持久性。

由此可见,在现代社会的发展与运行中,人类在现实而具体的实践与交往过程之中,不仅会不断地制造并遭遇到来自社会生产、社会生活各个领域形形色色和错综复杂的风险事件,而且所制造或遭遇的任何一个风险事件,其功能性影响的生成也存在着巨大的不确定性与复杂性。

三、风险对现代人发展的主要影响

现代社会作为一种内含着高度风险性的社会,其运行与发展过程中制造并生成的各种风险,无疑对现代社会人的现实生存与发展产生着广泛、深远而又深刻的影响。但是,由于任何一种风险对人的功能性影响的生成事实上都存在着一定的复杂性,因而一定的风险施予人的发展以什么样的影响以及以什么样的方式施予影响,自然也就存在着一定的复杂性。一般而言,在人的现实而具体的实践与交往活动过程所建立的对象化风险关系中,对象化风险事物所具有的风险性对人的存在与发展施予的影响及其影响的状况,主要取决于对象化风险事物在与作为活动主体的人之间所建立的对象化活动关系之中功能性影响的演变及其有指向性的释放。

因此,在对象化的活动关系中,事物所具有的风险性在与人的互动和作用过程中生成了怎样的功能性影响以及这一功能性影响可能释放的程度,决定了其对人的发展可能施予的影响性质及其程度。虽然现代社会人类在现实而具体的实践与交往活动过程中制造或遭遇的风险及其功能性影响的生成、释放存在着一定的复杂性与不确定性,但是,就风险对人的发展所具有的基本功能性影响而言,无非呈现出两种状况:一是风险的机遇转化及其对人的存在与发展产生的积极影响,二是风险的危害性功能释放及其对人的存在与发展产生的消极影响。当然,在具体而现实的风险关系中,风险的功能转化与功能释放,始终都会存在着一定的不确定性甚至不明晰性,因而风险施予人的发展的影响,也并非始终是非此即彼的,而可能是复杂的。

(一)风险的机遇转化及其对现代人发展的积极影响

风险的机遇转化在本质上而言是风险性事物或者风险性事件所具有的

危害性功能在特定条件下的消解而生成的,是事物的发展向对立面转化的现实表现。所谓"福兮祸之所伏,祸兮福之所倚",指的正是事物之间由于彼此联结和相互作用而实现功能转化的客观现象。然而,风险的机遇性转化事实的存在,也并非表明人类在现实而具体的实践与交往活动过程中制造或遭遇的任何风险都必然会转化为一种能够促进人的现实发展的机遇。事实上,风险与机遇之间所存在的关系,并非是一种线性的必然性关系,而是一种辩证的条件性关系。因此,人类在现实而具体的实践与交往活动过程中制造或遭遇的任何风险向机遇的转化,都必然需要相应条件的支持。倘若没有相应条件的支持,则任何风险都不可能转化为现实的机遇。风险只有在转变为一种发展的机遇时,才有可能对人的存在与发展产生积极的功能性影响。

1. 风险的机遇性转化

在风险与机遇之间,既不存在不可逾越的鸿沟,但也不存在无条件性的关联。从人的发展的角度而言,风险与机遇往往是伴生的,具有并存与共生性。尤其是在现代社会,机遇的把握,通常是在对现实风险的化解中得以实现的。也即是说,对于人的发展而言,所谓的机遇,并非是上天凭空而降的恩赐,而是人在对象化的风险关系中对于风险的正确把握和有效地应对所创造的积极转化而实现的。这就意味着,人的发展的任何风险的机遇性转化,都是由一定的条件所决定的。正如郑永廷教授在其所著《人的现代化理论与实践》一书中所说:"机遇与风险的转化既取决于人所面临的客观因素,也取决于人的主观条件"。① 由此可见,风险的机遇性转化是在主客观条件都必须具备的现实情境下才会出现的一种事物的发展向对立面转化的现象。

第一,风险机遇性转化的客观条件。在对象化的风险关系中,风险的机遇性转化,首先必须具备一定的客观条件。这里所谓的主观条件,主要包括三个方面的因素:一是支持并构成人的现实而具体的实践与交往活动展开

① 郑永廷等:《人的现代化理论与实践》,人民出版社 2006 年版,第 372 页。

的社会环境因素,这主要包括"发展主体所处历史时代的经济水平、社会制度、文化传统等宏观环境"①;二是支持构成人的现实而具体的实践与交往活动展开的具体环境因素,这主要包括"人在实践活动中遇到的、影响自身发展的人物、事件、社会关系等具体条件"②;三是支持构成人的现实而具体的实践与交往活动展开的技术工具条件,这主要包括人在实践活动过程中可能使用的技术手段和工具系统等。第一个方面因素的具备,为风险的机遇性转化奠定了必要的社会历史条件的支持;第二个方面因素的具备,为风险的机遇性转化创造了直接现实的转化必要性条件的支持;而第三个方面因素的具备,则为风险的机遇性转化提供了可能的技术手段与方法路径的支持。

　　第二,风险机遇性转化的主观条件。作为一种关系性生成与发展的存在,风险的机遇性转化还必须得到一定的主观条件的支持。这里所谓的主观条件,主要包括"主体的动机与需要、利益与目标以及主体应对机遇与风险的意识、经验与能力"。③ 具体而言,主要指两个方面的因素:一是支持构成促使对象化风险活动关系转化为机遇性活动关系的主观动力性因素,这主要包括主体对自我发展价值目标的诉求、克服发展危机的信心与意志力等;二是支持构成促使对象化风险活动关系转化为机遇性活动关系的主体能力性因素,这主要包括主体在长期的社会实践与成长过程中所养成的对事物发展与演变趋势敏锐的洞察力、判断力以及应对风险事件的知识、经验与能力等。第一个方面因素的具备,为风险的机遇性转化创造了重要的主体内在发展的动力支持条件;而第二个方面因素的具备,则为风险的机遇性转化提供了必要的主体能力性保障条件的支持。

　　第三,风险机遇性转化的过程条件。风险的机遇性转化,并不是一个事物发展的风险性在主客观条件都具备的情境下就可以自动与自然实现的过程,而是一个在主客观因素彼此交互作用下向对立面逐渐转化的变化与发

　　① 郑永廷等:《人的现代化理论与实践》,人民出版社 2006 年版,第 372 页。
　　② 郑永廷等:《人的现代化理论与实践》,人民出版社 2006 年版,第 372 页。
　　③ 郑永廷等:《人的现代化理论与实践》,人民出版社 2006 年版,第 372 页。

展的过程。可以说,风险的任何机遇性转化,都是在主客观条件因素都具备的情境下,通过主体对对象化风险客体或者风险事件有意识、有目的和有效的认识、把握与应对而实现的。在这一过程中,对象化风险关系所内涵的风险性能否有效地转化为一种促进人的发展的机遇,关键取决于影响风险机遇性转化的主客观因素在人的现实而具体的实践与交往活动过程之中能否有效地集合为一种直接促进风险消解并转化的现实力量。而这一条件的实现,则无疑有赖于影响风险机遇性转化的主客观因素在人的现实而具体的实践与交往活动过程之中的有效激活与有效集合。因此,对于风险的机遇性转化而言,由影响风险机遇性转化的主客观因素的激活与集合而构成的过程性条件的生成,也是不可或缺的。

2.现代社会风险机遇性转化的复杂性

风险的机遇性转化,既是一个涉及到诸多因素有效集合而促进事物的风险性或者风险事件的危害性得以消解的过程,同时也是一个主体在现实而具体的实践与交往活动过程中对风险性关系有效应对与处理的过程。因此,在风险与机遇性转化之间,事实上存在着一定的复杂性。尤其是现代社会,人类组织并开展的现实而具体的实践与交往活动的复杂性、多样性、丰富性、多变性与系统性,决定了现代社会人类在现实而具体的实践与交往活动过程中所制造或遭遇的风险,其机遇性的转化必然也存在着巨大的不确定性与复杂性。从影响人的现实存在与发展的角度而言,现代社会风险的机遇性转化所呈现出的复杂性,主要表现在以下几个方面:

一是风险的机遇性转化存在着不完全性。现代社会运行与发展的矛盾性特征,决定了人的发展风险与机遇的共生性。在本质上而言,风险与机遇作为针对于人的存在与发展而出现的两种完全相异的倾向性,"两者之间的性质虽然相左,取向虽然偏离,但两者辩证统一,共同伴随人的发展过程"。[①] 这就意味着:第一,风险与机遇始终相伴而生,二者在本质上具有不可割裂性,即既不存在不能转化为机遇的风险,也不存在不与风险关联的机

---

① 郑永廷等:《人的现代化理论与实践》,人民出版社 2006 年版,第 371 页。

遇;第二,风险的机遇性转化始终是有限的,在人的存在与发展过程中,"既不可能是只有机遇和没有风险,也不可能是只有风险和没有机遇的线性发展"。① 尤其是在内含着高度内在矛盾与冲突的现代社会条件下,现代人丰富而多样的社会生活过程中,既内含着无限的生机与发展的机遇,同时也面临着诸多的矛盾、冲突、困惑、挑战与危机。因此,现代社会人类在生存与发展过程中所遭遇的任何风险的机遇性转化,都存在着一定的暂时性和不完全性。

二是风险的机遇性转化存在着不对称性。虽然在逻辑上而言,风险与机遇具有对等性,即一种事物或一种事件与现象内涵的风险越大,则意味着可能生成的机遇也就越大,但是,对于风险的机遇性转化而言,却并不一定遵循着这样的逻辑。我们知道,风险的机遇性转化是一个涉及到风险主体与客体之间在特定条件下彼此互动与相互作用的复杂活动过程。在这一过程中,事物所具有的风险性能否转化为一定的机遇性及其转化实现的程度如何,不仅涉及到机遇性转化所需要的客观条件与现实基础,而且也涉及到作为对象化活动主体的人的主观意志、行为动机和风险应对的经验、能力等主观条件。因此,在现代社会人类现实的风险应对活动中,风险的机遇性转化,通常存在着广泛的不对称性。这种不对称性主要体现为:一方面人们无法通过风险的现实应对从根本上消解风险而使其转化为更大的机遇,另一方面人们在化解风险的同时也常常在制造着更大的风险。

三是风险的机遇性转化存在着不确定性。由于风险的机遇性转化是一个涉及到风险主体与客体之间在特定条件下彼此互动与相互作用的复杂活动过程,因而这一过程也就始终存在着一定的不确定性。现代社会运行与发展的开放性、系统性与多样性特征,决定了人类在现实的生存与发展过程中组织和展开的任何现实而具体的实践与交往活动都充满着巨大的变动性与不确定性。风险的机遇性转化,同样也是如此。其不确定性,一方面体现为决定或者影响风险的机遇性转化的各种条件性因素始终处于不确定性的

---

① 郑永廷等:《人的现代化理论与实践》,人民出版社 2006 年版,第 371 页。

变动之中,另一方面也体现为风险的机遇性转化可能实现的结果,也始终存在着一定的不确定性。因此,现代社会人类在现实的生存与发展过程中所遭遇的任何风险的机遇性转化,始终都存在着一定变动性与不确定性。

四是风险的机遇性转化存在着个体差异性。对于人的存在与发展而言,风险的存在与应对始终是具体而现实的,因而风险的机遇性转化无疑也就存在着一定的个体差异性。这里所谓的个体差异性,主要指的是由于个体主体条件的差异和风险应对的不同而形成的风险的机遇性转化差异。例如,有些因素对某些人是风险,但对另一些人可能不是风险,甚至可能是机遇;有些人具有预测预防的经验与能力,面对风险可以事先回避、应对、转化,能够化解、转移风险,而有些人则因预测预防的经验与能力较差,可能会被风险所困而发生危机与损害。风险的机遇性转化过程中,之所以会出现个体性的差异,其根源在于:第一,现代社会人类现实而具体的实践与交往活动的多样性、丰富性与复杂性,决定了不同个体在不同的实践与交往活动过程中所遭遇的风险及其机遇性的转化也存在着一定的差异性;第二,个体自身所具有的知识、经验与现实风险应对能力的差异性,也在一定程度上影响并决定了个体风险应对及其风险的机遇性转化的差异性。

3. 机遇的把握及其对人的发展的积极影响

风险的可化解与可转化性,决定了风险应对及其机遇把握对人的存在与发展的重要性。在理论上而言,虽然任何风险都存在着施予人的发展以积极影响的可能性,但是,风险对人的发展所具有的积极影响的实现,是以风险的有效应对、机遇性的转化为前提条件的。倘若处于一定对象化风险关系之中的风险不能够得到有效应对和机遇性的转化,则风险就不可能转化为一种发展性的机遇并施予人积极性的影响,而只能是危害性或者灾难性的影响。因此,我们于此对风险可能施予人的发展以积极性影响问题所给出的分析与讨论,也是基于人在现实而具体的实践与交往活动过程中对风险的有效应对并导致的机遇性的转化而言的。当然,人类在对象化风险活动过程中能否把握住风险转化的机遇及其在多大程度上把握这一机遇,也是存在着一定的复杂性与不确定性的。

由于风险对人的生存与发展积极性影响的生成是以风险的机遇性转化为基础的,因而人在多大程度上把握了风险的机遇性转化,则意味着会在多大程度上获得由风险的机遇性转化而形成的积极性的影响。通常,人类在对象化风险活动过程中针对对象化的风险所展开的认识、把握和化解事物的风险性及其所能实现的成效性,决定了风险的机遇性转化及其可能实现的程度。因此,从根本上而言,人在对象化风险活动过程中对对象化客体所具有的风险性的认识越清晰与越客观、对对象化风险关系及其演变的趋势把握越准确、据此而展开的风险应对和化解行为越有成效,则风险转化为机遇的可能性也就越大;反之,则风险转化为机遇的可能性也就越低。尤其是在现代社会,风险的应对与化解存在着巨大的复杂性、艰巨性,由此而导致的风险的机遇性转化,自然也就存在着诸多的不确定性。

单纯从机遇的把握对人的发展所具有的积极性影响的角度而言,风险的机遇性转化对于人的发展的积极影响主要体现在以下几个方面:一是风险的有效应对与化解必然会为人的发展创造并打开新的空间与平台,二是风险的有效应对与化解有利于促进人的认知水平、风险应对能力与社会适应能力的提升,三是风险的有效应对与化解有利于促进人的良好品格和美好人性特征的培养与发展。

就第一个方面而言,风险的有效应对与化解而形成机遇性转化的过程,是一个人在具体而现实的实践与交往活动过程中对生存与发展所遭遇并面临的困境、问题、挑战等给予有效应对、化解和处理的过程。由于困境、问题、挑战等风险因素的有效应对、化解和处理,不仅意味着对影响和制约人的生存与发展之障碍性、风险性因素的消解与排除,而且也意味着对新的人生发展际遇、境界、空间与平台的拓展,因而风险的机遇性转化对于促进人类在新的空间、平台与基础上实现更好地生存与发展,无疑有着重大的价值与意义。

就第二个方面而言,风险的有效应对与化解而形成机遇性转化的过程,也是一个人类对一定的风险性客体、风险性关系等未知领域、未知对象、未知关系进行客观认识、把握和基于人的生存与发展的诉求而有效应对的过程。因此,风险的有效应对与化解,不仅有利于促进人类对可能引发现实生存与发展种种风险或危机的各种不确定性的未知领域、未知对象、未知关系等对象化客体进行客观认识与把握,从而有助于促进人类认知世界的能力与水平的不断提升,同时,由于风险的有效应对与化解可以促进人类风险应对与社会适应经验的积累与丰富,因而这一过程的实现与历练也有助于促进人类风险应对能力与社会适应能力的不断提升。

就第三个方面而言,风险的有效应对与化解而形成机遇性转化的过程,也是一个促进人的特定内在品质生成、丰富与发展的过程,因而有利于促进人的良好品格的培养和人性特征的不断丰富与发展。与物的存在及其所展开的本能性的活动不同,人作为一种能动性与社会文化性存在的生命物质,其在现实的存在与发展过程中所展开的任何一种实践与交往活动,在本质上而言都是一种主体客观化和客体主观化及其统一的创造过程,自然也是一个人类在对象化的活动关系中通过改造客体而实现自我改造的过程。相较于人类一般性的实践与交往活动,风险的应对与化解无疑具有更大的挑战性与复杂性,因而对人类适应社会生活所需要的特定内在品质与人性特征的培养、丰富与发展具有的巨大的推动与促进作用。

尽管风险的应对与化解所形成的机遇性转化对于人的现实存在与发展有着巨大的促进作用,但是,对于具体的个体而言,却必然存在着巨大的差异性。一方面,不同的个体在现实而具体的实践与交往活动过程中可能遭遇的风险事件与风险关系之间存在着巨大的差异性,由此而可能实现的风险的机遇性转化,自然也就存在着一定的差异性;另一方面,即使遭遇相同的风险事件与风险关系,不同的个体由于主观条件的差异而导致的风险应对与化解能力的区别,必然决定了其通过风险应对与化解而获得的机遇性转化,也存在着巨大的差异。因此,风险的应对与化解所形成的机遇性转化对于人的现实存在与发展所产生的积极性影响,同样也存在着一定的复杂性与不确定性。

(二)风险的危害性功能释放及其对现代人发展的消极影响

人的现实生存与发展过程中所遭遇的风险,倘若不能够得到及时化解而转化为一种发展的机遇,则风险的危害性功能就会必然得到释放,从而对人的生存与发展造成灾难性的结果或者消极性的影响。当然,人类实践与交往活动的多样性、复杂性所导致的人的发展风险的多样性以及个体风险应对的差异性,一方面决定了风险的功能性生成及其指向的多样性与不确定性,另一方面也决定了风险功能释放的多样性与差异性。因此,在人的存在与发展的现实风险关系中,风险功能性指向的获得及其可能释放的程度,不仅与所面对的风险的性质、类型及其风险性的程度有着直接的关系,同时与作为风险主体的人对所面临风险的应对与处理状况,也有着密切的关联性。

1. 风险危害性功能的释放

我们知道,风险生成及其存在的特殊性以及人所具有的社会文化性特征,决定了人与风险之间所形成的关系,也始终具有一定的复杂性。而这种复杂性,毫无疑问,对风险功能的释放也产生着重要的影响。在理论上而言,任何风险功能性指向的生成及其功能的释放都存在着一定的不确定性。这种不确定性,既体现在风险所具有功能的二重性上(即任何风险都具有对人的发展积极性影响与消极性影响的二重性功能),同时也体现在风险功能释放的复杂性上(即风险功能的释放通常既不可能只是积极性的一面,也不可能只是消极性的一面,而往往是混杂的)。正因为如此,我们于此对风险的危害性功能的释放及其对现代人发展的消极影响问题的讨论,也只是在排除了一切改变风险的危害性功能释放的可能性影响因素的条件下所展开的一种纯粹逻辑性的分析。

由此可见,风险危害性功能的释放并非是无条件的,而是存在着一定的条件性的。虽然任何风险都存在着趋向危害性功能释放的倾向性,但是,由于风险的功能性指向具有一定的生成性,因而在一定风险关系之中风险的危害性功能的释放是在对象化的风险客体所具有的风险性被充分激活且不被限制或完全限制的条件下才发生与出现的。这就意味着,一定风险关系之中风险客体所具有的风险性的充分激活和不被限制,就成为风险危害性功能释放的必备条件。而这一条件的生成,则取决于一定风险关系之中对象化活动主客体之间的互动关系的生成及其关系演变所呈现的状况何如。显然,只有在主客体之间的互动及其关系完全呈现为一种高度风险且被激活的状态时,风险的危害性功能才有可能被充分地释放出来。

从对象化风险客体的角度而言,对象化风险客体所具有的风险性在人的现实而具体的实践与交往活动关系中的充分激活,则成为导致或决定风险的危害性功能是否得以释放的重要客体条件。我们知道,风险生成与存在的关系依附性特征,决定了事物所具有的风险性只有在人的现实而具体的实践与交往活动过程中与作为活动主体的人建立起一定形式的对象化的风险关系且被有效激活时,其功能性的影响才能够得到现实的释放。而决定事物的风险性及其危害性功能被激活的客体因素,则主要包括两个方面:一是在对象化的活动关系之中事物发展所具有的不确定性由一种可能态转变为现实态,二是由事物发展的不确定性所生成的风险性在对象化的关系中已转变为一种引致不幸事件与不幸结果必然发生的现实力量。这两个方面因素的同时生成或者具备,无疑构成了风险危害性功能释放的重要客体条件。

从对象化风险活动主体的角度而言,作为风险活动主体的人在对象化活动关系之中对风险的意识及其应对的状况,直接构成了决定风险的危害性功能是否得以释放的重要主体条件。一般而言,在人与风险的互动关系中,人对事物发展的风险性及其功能性指向、功能性释放的影响,虽然存在着一定的复杂性,但是基于危害性功能的释放而言,主体处于以下两种状态之任何一种,都必然导致处于激活状态下事物的风险性及其危害性功能的释放:一是处于风险关系之中的主体对所遭遇或面临的风险未能产生任何明确的意识,因而亦未能给予任何相应的应对与化解之行动,因而使事物的风险性处于无任何节制状态;二是主体对所遭遇或面临的风险虽然有着明确的意识和客观的判断且付诸了一定的应对与化解之行动,但是由于应对与化解行动之错误或无针对性,因而不仅未能有效消解事物发展的风险性,反而推动或扩大了风险事物危害性功能的释放。

当然,在现实的风险关系之中,事物发展风险性及其危害性功能的释放,通常是在主客体的互动过程中均生成了相应的主客体条件时,才会必然出现与发生的。而风险对人的发展的消极性影响的产生,也只有在其危害性功能充分释放的背景下,才能够转变为一种现实。至于消极性影响可能达到的程度,则不仅与对象化风险事物所具有的风险性的大小、危害性功能释放的程度有着直接的关系,而且与作为活动主体的人对于风险的危害性功能释放结果所持有的认知、态度及其内心世界所给出的主观性的应对反应,也有着十分密切的关联性。

2. 现代社会风险危害性功能释放的主要特征

风险的功能释放,是一个涉及到诸多因素的复杂过程,期间充满了一定的变数与不确定性。并且,人类所开展的社会实践与交往活动愈复杂与愈多样、人自身在现实而具体的实践与交往活动过程中所遭遇并建立的风险关系愈复杂和多样,则风险的功能性结果的释放,也就愈复杂和愈具有不确定性。与之前人类已经历的任何一个社会形态都不同,现代社会作为迄今为止人类所建立的最为开放、最为复杂与多元的一种社会形态,不仅其结构化的组合建立在人类复杂而多元的实践与交往活动基础之上,而且整个社会的运行与发展也呈现着前所未有的开放性、整体性与系统性。现代社会形态所具有的开放性、多元性、整体性与系统性的特征,既决定了人类生存与发展所遭遇风险的多样性与复杂性,同时也决定了风险的分配、传播及其功能性释放形式的多样性与复杂性。

从功能释放的角度而言,现代社会风险的危害性功能的释放,主要呈现出以下特征:

一是权变性特征。我们知道,风险的功能性释放,是一个在人的现实而具体的实践与交往活动过程之中人与对象化的风险客体彼此互动而生成特定关系的过程。一方面,人在对象化的风险关系之中对于这一关系的把握呈现出一定的权变性,即人是根据实践与交往活动的目的、对象化客体及其环境关系的变化而调整并把握与对象化客体的关系的,因而对象化客体风险性的生成、激活及其功能性的释放等都无不处于一种权变的动态变化状态之中;另一方面,任何风险,其功能性指向的显现与释放都是一个连续的事件生成与结果呈现的过程,在这一过程中,人在其中的持续应对与反映,无疑直接影响着风险功能指向的变化及其功能结果的释放,从而使得风险功能性的释放始终处于一种权变的动态变化的状态之中。由此可见,现代社会人类在现实的生存与发展过程中所遭遇的任何风险,其功能性的释放,无论机遇性的转化,还是危害性的释放,都存在着一定的权变性。

二是不确定性特征。与权变性的特征相应,现代社会风险的危害性功能的释放,同时也呈现出一种不确定性的特征。这一特征的出现,既是由现代社会人类在具体而现实的实践与交往活动过程中所建立的风险关系的复杂性决定的,同时也是由现代社会条件下事物的风险性生成及其功能性释放所具有的权变性特征决定的。事物存在与发展的风险性虽然是事物自在存在与演变过程中所获得的一种可能引致不幸事件与不幸结果发生的倾向性,但是,这一倾向性的获得并非完全是事物自在天成的,而主要是在人的现实而具体的实践与交往活动过程之中与作为主体的人之间所建立的对象化活动关系的互动中生成的。这就意味着,人所组织、参与的实践与交往活动及其所建立的风险关系愈复杂,则事物风险性的生成与获得也就愈具有权变性与不确定性。另一方面,现代社会人类主体性的增强及其改造对象化客体的能力、技术与手段的迅速提升,决定了人在与对象化风险客体的互动过程中风险关系生成及演变的复杂性与不确定性。而人的风险关系生成及其演变的复杂性与不确定性的存在,则决定了风险性客体之风险功能性指向的获得及其释放也必然存在着一定的复杂性与不确定性。

三是连锁性特征。现代社会风险的危害性功能的释放不仅具有权变性与不确定性的特征,而且也具有连锁性的特征。所谓连锁性的特征,指的是由风险的功能性释放所引起的风险结果之间关联性持续反应的一种特殊现象,它是由事物之间的联系性及其互动反应性特征所导致的。虽然连锁性特征是事物风险性功能释放过程中出现的一种常见现象,但是,在不同的社会历史发展形态中,由于人类能够组织并展开的实践与交往活动之间的关联性程度的差异,因而也呈现着不同的景象。与既往人类已经历的社会形态不同,现代社会运行与发展的开放性、技术性、系统性与整体性的特征,决定了现代人类实践与交往活动之间必然存在着非常密切的互动与关联性。一方面,现代社会人类实践与交往活动之间所存在的密切关联性,使得人类在任何领域与任何活动之中所制造的风险都获得了广泛传播与传导的可能性;另一方面,在一种开放与普遍联系的背景下,任何风险的功能性释放都必然是一个引致关联性事件或结果持续发生和应对行为出现的过程,因而也是一个风险事物功能性持续释放与连锁性反应的过程。

四是延滞性特征。现代社会风险的危害性功能释放的延滞性特征,是与连锁性特征相关联的一种功能性释放特征。其基本的表现是,在一个风险事件或者风险结果所引起的功能性连锁反应中,由于事物之间联系的复杂性与曲折性,因而使得风险事物功能性的释放所引起的一系列连锁性的反应呈现出一定的隐蔽性和非及时性。现代社会,人类在现实的生存与发展过程之中所遭遇的风险,其危害性功能的释放之所以会出现迟滞性的特征,根源就在于:第一,事物之间的联系所导致的关联事物的反应与变化,乃是一个复杂的过程,既存在着直接关联事物反应的即时性与瞬时递进性,同时也存在着间接关联事物反应的迟滞性与依序递减性;第二,现代社会运行与发展所具有的开放性、系统性与整体性特征,决定了现代社会风险的功能性释放必然是一个被广泛传导与传播的过程,期间必然存在着因事物之间联系和互动关系的曲折性、复杂性所导致的功能释放与反应的隐蔽性和非及时性现象。

3. 现代社会风险对人的发展的消极影响

任何风险,其对人的现实存在与发展可能产生的影响,归根结底,取决于风险的功能性释放及其所达到的程度。一般而言,人在现实而具体的实践与交往活动过程之中遭遇并建立的对象化风险关系所内涵的风险性越大、危害性功能的释放越充分,则风险对人的发展所产生的消极性影响也就越大;反之,风险对人的发展所产生的消极性影响也就越小。由此可见,风险对人的发展所产生的消极影响,是与风险事物或者风险事件所具有的危害性的大小及其功能性释放的程度直接联系在一起的。因此,我们对现代社会风险对人的发展可能产生的消极性影响的认识与考察,也只能通过或者说回归到现代人类在具体而现实的实践与交往活动过程之中所建立的对象化风险关系之中才能够实现。

与之前人类所经历的社会形态及其所组织并开展的社会实践与交往活动不同,现代社会人类实践与交往活动的多样性、复杂性、综合性与系统性的特征,决定了人类在具体而现实的实践与交往活动过程之中所建立的对象化活动关系的多样性与复杂性,从而也决定了现代人类生存与发展的风险关系的多样性与复杂性。正因为如此,对现代社会多样而复杂的风险关系及其对现代人发展可能产生的消极性影响的考察,无疑就是一件相当困难的事。由于不同性质、不同类型、不同领域与范围的风险对人的发展可能产生的影响存在着巨大的差异性,因而为了更加有针对性地分析与考察现代社会风险对于人类发展可能产生的消极性影响,以下我们将针对风险类型的差异,对现代社会风险可能施予人的发展的消极性影响,分别给予简要的分析与讨论。

第一,自然风险对人的发展的消极影响。自然风险对人的发展可能产生的危害性影响,是与自然风险可能引致的危害性结果、功能性释放的程度以及由此而引发的危害性功能传播与传导的范围界域直接联系在一起的。根据人类活动引发的自然风险的性质、类型及其危害性结果与功能释放的特征、达至的范围界域等因素,我们可以将自然风险对人的发展可能产生的消极性影响区分为两种不同的情况:一是自然风险危害性结果的出现与功能性的释放直接危及标的人群的生命安全与身心健康,如各种自然灾害现象的出现对所波及人群生命安全与身心健康所产生的危及性影响等;二是人类活动对自然的过度干预所引发的自然生态系统的失衡对于人类整体生存与发展的危机性影响。一般而言,显性自然灾害的发生与出现,对人类生存与发展的消极性影响是直接的,也是有一定界域限制的。但是,人类活动对自然生态系统平衡性的破坏所引致的自然风险对于人类生命安全与身心健康的危害性影响,则是隐性的、广泛的和长期的。

第二,社会风险对人的发展的消极影响。与自然风险可能施予人的消极性影响相比较,社会风险对人的发展的消极性影响,通常存在着巨大的复杂性。这种复杂性就在于:一方面,现代社会人类在具体而现实的实践与交往活动过程所遭遇并建立的社会性风险关系具有多样性与复杂性,另一方面,现代人在遭遇不同的社会性风险关系时的反应与应对,也是千差万别与形形色色的,因而这就决定了社会风险可能施予人的消极性影响,也必然存在着巨大的差异性与复杂性。当然,舍去个体应对的差异性,在总体上而言,社会风险对现代人的发展可能产生的消极性影响主要表现在以下几个方面:一是关系性风险的生成及其危害性功能的释放对人的身心发展所造成的消极性影响,其影响的程度是与关系对于个体的重要性相一致的;二是制度性风险的爆发及其危害性功能的释放对标的性人群生命安危与身心健康所造成的消极性影响,其影响的程度与制度对人的生存的紧密程度相一致;三是市场交换性风险的发生及其危害性功能的释放对标的性人群生命财产与身心健康所造成的消极性影响,其影响的程度与个体的利益损失及其对利益所持有的重视程度相一致;四是技术性风险的生成及其危害性功能的释放对人的身心健康所造成的消极性影响,其影响的程度与技术对人的异化可能达到的程度相一致。

第三,自我风险对人的发展的消极影响。自我风险对人的发展可能产生的消极影响,是与人的自我意识内涵的风险性及其危害性功能释放所能达到的程度直接联系在一起的。由于人的自我意识内涵的风险性的程度,主要取决于人在现实的生存与发展过程中所建立并形成的自我意识内在诸要素、成份的统一性及其与事实相切合的状态,因而当个体在现实的生存与发展过程中所建立并形成的自我意识具有内在统一性且与事实高度切合时,则其内涵的风险性就越小,反之,则越大。自我风险对人的发展的影响虽然一般不会直接危及到个体自身生命的安全存在,但是却对人的身心健康的发展产生着重要的影响。从消极性的角度而言,自我风险的生成及其危害性功能的释放对人的发展可能产生的消极性影响主要表现在以下几个方面:一是影响个体对世界的客观认知以及对行为结果的正确判断,导致个体在意识中无法建立起统一而完整的行为驱动与控制体系;二是影响个体与他人及周围环境关系的和谐相处,导致个体无法在与他人的和谐互动中实现自身健康而多样化的发展;三是危及自身尤其是他人的生命安全,给自身尤其是他人造成无法预测的生存障碍。

值得指出的是,以上我们对现代社会不同类型、领域的风险对现代人的发展可能产生的消极性影响所做的简单区分性分析,也只具相对意义,并非具有绝对性。由于现代社会人类在不同的实践与交往活动领域中制造并遭遇的各种风险事实上都存在着非常密切的关系,因而我们对风险本身所具有性质、类型、特征的区分也就非常困难。正因为如此,任何基于简单分类区分基础上的分析,自然也就无法从根本上完全洞悉风险的功能性释放对于人的发展所产生的实际影响的真实图景。

第六章 风险的把握与现代社会人的健康发展

我们知道,现代社会作为一种建立在高度技术文明支持与自由个体多样化劳动协作关系基础之上的社会形态,其在现实的运行与发展过程中不仅不断地制造着越来越丰富与多样化的社会风险,而且也将这些社会风险通过市场、技术、制度与关系性的介体因素分配、传播与传导到社会构成的各个层面,从而使得风险深刻地渗透和锲入到人类社会生产与社会生活的各个领域、各个方面、各个角落,并由此而对现代人现实而具体的生存与发展产生着愈来愈广泛而深远的影响。在这一背景与条件下,任何个体在自身现实而具体的实践与交往活动过程中,则必然会不可避免地遭遇到来自社会生产与社会生活诸领域、诸方面形形色色与多种多样的风险的侵袭与困扰,并由此而深刻地影响到个体现实的生存与发展。因此,对于现代社会人类的健康生存与发展而言,风险的把握就显得非常必要和重要。

由于人类在现实而具体的实践与交往活动过程中制造或遭遇的任何一种风险都内含着对人的发展影响的二重性功能,因而一方面决定了人的发展对风险把握的必要性,另一方面也决定了人对风险把握的可能性。因此,所谓风险的把握,指的主要是处于一定风险关系中的个体或者群体为了化解一定风险关系的危害性影响而组织并展开的对于所面临风险的科学应对与处理的活动及其过程,其根本目的在于通过风险的有效应对与把握而促进风险的机遇性转化和控制风险的危害性功能的释放,从而为人的自由、多样化与健康的发展创造更加优化的社会生活环境条件和必要的现实基础。显然,在一个内含着高度风险的社会形态,人在现实而具体的实践与交往活动过程中如何应对与把握所遭遇的风险,不仅决定了其由此而获得的发展机遇的大小,而且也决定了其在现实的生存过程中能否实现健康发展的程度。

一、风险的可控性与可转化性

风险的可控性与可转化性,决定了人类对风险应对与把握实现的可能性。虽然不同性质、类型与程度的风险所具有的可控性与可转化性之间存在着巨大的差异性,但是,一种风险,倘若不具有一定的可控性与可转化性,则人类就不可能从根本上对之进行有效的把握与应对,从而也就不可能消解风险性对象所具有的风险性并防止灾难或危害性结果的出现。当然,这里所谓的可控性与可转化性,也只是在相对意义上而言的。其相对性就在于:第一,不同性质、类型与程度的风险,其所具有的可控性与可转化性具有一定的相对性;第二,如同事物风险性的生成一样,任何风险所具有的可控性与可转化性,也都是相对于人所具有的风险把握的能力而言的。这一事实说明,风险的可控性与可转化性,既是相对于不同风险所具有的风险性而言的,也是相对于风险主体对于风险的把握与应对能力而言的。

(一)风险可控性与可转化性的生成

站在一种客观的角度而言,所谓风险的可控性与可转化性,既是相对于风险的可控或者不可控、可转化或者不可转化的比较性而言的,同时也是相对于人的风险把握与应对的能力而言的。因此,在一种事实的存在上,风险可控性与可转化性获得的相对现象的出现,无疑表明了任何风险所具有的可控性与可转化性都是一种生成性的存在,而不是一种绝对性的存在。由此,我们可以认为:第一,风险的可控性与可转化性特征的生成与获得,在本质上而言是一种条件性的生成;第二,既然是一种条件性的生成,则条件性的变更,也就必然会影响到风险可控性与可转化性的生成及其变化。前者,是一种客观性的条件性因素;而后者,则是一种主观性的条件性因素。

显然,影响、决定或者构成风险可控性与可转化性生成的条件性因素主要包括两个方面:一是风险事物所具有的风险性的程度及其所内含的危害性的大小与强烈性程度,二是相对于风险而言人对风险应对与把握所具有的主体意识与能力状况。并且,以上两种因素所呈现的状态或者被激活的程度,只有在人的现实而具体的实践与交往活动过程或者说人的现实而具体的风险应对与把握的过程中实现有机的统一,才能真正构成决定和影响风险可控性与可转化性生成的现实条件性因素。由此可见,在影响、决定风险可控性与可转化性生成条件性因素的构成中,仅有主客观条件性因素的具备,也并不能完全支持风险可控性与可转化性的生成,而是需要二者在具体的风险应对与把握实践活动中的有机统一。

1. 处于一定风险关系之中对象化风险客体所具有的风险性及其所内含的危害性的程度,构成了风险可控性与可转化性生成的客观性条件因素

在纯粹逻辑意义上抽象地分析与讨论构成风险可控性与可转化性特征的条件性因素,只能是一种徒劳无功的努力。因为在一种关系性与变动性的存在中,要确定一种客观性存在的不变性的条件因素,则犹如在湍急的河流中寻找一个固定的支点、在两辆高速行驶的列车上寻找一个不变的参照系一样困难。因此,对于构成风险可控性与可转化性生成的客观条件性因素的分析与讨论,我们只有将之置于一种关系性与变动性即生成性的视阈进行分析与讨论,才有可能真正揭示并窥视到影响和决定风险可控性与可转化性生成的客观性条件因素。基于这一认识,我们认为,在影响和决定风险可控性与可转化性生成的客观条件性因素的构成中,处于一定风险关系之中对象化风险客体所具有的风险性及其所内含的危害性的程度这一因素,成为至为关键的因素。

我们知道,在一定的风险关系之中,风险性客体所具有的风险性及其所内含的危害性,并非只是一种恒定的存在,而是一种变动性与生成性的存在。一方面,处于一定风险关系之中的对象化风险事物所具有的风险性,无论在风险的性质,还是在内含的危害性的程度上,都始终处于一种随着附着性风险关系的变动而不断变化的状态之中;另一方面,在一种变动的状态下,风险的可控性与可转化性的生成,主要取决于风险性客体所具有的风险性及其所内含的危害性是否超越了对象化活动主体在当下条件下通过风险的应对、化解与处理而促使风险关系有效转化或解除的界域限制,而这一界

域限制,同样也存在着一定的生成性。因此,处于一定风险关系之中风险的可控性与可转化性的生成,乃是一个伴随着人的对象化活动的展开而促使一切有利于风险转化或消解的客观条件性因素逐步累积的过程。

在变动性的生成中,对象化风险客体所具有的风险性及其所内含的危害性的程度,是否超越了对象化活动主体在当下条件下通过风险的应对、化解与处理而促使风险关系有效转化或解除的界域限制,则成为我们判断一种风险是否具有可控性与可转化性特征的重要依据和标志。由此我们可以认为,构成风险可控性与可转化性生成的客观条件性因素主要包括两个方面:一是影响和决定一定风险关系之中对象化风险客体所具有的风险性及其危害性实现有效转化或者一定程度消解的客观环境性因素,二是在一定风险关系之中未能超越对象化活动主体在当下条件下通过风险的应对、化解与处理而促使风险关系有效转化或解除界域限制的对象化风险客体所具有的风险性及其所内含的危害性。虽然在本质上而言,上述两个方面的因素是一个二而合一的问题,但是,倘若没有有利于促进对象化风险客体风险性及其危害性实现有效转化或者一定程度消解的客观环境性因素积累性的生成,则必不可能将对象化风险客体所具有的风险性及其危害性限定在可控与可转化的界域范围之内的事实出现。

2.处于一定风险关系之中的人的风险应对的意识、经验、能力等主体性因素,构成了风险可控性与可转化性生成的重要主观性条件因素

作为一种相对于人的能力而呈现的关系性的存在,风险的可控性或者可转化性,无疑于处于一定风险关系之中作为对象化风险活动主体的人自身所具有的风险意识、风险应对经验、风险应对与把握的能力等主体性因素,也有着密切的关联性。在总体上而言,人类自身的社会文化性特质开发愈充分、主体性意识愈强烈、应对与把握风险的经验愈丰富,以及相应的能力愈充分,则人类在现实的生存与发展过程中就愈能够有效地把握与控制所遭遇或面临的多样的风险,就愈能够化险为夷和险中求胜。因此,相对于人所具有的风险应对的意识、经验、能力等主体性因素而言,一定的风险关系之中对象化风险客体所具有的风险性及其危害性功能的可控性、可转化

性,乃是存在着一定的对应性关系的。即处于一定的风险关系之中人所具有的风险应对的意识、经验、能力等主体性因素具备愈充分,则风险被控制与转化的可能性也就愈大;反之,则愈小。

在一定的风险关系之中,由于人所面对的风险客体的风险性及其危害性功能的可控性与可转化性始终也是一个伴随着主客关系的变动而发生变化的过程,因而相对于风险可控与可转化要求的人所必须具备的风险应对的意识、经验、能力等主体性因素的充分度,也是随之而变化的。这就意味着,在一定的风险关系之中构成风险可控性与可转化性生成的重要主观性条件因素具备的必要性程度,同样存在着一定的权变性,具有一定的相对性与变化性。当然,这一变化也并非指作为对象化活动主体的人自身所具备的风险应对的意识、经验、能力等主体性因素的发展、丰富或者提升,而是一种相对意义上的变化。事实上,人的社会文化性特质、主体性意识的增强、应对与把握风险经验的累积以及相应的能力提升,是一个人在具体而现实的实践与交往活动过程中自觉培养、逐步拓展和不断丰富与发展的过程。

此外,在这里我们需要指出的是,现代社会人类的实践与交往活动,一方面呈现着越来越专业化与个体化的趋势,另一方面也呈现着越来越综合化与社会化的趋势。社会实践与交往活动的专业化与个体化发展,对个体参与社会实践与交往活动必须具备的能力提出了愈来愈高的要求;而社会实践与交往活动的综合化与社会化发展,则对人类整体组织与展开社会实践与交往活动的能力提出了愈来愈高的要求。与此同时,人类在现实而具体的实践与交往活动过程中所制造或遭遇的社会风险也愈来愈多元化与复杂化,从而对人类(无论是个体还是群体)应对和把握风险应具有的主观性条件因素的要求,也愈来愈广泛和愈来愈高。在这个意义上而言,现代社会人类应对和把握风险能力的日益提升,并未能从根本上改变影响和决定风险可控性与可转化性生成的现实性基础。因此,现代社会人类对风险的应对与把握,也未能出现异于其他社会形态的优越性。

3.人的能力与对象化风险客体所具有的风险可控与可转化的特质在实践与交往活动中的统一,构成了风险可控性与可转化性生成的重要现实基

础和直接决定性因素

由于人的存在与发展的任何风险关系都是在人的现实而具体的实践与交往活动过程中建立的,并且也是随着人的实践与交往活动的发展而不断变动的,因而这就决定了处于一定风险关系之中风险事物所具有的风险的可控性与可转化性条件的生成也必然是一个权变的动态过程。因此,在一个主客因素处于彼此互动而不断变化的过程中,决定一种风险是否具有可控性与可转化性的唯一因素就在于人所具有的风险应对与把握的能力是否足以应对来自风险危害性的挑战。显然,这一图景的出现或者说在人的现实实践与交往活动中的生成,无疑取决于人的风险应对能力与对象化风险客体所具有的风险性可控与可转性要求是否统一和相统一的程度如何。如果这二者能够在人的现实而具体的实践与交往活动中实现统一,则必然会为风险的控制与转化奠定重要的基础;反之,则无法生成风险控制与转化的基础。

一般而言,在一定的风险关系之中,人的风险应对与把握能力与对象化风险客体所具有的风险性可控与可转性要求的统一,是一个逐步生成与发展变化的过程。一方面,处于一定风险关系之中的对象化风险客体所具有的风险性及其危害性的功能,是一个伴随着与之相应的实践与交往活动的展开而不断显现与暴露的过程,即对象化客体是否具有风险性及其风险性的程度都是一个伴随着对象化客体与关联环境因素关系的变动而生成、增强或者弱化、湮灭的过程;另一方面,作为对象化活动主体的人对于风险的认识、判断及其意识性的增强、应对条件的准备、把握能力因素的协调与调动等,也都是一个伴随着对象化客体风险性的显现及其风险关系的变化而逐渐变动、协调与调整的过程。由此可见,在一定的风险关系之中人的风险应对与把握能力与对象化风险客体所具有的风险性可控与可转性要求的统一,乃是一个伴随着风险主客体的互动与关系的变化而动态协调与统一的过程。

当然,从逻辑演变的可能性而言,在一定的风险关系之中人的风险应对与把握能力与对象化风险客体所具有的风险性可控与可转性要求是否统一或者统一的程度如何,主要取决于人的风险应对与把握能力与风险控制与转化要求之间是否实现一定的匹配性及其匹配性实现的程度如何。据此而分析,必然呈现出三种情形:一是人所具有的风险应对与把握的能力远远超越了一定风险关系之中风险控制与转化要求的水平,二是人所具有的风险应对与把握能力与一定风险关系之中风险控制与转化的要求完全匹配,三是人所具有的风险应对与把握能力与风险控制即转化的要求之间还存在着巨大的差距。上述三种情况下,只有当人所具有的风险应对与把握能力与风险控制即转化的要求之间存在着巨大的差距时,则风险不具有可控与可转化的条件;而其余两种情形下,则具有可控与可转化的基础与条件。

(二)风险控制与转化对人的能力的诉求

在很大程度上,风险的可控性与可转化性特质的生成,是与人类所具有的风险应对与把握的能力直接联系在一起的。事物风险性的生成及其存在,虽然有着一定的客观性,也遵循着事物自在存在、演变与发展的规律性,但是,风险就其本质和现实性的生成而言,乃是一种相对于人的把握能力及其可能实现的把握程度而言的,因而是一种关系性的存在。因此,风险的可控或者不可控、可转化或者不可转化,既是相对于风险自身所具有的特质(如风险的性质、程度、危害性功能释放的方式与影响的范围等)而言的,同时也是相对于人的风险应对与把握能力的状况(包括主体具有的风险意识、风险应对知识与经验、应对风险运行的工具技术系统等)而言的。当然,在一定意义上而言,我们仍然可以将之归结为一个人类的能力问题,即风险愈大、内含危害性功能释放可能造成的损害程度及其波及面愈强烈和愈广泛,则风险控制与转化对人的能力的要求也就愈高。

1. 风险控制与转化对人的能力的基本要求

尽管不同性质、类型的风险的控制与转化对人的应对与把握能力的诉求存在着巨大的差异性,但是,从一般意义上而言,任何风险的控制与转化对人的应对与把握能力的诉求,也存在着一定的共同性。即,任何风险的控制与转化,都要求作为风险活动主体的人必须具备一些共同的素质与能力特征。这些能力特征主要包括:一是明确的风险意识和对风险进行客观分析与判断的能力,二是风险应对的专业知识和相应的实践应对与操作能力,三是坚强的意志力和心理承受能力,四是恰当使用现代技术与工具的能力。当然,由于现代社会人类的绝大多数实践与交往活动都是在群体组织的形式下展开的,因而风险的应对与把握也需要不同个体之间的密切协作与配合才能够实现。因此,与他人协作配合的能力,也是现代社会风险控制与转化对人所提出的基本能力要求。

　　第一,明确的风险意识和对风险进行客观分析与判断的能力,是风险控制与转化对人类风险应对与把握所提出来的基本能力诉求。我们知道,在一定的风险关系与风险活动之中,人类所面对的风险能否被有效控制并转化为一种发展的机遇,关键取决于作为风险活动主体的人能否有效地应对与把握风险。而风险的有效应对与把握,则必然首先要求风险应对者必须具有明确的风险意识和对风险进行客观分析与判断的能力。明确的风险意识既是人类应对与把握风险活动展开的前提,也是人类能够对所遭遇风险及其危害性、控制与转化可能性做出客观分析与判断的基础。因此,人类能否在明确的风险意识主导下对所面对的风险做出客观的分析与判断,不仅直接影响着对风险的有效应对与把握,而且也极大地影响着风险应对与把握的结果。

　　第二,风险应对的专业知识和相应的实践应对与操作能力,是人类在具体而现实的风险应对与把握活动中必须具备的重要技能。任何风险的应对与把握,都不可能仅仅通过在明确的风险意识主导下对所遭遇的风险给出客观的分析与判断就能够实现的,而是必须通过有目的、有针对性和有效的应对与把握这一特殊的实践活动的组织与开展,才有可能切实地控制风险的激化与危害性结果的出现并促使其向机遇性的方向转化。尤其是在现代社会,人类组织与展开的绝大多数实践与交往活动都是具有一定的专业性的,因而这些领域生成或遭遇的风险通常都是与相应的专业性知识、技术等因素联系在一起的。是以,对于现代社会人类的风险应对与把握而言,一定的专业知识(包括风险应对的专业知识)的习得和相应的实践应对与操作能力的养成,当是必不可少的。

第三,坚强的意志力和心理承受能力,是人类风险应对与把握必须具备的不可或缺的素质与能力。虽然人类有意识、有目的的任何行动的展开与持续进行都需要坚强的意志力和一定的心理承受能力的支持,但是,对于风险应对与把握等这样一些具有高度复杂性、艰巨性和危险性活动的展开而言,没有行为主体坚强的意志力和心理承受能力的支持,则必然会成为一件不可想象的事。坚强的意志力和心理承受能力,不仅是人类在面对复杂而多样化的社会风险时及时、有序组织并展开必要的应对与把握活动的重要内驱力,而且也是支持人类风险应对与把握活动持续进行并取得预期成效的根本保证。因此,作为风险应对与把握活动主体的人是否具有坚强的意志力和心理承受能力,无疑对于风险应对与把握活动的持续展开和促进风险的控制与转化,有着至为重要的意义与价值。

第四,恰当使用现代技术与工具的能力,是现代社会人类风险应对与把握必须具备的素质与能力。我们知道,现代社会是一个建立在人类高度技术文明支持基础之上的社会,因而技术的创造、技术的运用不仅成为社会发展与进步的重要推动力量,而且也已成为现代社会人类社会生产与社会生活的重要构成。在一定程度上而言,离开技术的运行与支持,则现代社会人类的任何实践与交往活动都将难以展开。风险的应对与把握,则更是如此。一方面,现代社会风险的生成、分配及其传导与技术的关联度越来越高,从而使得现代社会风险越来越演变为一种技术性的风险;另一方面,现代社会人类风险应对与把握对于现代技术依赖度的不断提升,导致风险应对与把握所具有的专业性与技术性的程度也越来越高。在这一背景下,是否具备恰当使用现代技术与工具的能力,就成为现代社会风险应对与把握对人类所提出的基本要求。

2. 风险控制与转化对人的能力要求的差异性

风险控制与转化对人的能力要求的差异性,主要是基于风险自身的差异性而言的。其差异性主要反映在两个方面:一是不同性质、类型、危害性程度的风险,其控制与转化对人的应对与把握所提出的能力要求,存在着一定的差异性;二是不同时代与不同社会形态下,社会风险控制与转化对人类应对与把握必须具备的整体能力所提出的要求,也是存在着一定的差异性的。当然,在本质上而言,风险的个体差异性与时代差异性对人的应对与把握能力所提出的不同诉求,有着内在的统一性。其统一就在于:第一,风险控制与转化对人的能力时代要求的差异性,在根本上而言,是风险个体差异性在不同时代的体现与反映;第二,风险控制与转化对人的能力要求的个体差异性,体现并反映着时代的差异性,是时代性差异具体化反映的结果。由此可见,上述两个方面的不同诉求,在本质上并不存在着非此即彼的区别。

就第一个方面来说,不同性质、类型、危害性程度的风险对人的应对与把握能力的不同要求,是风险控制与转化对人的能力要求差异性的基本体现。风险的控制与转化,是一个人类基于风险的性质、类型和所具有特征的差异而有针对性、有目的、有计划地应对与把握风险的活动或者行为过程,其根本的目的在于通过积极有效的应对与把握而消解风险危害性功能释放的基础并促使机遇性转化的出现。由于不同社会风险在性质、类型、危害性程度等方面都存在着巨大的差异性,因而人类只有有针对性地组织并展开相应的应对与把握活动,才有可能达到并实现对风险的有效控制或者促使其发生机遇性的转化。显然,在对不同性质、类型、危害性程度的风险的应对与把握中,不同风险的控制与转化给予人类现实的应对与把握的要求必然存在着一定的差异性。与之相应,不同性质、类型、危害性程度的风险的应对与把握对人类所提出的能力诉求,自然也就存在着一定的差异性。

就第二个方面来说,不同时代与不同社会形态下社会风险的控制与转化对人的能力要求的差异性,也是风险控制与转化对人的能力要求差异性的重要反映。风险应对与把握能力要求的时代差异性,归根结底,乃是由不同时代、不同社会形态下人类社会风险的发展与演变的差异性所决定的。一方面,人类在现实的生存与发展过程中制造并遭遇的风险是随着时代与社会的发展而不断变化的,一个基本的趋势是:伴随着人类现实而具体的实践与交往活动的丰富化、多样化的发展,人类在现实的生存与发展过程中制造并遭遇的风险,也愈来愈丰富化、多样化与复杂化;另一方面,人自身的发展、社会的进步尤其是人类实践与交往活动赖以展开的技术手段的进步与发展,在导致人类社会生产与社会生活实践总体水平不断提升的同时,也使得不同时代和不同社会形态下人类的实践与交往活动的展开对人类能力的要求具有了时代的差异性。风险应对与把握作为人类生存与发展必须面对和展开的一种特殊的实践活动,同样也是随着时代的进步而不断发展的,因而对人类应具备相应能力的要求,也就必然存在着时代的差异性。

3. 人的风险应对与把握能力的培养与形成

风险的能力相对性,决定了人的风险应对与把握能力培养与提升的重要性。一方面,不同性质、类型与风险性特征的风险,对人的风险应对与把握能力提出了不同的要求;另一方面,社会总体发展风险性的不断提升,对人的风险应对与把握能力提出了更高与更广泛的要求。因此,人类(无论是个体还是群体)在现实的生存与发展过程中,只有不断地提升、丰富和拓展自身风险应对与把握的能力,才有可能应对与把握社会生活过程中所遭遇到的形形色色的风险的挑战和适应社会发展的要求。当然,无论是个体还是群体,人类应对与把握风险的能力并非是与生俱来的,而是在后天的生存实践与社会生活过程中有意识地培养与发展起来的。从逻辑上而言,人的风险应对与把握能力的生成、培养与提升,主要是通过以下几个方面的实践途径而实现的:一是人的生物性机能的开发与拓展,二是风险应对经验的累积与总结,三是专业知识、专业技能的学习与培养。

第一,人的生物性机能的开发与拓展,既是人的风险应对与把握能力构成的重要来源,也是人的风险应对与把握能力培养、生成与提升的重要基础。人作为一种特殊的生命物质,虽然其适应社会生存的能力都是通过后天的实践而培养与形成的,但是,倘若没有人的生物性机能的开发对人的实践活动的支持,则人的任何能力都不能够生成,更不可能得到发展与提升。因此,对于人的风险应对与把握能力的培养、生成与提升而言,其生物性机能的开发与拓展,不仅直接构成了现实的根源,而且也构成了重要的生物性基础。

第二,风险应对经验的累积与总结,是促使人的风险应对与把握能力不断丰富、提升与发展的重要途径。人类应对与适应社会生活的知识与能力,大都是在社会生活的实践过程中不断总结经验和积累经验的结果。经验既是人类应对社会生产、社会生活实践知识的总结与反映,也是构成人类知识与技能系统的重要来源。正是在这一意义上而言,没有人类在多样化的社会生产与社会生活实践活动过程中经验的总结与积累,也就不会有人类知识与技能系统的产生,更不可能有人类社会生活能力的丰富与提升。人类风险应对与把握能力的培养、丰富、拓展与提升,同样也是如此。

第三,专业知识、专业技能的学习与培养,也是形成和构成人的风险应对与把握能力的重要途径。现代社会,通过接受专门知识、专门技术的学习与教育而获得适应社会生活的各种素质与技能,已成为人类能力形成与培养的重要途径。专门知识、专门技术的学习与教育对于现代社会人类的各种生存能力、素质的培养之所以重要,其根本的原因就在于现代社会人类生产与生活的专业化、智能化的发展对人的能力、素质提出了更高、更专业的要求。现代人倘若不经历一定程度的专业性的培养与教育,则必然无法适应社会生产与社会生活的要求。自然,现代人对于风险的应对与把握,同样也需要一定的专业知识与专业技能的支持。

(三)风险控制与转化的相对性

尽管人类可以通过有针对性的风险应对与把握活动而对社会生活实践与交往活动过程中所制造或遭遇的多样化的风险进行一定程度的控制并促使其实现一定的机遇性转化,但是,这并非意味着人类对风险的应对与把握就可以完全实现风险的控制与转化,而是与之相反。在任何时代、任何社会条件下,人类风险应对与把握活动对于风险的控制与转化所具有的意义都是相对的,而不是绝对的。我们知道,风险的控制与转化是一个涉及到诸多因素之间的相互作用与转化的非常复杂的过程,因而人类针对一定的风险所做出的应对与把握能否有效地促进风险的控制与转化,事实上存在着诸多的变数与不确定性。因此,从根本上来说,人类通过风险的应对与把握而实现的风险的控制与转化,并非具有绝对性,而是相对的。

1. 风险控制与转化相对性的产生

风险控制与转化的相对性,根源于事物发展对于规律遵循的必然性和人类风险应对与把握活动的有限性。一方面,任何事物的存在、演变及其发展,无不遵循着自身内在的规律性,而规律性的变化,则是以事物存在与发展条件性的变更为基础的;另一方面,人类有目的的行为与实践对事物发展趋势的改变,是以遵循事物发展的规律为前提条件的,而任何违背事物发展规律的行为与实践,则不仅不能实现行为与实践的目的,甚至可能南辕北辙或者造成灾难性的结果。事实上,人类任何行动与实践的有效性及其目的的达成,都根源于对事物发展客观规律的遵循和有效利用。因此,这就意味着人类对风险的应对与把握,只能建立在对事物发展客观规律的遵循和有效利用上,而不能违背和改变事物发展所具有的根本规律。

风险控制与转化的相对性,首先是由事物发展的规律性所决定的。所谓规律,指的是事物、现象和过程内在的、本质的和必然的联系。这种内在的、本质的和必然的联系,不仅具有客观性与普遍性,并且也不是以人的意志为转移的。因此,对于规律,人们既不能改变和改造它,更不可能消灭它,而只能认识和利用它。事物发展的风险性根源于事物发展的不确定性或者引致人类不幸事件与不幸结果发生的倾向性,其生成与演变存在着内在的逻辑性与必然性,是事物规律性的一种体现与反映,因而在人类未能正确认识和未能有效把握与利用的条件下,其发生就有着一定的必然性、不可改变性和不可抗拒性。也正是这种必然性、不可改变性和不可抗拒性的存在,从根本上决定了人类风险应对与把握对于风险控制与转化所具有意义的相对性。

人类风险应对与把握活动的有限性,也是导致风险控制与转化相对性产生的重要根源。人类作为一种社会性与文化性存在的特殊的生命物质,其生命本质力量的展开虽然是一个作用于对象化客体而引致对象化客体合目的性变化的过程,或者说是一个主观能动性释放的过程,但是,人的生命本质力量的展开即主观能动性的释放对于客观世界的影响与改变,也始终是有限的,而不是无限的。人类对风险的应对与把握作为一种实现生命本质力量表达和主观能动性释放的重要活动,对风险的控制与转化所具有的作用,同样也是有限度的。其有限性一方面根源于事物发展风险性的不可消解性与不可抗拒性,另一方面无疑也根源于人类认识世界与改造世界能力的有限性。显然,风险控制与转化相对性的产生,与人类对于风险应对与把握能力的有限性之间,也存在着直接的关系。

2. 风险控制与转化相对性的主要表征

风险控制与转化相对性的产生,既表明了事物发展风险性生成及其演变的不可抗拒性,也表明了人类对风险应对与把握可能实现程度的有限性。此二者的结合,决定了无论在任何时代,也无论是相对于群体还是个体,人类对风险的应对与把握始终是有限的。与之相应,人类通过有限的应对与把握可能实现的风险控制及其机遇性的转化,也就始终是相对的,而不是绝对的。其相对性的表征,主要反映在以下几个方面:

一是对于超越了人类整体能力控制范围的自然灾害事件的发生所导致的自然性风险,人类始终缺乏有效的应对与控制。自然灾害事件所导致的风险,是人类在任何时代、任何社会生活条件下都必须要面对的重要风险。在一定意义上我们可以说,一部人类生存与发展的历史,就是一部人类认识自然、利用自然和改造自然的历史。然而,由于自然界万事万物的存在及其演化无不遵循着自身所固有的规律,因而任何自然性灾害事件的发生都存在着内在的必然性,是不以人类的意志为转移的。并且,与一般性的风险事件不同,自然性灾害事件的爆发,常常呈现出剧烈性、突发性和连锁性特征。因此,迄今为止,尽管人类认识、改造和利用自然的能力得到了前所未有的提升,但是,面对重大的自然性灾害事件所引发的自然性风险,人类能够施予的应对与控制,始终是非常有限的。

二是对于人类活动引发的大规模的生态性灾难、社会性灾难所导致的社会性生态风险,人类应对与把握的能力不仅有限,而且显得非常迟钝与无能为力。社会性生态风险主要指的是由人类科学研究与技术成果在社会生产与社会生活领域的转化、运用而引发的生态—社会联动性风险,其主要特征是系统性、联动性、广泛性与复杂性。如农药、化肥、核泄漏、基因改造与转基因利用等引发的重大的生态—社会性灾难导致的风险。这些风险的控制与转化之所以困难,就在于:第一,由于这些风险的生成、传播与传导存在着极大的复杂性与隐蔽性,因而人类对之生成与传导机理的认识依然存在着巨大的困难性;第二,生态—社会联动性风险的应对与把握,需要协调人类共同的力量才有可能实现,显然,在差异化凸显与利益主体多元化的现代社会,要实现人类共同力量的协调,成功的可能性,可以说微乎其微。

三是面对日益系统、复杂与整体化的风险,个体的控制与应对,越来越显得力不从心与微不足道。在传统社会,个体生存与发展所面对的风险,通常具有偶发性、个别性或局部性、一定程度的可预见性和可把握性特征,然而现代社会的到来及其演变与发展,不仅使得系统性与整体性的风险成为人类现实生存与发展面临的主要风险,而且也使得人类个体对于风险的应对与把握,变得越来越困难。相对于人类群体的协作而言,个体应对与把握风险的能力始终是有限的。以个体的力量与能力,通常只能把握和应对一些个别性、局部性和简单性的风险,而无法应对和把握系统性、复杂性与联动性的风险。因此,现代社会人类个体风险应对与把握能力比较优势的弱化,自然也就成为人类风险控制与转化相对性特征的一个重要表征。

二、人的发展对风险把握的必要性

人的发展对风险的把握,既是由风险的功能性特征所决定的,也是由人自身生存与发展的要求所决定的。一方面,风险功能的二重性特征,决定了人类只有在对风险的有效应对与把握中,才能够控制风险危害性功能的释放并促使其实现机遇性的转化;另一方面,人的安全生存与健康发展的要求,决定了人类在遭遇或者面对风险时必须避其害而用其利,而欲避其害用其利,则只有通过有效的风险应对与把握,才能够实现。由此可见,风险的有效应对与把握,是人类为了实现现实的安全生存和自由、健康而又多样化的发展,面对现实而具体的实践与交往活动过程中制造或遭遇的风险时,必须要展开的一项重要活动。尤其是在现代社会,风险生成的普遍性及其对人类生存、人类生活影响的广泛性,使得现代社会人类的生存与发展不得不时时面对形形色色、复杂而多样化的风险的挑战。因此,在这一背景下,风险的应对与把握对于人的生存与发展而言,就显得非常必要和重要。

（一）人的发展对风险把握的实质

人对风险的把握，在本质上而言，乃是一个人类基于对所遭遇或面临风险的客观认识、演变与发展趋势的正确判断而自觉控制并有效促使风险实现机遇性转化的行为活动过程，其根本的目的就在于通过合目的的风险控制、化解与机遇性的转化而促使人类实现更好的生存与健康的发展。因此，对于风险把握实质的理解，我们需要特别注意的是：第一，人类对任何风险的应对与把握，都是一种合目的的行为活动，反映着一定的价值性诉求；第二，对风险的客观认识、演变与发展趋势的正确判断，是人类有效应对与把握风险的前提与基础；第三，在客观认识与正确判断基础上展开的科学应对与把握的行为活动，是人类风险把握取得有效结果的根本保证。由此可见，人的发展对风险的应对与把握，既是一种认识与价值性的活动，也是一种基于一定目标或者目的追求的行为实践活动。

首先，人的发展对风险的把握是一种合目的的行为活动。目的性的追求，是人类一切实践活动都具有的基本特征。人类生存与发展对于所遭遇风险的应对与把握，同样也是如此。人的发展对风险的把握，从根本上而言，根源于人类对风险危害性意识的自觉性。也就是说，人的发展对风险的应对与把握，是人类清晰地意识到风险的危害性时所采取的必然性行为应对的反映，是人类的一种合目的的有意识的自觉行为。这一行为的根本目的在于有效地控制、化解风险的危害性功能而促使其实现机遇性的转化，从而为人的现实生存与自由、健康而又多样化的发展创造出更加优化的现实基础。因此，人类对现实而具体的实践与交往活动过程中制造并遭遇的任何风险的应对与把握，都是在明确的目的性追求和自觉的意识性主导之下而展开的一种自觉的行为活动。

其次，人的发展对风险的把握是以对风险的客观认识与正确判断为基础的。我们知道，"认识是人类一切活动的起点，没有认识，就没有人类的自觉活动"。① 人对风险的把握，同样也是建立在对风险的客观认识与正确

---

① 张治库：《现代社会关系视阈下人的发展研究》，光明日报出版社2010年版，第159页。

判断这一基础之上的。风险的认识与判断对人的风险的应对与把握之所以重要,就在于:第一,风险的认识与判断既是人类风险自觉性与意识性的反映,也是具体的风险应对与把握行为活动展开的必要前提和重要基础;第二,人对风险的认识与判断是否客观、正确,不仅直接影响着人类风险应对与把握行为活动的开展,而且也直接影响着风险应对与把握行为活动可能产生的结果及其实现的有效性。在风险的应对与把握过程中,人类对风险的认识与判断主要包括了两个方面:一是对所面临风险的性质、类型及其功能倾向性的客观认识与正确判断,二是对风险的发展、演变及其趋势的客观认识与正确判断。以上两个方面问题的认识与判断以及客观性、正确性的程度,无疑对于风险把握活动的展开及其有效性的产生,有着重要的意义。

再次,人的发展对风险把握有效性的实现,是以有效的应对与把握行为活动的展开为根本保障的。对所面临风险的客观认识与正确判断,只是人的发展对风险把握活动展开的第一步,同时也是构成人对风险把握活动重要环节。虽然这一环节的展开对于风险的把握有着非常重要的价值与意义,但是,对风险的客观认识与正确判断并不能代替具体的风险应对与把握的行为活动。如果没有具体的风险应对与把握行为活动的展开,则人对风险的认识与判断就始终只能停留在观念之中而无法变成影响、控制或改变风险发展与演变的现实力量。因此,现实而具体的风险应对与把握行为活动的有效展开,乃是促使风险危害性功能释放得以控制并实现一定程度的机遇性转化的真正有效力量。当然,面对现实而具体的风险,人所展开的应对与把握的行为活动是否有效,是否能够达到预期的目的,尚取决于人所组织并展开的风险应对与把握行为活动的有效性。而其有效性的生成,则无疑决定于以下两个方面的因素:一是人所组织并展开的风险应对与把握行为活动是否与风险控制与转化的要求具有一致性,二是人所组织并展开的风险应对与把握行为活动是否符合风险控制与转化的规律并且切实具有控制风险危害性功能释放与推动机遇性转化的真正力量。

当然,人的发展对风险的应对与把握,并非是以一切风险的消灭或者控制为终极目的的。我们知道,只要人类生存必须以群的形式展开并且与自然世界发生必然的关联性,则人类社会生产与社会生活过程中风险的生成与产生就是不可避免的。因此,人类生存与发展的实践性特征,决定了风险生成的必然性,同时也决定了风险的不可消灭性。这就意味着人的发展对风险的应对与把握,并不是以风险的根治或者消灭为目的的,而是以促进风险的危害性功能释放的控制与机遇性的转化为根本目的的。由此可见,人的发展对风险把握的实质,乃是基于人的安全生存与健康发展的现实要求而对所遭遇或制造的风险进行危害性控制与机遇性转化的行为应对,其根本的目的在于通过有效的化解、控制风险的危害性并促使其实现一定的机遇性转化,从而为人的现实生存与健康发展创造出更为有利、更为优化的社会生活环境条件。

(二)人只有在对风险的科学把握中才能实现安全生存与健康发展

对风险的有效应对与科学把握,是现代社会人类安全生存与健康发展的基本要求。人类的生存与发展,并不是一个抽象的或者无目的的社会生活过程,而是一个在特定的人生价值追求与目标导引下实现有意义的生存与健康发展的过程。无疑,这里涉及到两个问题:一是安全生存即生命免受任何恐惧性与伤害性的威胁,是人类现实生存与发展的基本诉求;二是在安全生存的基础上人的自由、健康而多样化的发展与个人价值最大化的实现,是人类生存与发展的基本目标诉求。显然,人的生存与发展基本诉求的实现,必须在对自身展开的生存实践活动的有效把握和对生存环境的有意识的选择与优化中,才有可能变成一种现实的存在。在这里,无论是对生存实践活动的有效把握,还是对生存环境的有意识的选择与优化,人的发展都不可能不面对对来自人类社会生产与社会生活不同领域、不同方面形形色色风险的把握。因为只有通过对所遭遇风险的有效应对与科学把握,人类才有可能化解、控制与消除现实生存与发展过程中出现的有可能因风险而造成的各种矛盾、冲突及其危害性的结果,从而为人的安全生存与健康发展创造出更加优化的环境条件与现实基础。

人的发展对风险的科学把握,是人类实现安全生存的必然要求。这里所谓的安全生存,主要指的是人的自然生命体的维持及其健康发展,即在维持自然生命体生命存在的同时促使其生命体的健康成长。人作为一种特殊的生命物质，其一切社会文化性特征的生成、培养与发展，无疑都必须依赖于一个健康的自然生命体的存在。一方面，人的自然生命体的存在与健康发展，是人之所以存在的根本依据，没有人的自然生命体的存在，所谓人的存在，则自然就成为一种不可能；另一方面，人的自然生命体的存在与健康发展，尤其是人的生理机能和生命潜能的开发，是人的一切社会文化性特征生成、培养与发展的重要基础，倘若没有这样一个物质性的基础，则人的社会文化性特征的生成、培养与发展也必然会因为失去生命体的支持而无法实现。因此，对于人类的存在与发展而言，生命体的安全存在与符合规律的健康成长，则自然成为首要的需求。

人的安全生存之所以要求人类对现实生存与发展过程中制造或遭遇的风险进行科学而有效的把握，其根本理由就在于：风险作为人类活动制造或引发的一种能够导致人类不幸事件与不幸结果发生的事物存在与发展的倾向性，其爆发或者现实化的呈现，不仅会对人的现实生存造成诸多无法预料的困难与障碍，而且也可能危及到人的自然生命体的安全存在或者影响到人的生命体的健康成长与生理机能的正常表达。尤其是人类在现实的生存与发展过程中遭遇的重大灾害性自然风险事件、新的科学技术成果的广泛应用而引发的重大生态—社会性风险事件等，由于其内含风险的巨大性及其危害性功能释放影响的广泛性与普遍性，因而对人类整体生存与发展可能产生的危害性影响，自然也就非常深刻、深远、广泛与巨大。因此，人类只有通过科学、有效和有意识的风险应对与把握，才能最大程度地化解与消解事物发展的风险性或者尽可能地控制风险危害性功能的释放，从而为人的生命安全存在及其健康成长创造必要的现实条件。

人的发展对风险的科学把握，是人类实现自由、健康而又多样化发展的必然要求。虽然人的发展在不同的时代和不同的社会历史条件下有着不同的要求，但是，不同时代和不同社会历史条件下人的发展的实现，仍然存在着一些共同的诉求。这些共同的诉求包括：第一，维持自然生命体健康存在与成长的基本物质生活条件；第二，获取基本生产资料和生活资料的实践与交往活动的组织与展开;第三,人自身所具有的生物性机能及其基于生物性遗传物质基础之上的人的社会文化性特征的充分开发与发展;第四,有利于促进符合时代要求的人的社会文化性特征、品格特质、社会生活适应能力培养与塑造的良好环境条件的创造。当然,时代的差异性要求,也必然会反映到人的发展的诉求中来。然而,无论如何,任何时代和任何社会条件下,人的发展都需要一个更加优化的有利于促进人的合目的的社会文化性特征开发与发展的社会生活环境。而这一点的实现,无疑与人在现实的生存与发展过程中对于所遭遇风险的应对与把握所实现的状况,有着直接的关系。

一般而言,社会生活分化的程度愈高、人的实践与交往活动的自由度愈大,社会运行与发展的风险性也就愈高,因而人的发展对风险把握与环境优化的要求也就愈高。正是在这一意义上而言,现代社会人的自由、健康而又多样化发展对风险的应对与把握、环境的优化,必然会提出更高的要求。之所以如此,其理由主要是基于以下两个方面的事实:第一,现代社会的诞生及其发展对人的发展提出了新的目标诉求,从而使人的发展获得了不同于传统时代的全新的内涵(人的自由、健康而多样化的发展,成为现代社会人的发展的基本目标,也构成了现代人发展的主要内涵),而这一目标的实现,则要求现代人在现实的生存与发展过程中通过自身现实而具体的实践与交往活动创造出更加丰富多彩、更加自由宽松和更加优越的社会生活环境;第二,作为一种内含着高度风险性的社会形态,现代社会人在现实的生存与发展过程中必然会遭遇到形形色色与多种多样的风险,进而严重危及或者威胁到人的自由、健康与多样化的发展,因而只有通过科学而有效的风险应对与把握,才能够消除和控制风险危害性功能的释放对人的发展可能造成的危害性。

(三)风险促进人的发展的功能只有在科学的把握中才能实现

风险对人的存在与发展所具有影响功能的二重性,决定了风险促进人的发展的功能,只有在人对风险的科学而有效的应对与把握中,才能够转变为一种现实的存在。我们知道,风险对人的发展的影响功能的生成、转化或者演变,是一个涉及到诸多因素彼此互动、相互作用并彼此生成与改变的复杂过程。一方面,在一定的对象化的风险关系之中,风险的功能指向是一个生成的过程,人的活动的介入与干预,以及周围相关环境因素的变化,都有可能影响风险功能指向的生成或者变化;另一方面,即使处于一定对象化风险关系之中的风险客体生成了危害性的功能指向,但这一指向现实化的呈现及其对人的发展可能造成的实际性影响,则是随着主客体关系的发展、演变而变化的。显然,在一定的对象化风险关系之中,作为风险活动主体的人对所面临风险展开的科学而有效的应对与把握,对于促进风险的机遇性转化、正向功能指向的生成与释放或者危害性功能释放的控制等,无疑有着非常重要的价值与意义。

首先,风险的机遇性转化或者说人能否在一定的风险关系之中化险为夷并获得新的发展机遇,乃是通过人对风险所组织并展开的科学而有效的把握与应对而实现的。风险的机遇性转化,是一个人在遭遇到一定的风险时,通过对所遭遇风险的科学和有效应对与把握而化险为夷并获得新的发展平台、发展条件即新的发展机遇的过程。虽然在理论上而言,任何风险都蕴含着可能促进人的发展的机遇性成份,但是,风险机遇性转化的实现并不是一个自然呈现的过程,而是一个人的努力和行为创造的过程,因而并非存在着逻辑的必然性。在这里,风险能否转化为一种促进人的发展机遇或者转化的程度如何,固然与风险的性质及其自身所内含的风险性有着密切的关联性,但在根本上而言,却主要取决于人在一定的对象化风险关系之中针对于风险而展开的应对与把握活动所取得成效的状况。一般而言,当人对风险的应对与把握能够有效地控制风险危害性的释放且能够将风险转化为一种促进人的健康发展的现实动力时,则风险机遇性转化的程度就高,反之,则不能实现有效的转化或实现转化的程度比较低。

其次,风险对人的发展所具有的正向功能指向的生成及其正向促进功能的展开,也是在人对风险所组织并展开的科学而有效的把握与应对中实现的。如果说风险的机遇性转化为人的发展所创造的主要是一种新的发展机遇、新的发展平台与新的发展条件的话,那么,风险的正向功能指向的生成及其对人的发展所施予的积极影响主要是一种新的积极的、健康的内在品质的生成、丰富以及社会适应能力尤其是风险应对能力的提升。如同风险的机遇性转化一样,风险正向功能指向的生成及其对人的发展积极影响的施予,同样也是通过人的科学有效的风险应对与把握而实现的。一方面,人对风险科学而有效的应对与把握是控制、化解或消解风险危害性功能指向生成及其释放的唯一现实力量;另一方面,人对风险科学而有效的应对与把握过程,也是一个促使风险的转化并生成正向功能指向和促进人的积极、健康的内在品质生成、丰富的过程。因此,只有通过科学而有效的风险把握与应对,才能促使人与对象化风险客体之间建立起建设性的关系,并由此而达成控制风险与促进人的健康发展的目的。

再次,风险危害性功能释放的控制或者对人的发展影响的负向功能的消解,也必须通过人对风险的科学而有效的把握与应对才能够实现。风险危害性的控制与消解,是风险转化为机遇和促进人的自由与健康发展的必要条件。没有这一条件的形成与具备,则风险就不可能转化为一定的发展机遇,也很难产生或者形成能够促进人的自由、健康与多样化发展的积极的功能性影响。因此,通过科学而有效的风险应对与把握而达到对风险危害性功能释放的控制或者对人的发展影响的负向功能的消解,乃是风险转化为机遇和促进人的自由、健康与多样化发展的基本要求。科学而有效的风险应对与把握之所以能够控制或者消解风险性客体所具有的危害性功能影响,根本的原因就在于:第一,任何事物的风险性都具有一定的相对性,因而通过科学而有效的风险应对与把握,通常完全可以改变或者消除人与风险客体之间建立的风险关系;第二,即使无法消除、化解人与风险客体之间的风险关系,科学而有效的风险应对与把握,至少在一定程度上可以有效地控制风险的危害性功能的释放,从而尽可能减少或者降低风险对人的生存与发展可能造成的危害性。

当然,在人类风险应对与把握的实践中,事实上,处于一定风险关系之中的不同主体或者处于不同风险关系之中的同一主体,对于风险的应对与把握存在着巨大的差异性。这种差异性的产生,主要是由不同风险、不同主体之间所存在的个体差异性所导致的。一方面,不同的主体在面对或遭遇不同的风险关系与风险境遇时,其对风险的应对与把握,无论在方式的选择,还是在行动的组织与展开,甚或在应对与把握的效果等方面,都必然存在着巨大的差异性;另一方面,即使不同的主体在面对或遭遇同样的风险关系与风险境遇或者同一主体在面对或遭遇不同的风险关系与风险境遇时,也必然存在着应对与把握的差异性。应该说,这种差异性的出现,反映着事物内在联系与发展变化的必然性,也是人类风险应对与把握之所以有效的根源之所在。但是,由个体差异性所导致的不同个体对风险应对与把握的差异性,必然会对人的生存与发展产生不同的功能性影响,从而使得不同的主体在同一风险应对与把握活动中能够获得的发展,也会出现一定的差异性。

三、风险把握的原则与方法

在一定的风险关系中,人能否获得新的发展的机遇以及可能实现的发展程度,归根结底,取决于人对所面临或遭遇的现实风险的应对与把握可能实现的有效性。是以,风险的应对与把握,对于人的现实生存与发展而言,就显得非常必要和重要。尤其是在现代社会,人的现实生存与发展遭遇风险的频繁性、复杂性与多样性,决定了现代人必须在时时处处充满着风险的社会生产与社会生活实践交往活动过程中通过科学有效的风险应对与把握,才能够消除、控制或者降低风险的危害性影响并为自身自由、健康而又多样化的发展创造出新的机遇和新的条件。尽管人类在面对或遭遇形形色色的风险时,不同的个体或者群体所组织并展开的风险应对与把握活动存在着巨大的差异性,但是,作为科学有效的风险应对与把握,却必须要求遵循一些共同的原则,并且在风险的具体应对与把握过程中,也必须选择与之相适应的最有效和最恰当的方法。惟其如此,人类风险的应对与把握,才有可能最大化地实现对人的健康发展的有效促进。

(一)风险把握的基本原则

人在现实而具体的实践与交往活动过程中要实现对所遭遇风险及其风险关系的科学而有效的把握,就必须遵循一定的原则或者说准则。只有在一定的原则指导下,人对风险的应对与把握才有可能顺利展开并取得预期的成效。一方面,对一定原则的遵守是人的一切现实而具体的实践与交往活动展开的必然要求,人对风险的应对与把握,同样也是如此;另一方面,只有遵循科学的原则,人对风险的应对与把握才能更好地利用并遵循事物发展的规律而实现对风险危害性的有效控制,或者促使其发生重大的机遇性转变。基于现代社会人的自由、健康而多样化发展的要求,我们认为,现代社会人类风险应对与把握应遵循的原则主要有目的性原则、客观性原则、整体性原则、发展性原则、有效性原则和最低危害性原则。这些原则之所以有效,就在于它们在不同程度上揭示了人类认知和处理对象性活动关系的规律,同时也反映了人的主观能动性的基本特性。

1. 目的性原则

目的性原则(或称价值性原则、方向性原则),是人类认识世界与从事一切实践与交往活动所遵循的一条基本原则,当然也是人类风险应对与把握必须遵循的一条基本原则。人对风险的应对与把握是一个基于人的安全生存与健康发展的要求而对所遭遇的风险进行有效化解,以期实现风险的危害性控制或者机遇性转化的行为活动过程,因而风险的应对与把握并不仅仅是一个人对所遭遇风险的认识过程,更是一个基于一定的价值评判与价值选择而对风险有效控制、化解与把握的行为应对过程。明确的价值性与目的性追求,是人类风险应对与把握所呈现的基本特征。因此,这里所谓的目的性原则,主要指的是人对风险的应对与把握应该着眼于促进人的安全生存与健康发展这一根本目的,从人的自由、健康与多样化发展的需要出发正确处理、应对人与对象化客体所生成或建立的风险关系,以实现人的生存及其发展与自然、社会、自我的和谐统一。

目的性原则,是人的主观能动性与客观规律相统一的体现,因而对于人类风险应对与把握具有非常重要的价值与意义。其价值主要体现在以下几个方面:第一,目的性原则反映了人类对风险应对与把握的根本诉求,是人类风险应对与把握活动所具有重要特征的反映与体现,是以,人类对风险的应对与把握,只有在一定的目的性原则指导下展开,才能避免行为的盲目性并确保对人的发展产生积极的功能性影响；第二，目的性原则反映了人与物、主体与客体的统一性，是人的主观能动性与客观规律相统一的体现，因而只有在一定的目的性原则的指导下，人对风险的应对与把握才能够把人的发展需求与物的发展的规律性结合起来，也才能够促使人的生存及发展与自然、社会发展的和谐统一；第三，只有遵循一定的目的性原则，人类对风险的应对与把握才能够避免一定的盲目性与被动性，其价值与意义，也才能够得以保障与实现。

作为人类认识世界、从事感性实践与交往活动所必须遵循的基本原则，目的性原则在人类风险应对与把握活动中的运用，要求我们必须做到：第一，必须着眼于促进人的安全生存与健康发展这一根本目的进行风险的应对与把握，坚持把人的安全生存与自由、健康和多样化的发展置于风险应对与把握的首要地位；第二，必须坚持科学性与价值性的统一，把人的发展与物的发展、主体发展与客体发展密切结合起来，在积极促进对象化客体风险性实现机遇性转化或者有效控制风险的危害性功能影响释放的过程中，为人的安全生存与健康发展创造更为优化的现实条件；第三，必须高度重视人的主观能动性，把人的主观能动性的发挥与对客观规律性的揭示充分地结合起来，充分实现尊重客观规律与发挥主观能动性的统一，从而确保人对风险应对与把握的目的性、科学性与有效性的实现。

2.客观性原则

客观性原则或称科学性原则，是人类一切认识与实践活动所必须遵循的基本原则，其本质的内涵是实事求是，即从客观事实或客观事物本身出发，通过对事物的科学与客观的认识而揭示事物内部以及事物与事物之间的彼此关联性及相互作用的规律性。在对风险的应对与把握中，坚持客观性原则，就是坚持从对象化的风险客体及其与人所建立的风险关系本身出发来认识事物发展的风险性的生成、与人的风险关系的建立及其在人与风险性客体互动关系中的演变与变化，通过科学的认知与考察，准确审视与判断各种对象化关系尤其是风险关系的性质、属性、功能性指向的结果以及各种不同关系之间所具有的联系，从而正确揭示对象化风险活动中各种关系发展变化的规律,并利用规律有效地化解、控制风险危害性功能的释放或者促使其实现一定的机遇性转化。

坚持客观性原则,对于现代社会人类对形形色色与多样化风险的应对与把握,无疑具有重要的意义。其意义就在于:第一,只有坚持客观性原则,人类才能在风险的应对与把握中,客观、准确和正确地认识事物风险性的产生、与作为活动主体的人之间生成的风险关系的性质、属性与功能等,才能正确地揭示处于一定风险关系之中事物所具有的风险性的发展与演变规律,从而为人类对复杂与多样化的风险应对与把握奠定科学的基础;第二,只有坚持科学性原则,人类才能在对风险与风险关系正确认识的基础上,准确地认识、理解与判断不同风险关系的功能内涵及其可能的指向,从而为人类对各种复杂的风险与风险关系的合目的性的把握奠定必要的基础;第三,只有坚持客观性原则,人类才能在对各种复杂的对象化风险关系科学、准确和有效把握的基础上,基于人的安全生存与自由、健康和多样化发展的要求,有意识有目的地展开对于各种风险关系的改造或者利用。

客观性原则在风险的应对与把握活动中的贯彻与运用,要求人们必须做到:第一,必须始终坚持用科学的精神、客观的态度指导风险的应对与把握,求真务实,追求真理,实事求是;第二,必须坚持用科学的方法认识和把握所面对或遭遇的各种各样的风险及其风险关系,反对主观臆测、盲目夸大风险的危害性或者对风险视而不见;第三,要正确处理好客观规律性的揭示与人的主观能动性发挥的关系,充分调动和发挥人在风险认识、风险应对与把握活动过程中的主观能动性,科学揭示和正确利用客观事物发展及其演变的规律性。

3.整体性原则

现代社会,人类生存与发展过程所遭遇的风险,无论其生成、功能性结果的释放,还是其分配、传导与传播,都呈现着一定的系统性、连锁反应性与整体联动性的特征,因而这就决定了人类对风险的应对与把握,也必须着眼于事物发展与内在联系的普遍性与整体变动性,才能对之进行充分、完整和有效的把握。因此,整体性原则,也是现代社会人类风险应对与把握必须遵循的一条重要原则。所谓整体性原则,就是基于事物普遍联系与动态变化的特征与规律,认识、考察、分析对象化风险客体在一定风险关系之中风险性的生成、激活、功能性指向的形成及其危害性功能性释放的可能性程度等系统性的发展与演变状况,从而在整体上做出有针对性且有系统性、充分性的应对与把握。

整体性原则的遵循在现代社会人类风险应对与把握活动的展开中之所以重要,其根本的原因就在于:第一,现代社会是一个基于专业化的劳动分工与高度发达的技术性支持基础之上且不断自我制造、分配与传播着系统性风险的社会形态,因而人类生存与发展所制造或遭遇的风险大都不具有偶然性与个别性,而是具有普遍性、系统性与整体性的特征,面对复杂而系统性的风险,人类只有通过整体性的行为应对,才能够实现充分而有效的把握;第二,基于普遍联系而生成并发展的现代社会风险,无论其风险性的演变、功能性指向的生成及其释放,还是风险的功能性分配、传导与传播,都无不存在着极其复杂的生成性的系统反应关系,因而任何对现代社会风险单一、片面或个别性的应对与把握,都无法从根本上化解、控制或者消除事物的风险性,更不可能促使风险实现整体化机遇性转化。因此,只有坚持整体性把握的原则,才有可能实现对现代社会风险的有效应对与把握。

整体性原则的遵循,要求我们在风险的应对与把握过程中必须做到:第一,必须确立风险认识、考察与判断的整体观与发展观,坚持以整体与发展的思维向度认识、考察、分析与审视风险的生成、演变及其功能性的分配、传导与传播,从而对所面临或遭遇的风险给出客观、准确、完整与正确的认识与判断;第二,与之相应,对于风险把握所施予的行为应对活动,也必须基于事物普遍联系与系统性反应的要求而有针对性地组织并展开,即基于风险把握有效性目标追求的应对性行为,必须具有整体化解、消除或控制系统与连锁性反应生成风险性影响的功能。由此可见,人类在风险应对与把握活动中对整体性原则的遵循,不仅仅是一种观念性的要求,更是一种方法性与实践性的要求。

4. 发展性原则

人在现实而具体的实践与交往活动过程中制造或者遭遇的风险及其与之所建立的风险关系,并非是一成不变的,而是伴随着人的实践与交往活动的深入开展不断发展与变化的,因而决定了人对风险的应对与把握活动始终也是一个发展与变化的过程,具有一定的权变性与发展性。人的现实而具体的实践与交往活动及其在这一过程所建立的对象化风险关系具有的权变与发展性,决定了人对风险的应对与把握还必须遵循发展性的原则。所谓发展性原则,指的就是人对风险的应对与把握,必须基于对象化风险客体在风险关系中的变化与发展状况而有针对性地施予最恰切的行为应对,符合事物发展、演变与变动的规律性要求,在发展中认识风险与把握风险。

发展是事物存在及其普遍联系所呈现出的一个重要特征,是现代社会组织与运行或者说现代人实践与交往活动呈现出的最为显著的特征之一,也是形成现代社会关系包括人的存在与发展的风险关系快速多变的主要原因。因此,坚持发展性原则,对于现代人对各种复杂的风险及其风险关系的科学把握无疑有着重要的意义。其意义主要表现在:第一,发展是现代社会人类一切生存活动及其关系建立与存在的本质特征,只有坚持发展性原则,才能科学地认识与把握形形色色和多样化的风险与风险关系;第二,在发展中认识与把握风险,符合事物发展的规律,也符合人的认识与行动应对发展的规律性,有利于促进人对风险的客观判断和对风险关系的准确把握;第三,只有坚持发展性原则,在动态与发展中认识与把握现代社会人的存在与发展的风险与风险关系,才能不断提升人对风险认识与把握的针对性与有效性,从而达到不断提升风险控制与机遇性转化的有效程度。

在风险应对与把握中坚持发展性原则,就是要坚持用发展的眼光认识、分析、考察和审视人在现实而具体的实践与交往活动过程中遭遇的各种风险及其与之所建立的风险关系,用发展的态度对待人所面临或遭遇的风险与风险关系,用发展的方法与行为应对影响、控制或者改造人的对象化风险关系。只有这样,人才能在对客观事物所具有的风险性及其与人所建立的风险关系客观而准确认识的基础上,更好地分析、审视与判断处于一定风险关系之中事物的风险性及其变化,从而有针对性地给予相应的行为应对。惟其如此,才能有效地化解、消除或者控制风险事物所具有的危害性功能并为风险的机遇性转化创造更为有利的条件。

5.有效性原则

有效性原则是人类对风险应对与把握必须遵循的重要原则。我们知道,人类风险应对与把握的根本目的在于通过控制风险的危害性功能释放或促进风险的机遇性转化,从而为人的安全生存与健康发展创造出优化的环境条件与现实基础。因此,风险应对与把握的根本要义在于最大化地提升应对行为与结果的有效性。是以,所谓有效性原则,指的就是人对风险的应对与把握,必须着眼于有效保障和促进人的生命安全存在与健康发展这一根本目的的诉求而展开,无论是对所遭遇风险及其风险关系的认识、分析与判断,还是对风险危害性功能释放的控制、消解或化解,抑或是对风险的机遇性转化的促进,都必须立足于有效实现保障和促进人的生命安全存在与健康发展这一根本目的而进行。

有效性原则反映了人的行为的目的性、价值性与对象化客体或者说社会环境之间合目的转化的本质关联性,是理想性与现实性、价值性与客观性的有效结合,因而坚持有效性原则,对于促进和保障人的风险应对与把握活动目的的有效实现,具有重大的现实意义。其意义主要体现在以下两个方面:第一,只有坚持有效性原则,才能确保人对风险的应对与把握活动的展开始终围绕着有效保障和促进人的生命安全存在与健康发展这一根本目的而进行;第二,人的风险应对与把握的过程,是一个人基于生命安全的保障和健康发展的诉求而对一定的对象化风险客体、与之建立的风险关系进行客观认识、评价和功能性选择利用或控制行为应对的过程,因此,只有坚持有效性原则,人对风险的应对与把握,才能有针对性地规避、控制风险危害性功能释放的关系条件,并有效地选择和利用风险机遇性转化的关系条件,从而达到趋利避害和化解、消除或控制风险的危害性功能影响的目的。

有效性原则的坚持,要求我们在任何风险的应对与把握活动中必须做到:第一,必须确立科学而正确的世界观与价值观,坚持用科学而正确的世界观与价值观指导人们对对象化风险客体风险性及其所生成风险关系性质、功能性的认识、分析、审视与判断,从而为人对风险的正确认识与准确把握奠定重要的基础;第二,必须正确区分不同性质、功能类型的风险,准确把握风险关系的不同功能内涵,用其利而弃其害,才能有效控制风险危害性功能的生成或者释放,同时有效促进风险的机遇性转化;第三,必须基于有效保障和促进人的生命安全存在与健康发展这一根本目的的要求而展开对风险的应对与把握,将人的生命安全的保障、健康发展的需求与关系环境的优化统一起来,从而实现人与自然、社会以及自我的和解与和谐发展。

6.最低危害性原则

人对风险的应对与把握,根本的目的在于化解、消除或控制风险可能施予危及或影响人的现实安全生存与健康发展的危害性,因而最低危害性原则,自然也就成为人类风险应对与把握活动必须遵循的基本原则。事物存在与发展的客观性以及人的风险应对与把握能力的相对性,决定了人类对风险的应对与把握,始终不可能从根本上控制或消解由事物发展风险性所引致的灾难性事件造成的危害性影响。因此,所谓最低危害性原则,指的就是人对风险的应对与把握,必须秉持最大化程度控制或者消除风险危害性功能影响的原则,即在无法完全实现风险的机遇性转化或者消解风险的危害性功能影响的条件下,风险的应对与把握必须着眼于最大程度地化解与控制危害性功能影响的释放,从而将风险的危害性影响限制并控制在最低程度与最小范围之内。

坚持最低危害性原则之所以重要,根本的原因,就在于基于以下两个方面因素的考量:第一,事物存在与发展的风险性反映着事物之间联系与互动的规律性,人类行为对事物存在及其发展过程的干预,只能以尊重和利用事物自身存在及其发展的规律性为前提,而不能改变或消灭事物自身存在及其发展的规律性,正是在这一意义上而言,人类的任何风险应对与把握行为,都无法从根本上控制或者消除事物存在与发展的风险性,自然也就无法根除或控制由风险危害性功能释放对人的生存与发展所带来的危害性影响;第二,基于人的生命安全与健康发展的需要,风险应对与把握在无法从根本上控制或者消除事物存在与发展的风险危害性影响的背景下,通过最大程度地化解与控制危害性功能影响的释放而将风险的危害性影响限制并控制在最低程度与最小范围之内,则必然成为人类风险应对与把握活动的唯一正确也是最佳化的选择。

在风险应对与把握活动中,对于最低危害性原则坚持,要求我们必须做到:第一,必须对所遭遇或面临风险可能产生的危害性及其功能性释放的程度、影响与波及范围的大小等风险性因素做出客观、正确和准确的认识、分析与判断,从而为恰当而正确的风险应对与把握策略、方法的选择奠定必要的基础条件;第二,在正确认识、审视和判断风险危害性功能释放与人的应对与把握能力之唯一可能关系的基础上,做出恰当与最佳的应对策略选择;第三,在应对与把握活动的现实展开中,必须积极创造有利于促进风险机遇性转化或者最大化地消解、控制风险危害性功能影响释放的条件,从而最大化地降低风险的危害性影响。

(二)风险把握的主要方法

如果说对一定原则的遵循是人类风险应对与把握活动之有效展开并取得成效的重要保障的话,那么,人类对风险应对与把握方法的选择,则直接影响着风险应对与把握结果的有效性。因此,对于现代社会人类的风险应对与把握而言,科学而有效的原则的遵循固然重要,而恰且、灵活与多样化方法的选择与运用,同样也具有重要的意义。一定的方法作为人类达成目的的手段、工具或者重要介质,既是人类一切对象化活动组织并展开的重要媒介手段,同时也是人类行动目的达成而必须依赖的重要工具和重要方式。人类对风险的应对与把握,同样需要恰切而有效的方法而展开并达成有效的目的。

尽管人类现实而具体的风险应对与把握活动对方法的运用具有一定的综合性、灵活性与适当性的要求,但是,作为研究对象的方法却通常被人们置于分类的境况下给予分别考察的。所以,我们于此对于人类风险应对与把握方法的考察,同样也具有分类考察的单一性与个别性,自然也具有一定的局限性。基于人类风险应对与把握目的达成的差异性,我们可以将人类日常性风险应对与把握的方法区分为四大类。这四大类主要包括：一是科学预防风险的方法，二是有效回避风险的方法，三是科学而有效利用风险的方法，四是有效化解与控制风险危害性功能释放或限制与降低风险危害性影响的方法。

1. 科学预防法

预防虽然不是一种人类面对风险时直接运用的应对与把握的方法，但是，科学预见和预防风险的发生，对于人类对可能遭遇或制造风险的有效回避，却具有重大的现实意义。正因为如此，我们于此也可以将风险的预防视之为一种前延性的风险应对的重要方法。所谓科学预防法，就是通过对事物存在与发展风险性生成的科学预见而有效预防风险发生的方法。这一方法运用的根本目的不在于如何正确和有效地洞见风险的发生，而在于如何有效地防止或者回避风险事件的发生。古人所谓"凡事预则立，不预则废"，说的就是预防对于人的安全生存与健康发展的重要性。因此，尽管科学预防的方法不是一种直接的风险应对与把握的方法，但是，对于人类生存及其发展与风险境遇、风险事件的遭遇而言，却无疑是一种有效防止的方法。

预防法运用的根本目的，一是通过科学预见而达到有效回避，二是通过科学预见而达到有效防治。无论偏重于何种目的，风险预防的根本着眼点，无疑也在于人自身的安全生存与健康发展。正是在这一意义上而言，预防作为一种前延性的风险应对与把握的方法，对于人类生存与发展对可能制造或遭遇风险的有效回避甚或防治，必然有着其他方法不可替代的价值与意义。当然，预防法运用的有效性，并不取决于人类如何应对与把握可能遭遇的风险，而是主要取决于人对在现实而具体的实践与交往活动过程中可能制造或者遭遇风险的科学预见。因此，如何在"风起于青萍之末"时科学而准确地洞见事物发展与变化的规律性并预见其中可能蕴含的风险性，就成为决定预防法运用是否有效的关键环节之所在。通常，人在现实的行动与交往过程中对潜在对象化事物所具有风险性的预见愈科学和准确，则预防之有效性就愈为凸显；反之，则不会产生有效性。

科学而准确的预见是预防法运用是否产生有效性的重要基础,因而在对象化的关系中,作为活动主体的人是否具有科学而准确预见事物发展变化趋势的能力,就成为决定风险预防法运用是否有效的最为关键的因素。显然,科学预防法的运用,对人类自身提出了更高的能力与素质要求。这些要求主要是:第一,作为活动主体的人,必须具有一定的科学素养和良好的认知世界的能力,包括对世界的感知、观察、分析、综合与判断的能力等;第二,对事物尤其是处于复杂关系中客观事物发展规律与趋势的正确预测与洞见,是作为风险活动主体的人必须具备的最为基本也是最为重要的能力;第三,科学而准确预测基础之上的审时度势与决断应对能力,也是作为风险活动主体的人必须具备的基本能力与素质。当然,人的上述能力和相应素质的形成,并非是一个生物性遗传获得的过程,而是一个实践培养与发展的过程。

2.暂时回避法

暂时回避法是人类在一定的风险应对与把握过程中经常运用的一种方法。当然,这一方法的运用,是有一定的适用性要求的。也就是说,并非人类在现实而具体的交往活动过程中制造或遭遇的一切风险的应对与把握都适用暂时回避法,而是相反。暂时回避法的运用,是存在着一定的条件限制性的。通常,人类在风险的应对与把握活动中对于回避法的运用,主要是基于以下几种情况而选择的:一是对可能遭遇的风险境遇、风险事件与风险后果,无法做出客观、科学、准确与确定的判断,从而刻意回避之;二是对可能遭遇的风险境遇、风险事件与风险后果,虽能做出客观、科学、准确与确定的判断,但是,由于相对于人的能力、现实条件及其所处境遇而言,风险具有无法应对与把握性,因而只能回避之;三是其他回避的理由,如不愿意冒险或者承受风险应对与把握所带来的压力等。

暂时回避法并不是一种有效应对与把握风险的方法,因而暂时回避法的运用并不能对对象化客体所具有的风险性产生任何消解、化解或控制性的影响,其唯一的功能就在于通过主体的有意回避而逃避与风险客体之间风险关系的建立,从而达到安全存在的目的。因此,暂时回避法是一种比较消极的风险应对与把握的方法,是一种在不可为境遇下而不得不为之的方法。暂时回避法运用的有效性,根源于人类对风险活动过程中事物所生成风险性及其危害性功能释放结果的准确预测与正确判断。故此,回避法的运用,要求作为风险活动主体的人必须具有对处于一定对象化关系中事物发展风险性的生成趋势及其可能引致的危害性结果准确预测与正确判断的能力。否则,暂时回避法的运用,就只不过是一种盲目的行为而已。此外,确然回避风险的能力,对于暂时回避法的运用,也是主体必须具备的一种不可或缺的要件。

3. 有效利用法

相对于暂时回避法而言,有效利用法是一种积极的风险应对与把握的方法。这里所谓的积极性,并非指风险应对与把握过程中人的主观能动性的有效发挥,而是指置于风险境地的主体对于风险应对与把握所给予的持续而热忱的努力。风险之所以可以有效利用,就在于任何风险都并不只蕴含着能够引致不幸事件与不幸结果的发生从而对人类现实的生存与发展造成危害性影响的可能性,而是与此同时,也内涵着一种能够拓展、改变和影响人生生存与发展境遇或者促进人的内在品质提升、丰富与发展的可能性。因此,所谓风险应对与把握活动中对于风险的有效利用,就是通过一定的行为应对有效激活风险活动中有利于促进人的安全生存与健康发展的积极性因子,因势利导而促使风险实现机遇性的转化,从而为人的安全生存与健康发展创造出新的机遇、新的平台与新的条件。

在人类现实而具体的风险应对与把握活动中,有效利用法有效性的产生,从根本上而言,取决于作为活动主体的人能否通过必要的行为应对有效地激活一定的风险关系中有利于促进人的安全生存与健康发展的积极性因子,从而实现风险的机遇性转化。一般而言,人对风险的应对与把握所实现的机遇性转化程度愈高,则风险利用的有效性也就愈高,人于此所获得的发展的机遇、发展的条件,也就愈充分和愈有效;反之,则风险利用的有效性,也就愈低,人于此所获得的发展的机遇、发展的条件,自然也就愈稀少与不充分。当然,人在现实的生存与发展过程中通过风险的应对与把握而获得的发展机遇与条件,并不完全取决于人对风险有效利用的状况。影响或者决定人的发展机遇与条件获得状况的,无疑还包括了风险自身所具有的转化为机遇的可能性及其程度的大小。

风险应对与把握活动中对于有效利用法的运用,其有效性的产生主要来自于风险的可转化性与主体行为应对的有效性。在风险的可转化性既定的情况下,作为风险应对与把握主体的人对于风险积极性因子的有效利用,就显得非常重要。为此,必须做到:第一,对风险的可转化性及其有利于促进风险机遇性转化的一切积极性的因子,都必须予以客观、准确和充分的认识与把握;第二,在此基础上,对于一切有利于促进风险机遇性转化实现的一切积极性因子的协调、优化与有效利用,就成为决定风险能否实现一定的机遇性转化和实现转化程度如何的最为关键的环节之所在;第三,一定风险关系之中风险事物所具有的风险性的演变尤其是危害性的生成态势及时的洞察与有效的控制,对于风险的积极性因子的激活以及机遇性转化的实现,也有着重大的意义。显然,风险的有效利用,对于作为主体的人,提出了更高的要求与挑战。

4.危害控制法

与有效利用法一样,危害控制法也是人类风险应对与把握的一种重要方法。在人类无法从根本上根除风险生成的现实基础时,人对风险的应对与把握,更多的诉求不在于消除或者根除风险,而在于如何有效地化解与控制风险的危害性。我们知道,趋利避害是包括人类在内的一切生命物质都具有的一种共同性的特征。所谓风险的应对与把握,其根本的诉求,无非也在于通过趋利避害而达成人的安全生存与健康发展。风险的危害控制法,在本质上而言,就是旨在通过控制可能激化、引致风险危害性转化、生成与功能性释放的因子而达成控制风险危害性转化或者功能性释放的一种方法。因此,危害控制法,同样不是一种消极的风险应对与把握的方法,而是一种置于风险危机之境地而追求最低危害性影响的积极有效的风险应对与把握的方法。

危害控制法有效性的获得,取决于人在风险应对与把握活动中对于可能激化、引致风险危害性转化、生成与功能性释放因子的有效控制。而要达成这一目标，显然并非是一件轻而易举的事。它要求人们必须做到：第一，对处于一定风险关系之中风险事物所具有的风险性及其转化为危害性功能影响的可能性，必须给出科学而准确的分析与判断，也就是说，对于风险所具有的危害性影响，必须持有清醒的认识与把握；第二，对处于变动对象化关系中一切可能激化、引致风险危害性转化、生成与功能性释放的复杂的因子，必须做出客观而准确的分析与判断；第三，综合而有效地利用、协调和调动一切有利于促进风险危害性功能生成与释放倾向性得以化解与控制的切实行动的实施，直接影响和决定着人的风险应对与把握对于风险危害性控制可能达成的成效状况。

以上所述，只是人类在风险应对与把握活动过程中惯常运用的一些基本方法，且是一种个别性与简约性的分析。局限之处，历历在目。事实上，现代社会人类风险的应对与把握，是一项涉及到诸多复杂因素与关系的综合性的决策与行动过程。任何单一方法的运用，其有效性都是有限的，因而达成风险的有效应对与把握，实际上是不现实的。因此，具体而现实的实践中，人类对风险应对与把握方法的运用，一方面呈现着灵活与多样化的态势，另一方面，也有着综合性与匹配性的特征。这一点，恰恰是人类作为智慧性生命物质生命本质力量展开活动过程之中所呈现出的一种最为重要、同时也是最为闪光的品质特征。

第七章 现代社会风险的预防：方法与策略

对于未来可能遭遇风险的预防，或者说将一切可能引致人类生存危机发生的风险性因素置于密切的关注与检测之下而寻求合理的对策，是人类作为有意识的智慧性生命现象存在的最令人瞩目的特征。从早期人类利用简单的天文知识对自然灾害事件发生的尝试性预防，到现代社会多种多样专业性未来组织的建立以及协同政府、民间团体所展开的对危及人类整体生存安全问题的一系列前瞻性与防御性应对，都充分说明了这样一个事实：居安思危和思危及安都是人类生存区别于其他生命物质的显著特征。正如卡西尔所说的那样，人类是唯一具有未来感的生命物质现象。① 正是这种强烈的未来感，促使人类不仅高度关注现实生存与发展的安全，而且对未来时代生存与发展的安全性也始终给予了持续而热忱的关注。所谓防患于未然，指的正是人类在现实生存与发展过程中广泛存在的居安思危和预防风险的一种行为现象。

风险预防的本质是防患于未然，即在一个风险事件或者系列性的灾难性结果生成之前，通过科学而准确的预测和有效的应对，回避或者将事物的风险性消弭于无形之中。如同人类对风险的应对与把握一样，风险预防的根本目的同样在于有效地回避或者消除可能危及人类安全生存与健康发展的风险性因素，从而避免与一定的风险事件或者系列性灾难性结果直接遭遇的可能。人类对风险的预防是否有效，并不直接取决于人类在现实的生

---

① 参见卡西尔：《人论》第四章"人类的空间与时间世界"，西苑出版社 2003 年版，第 73—96 页。

存与发展过程中如何有效地回避或者消解了风险事件所导致的灾难性结果,而是在于人类能够在风险性事件生成与爆发之前,通过科学而正确的预测,准确地洞见到事物的发展演变为风险事件及其灾难性结果出现的可能性几率。因此,对未来可能遭遇的风险事件或者系列性灾难性结果发生的准确预测,就成为人类风险预防有效性生成的关键之所在。显然,这一目标的达成,对人类风险预防的方法、手段及其策略的运用,提出了越来越具有挑战性的要求。

一、风险的预防性

风险的可预防性是人类风险预防行为产生的基础。没有这一基础,则人类风险预防的基础就会丧失,所谓的预防就会成为一种无法实现的空想。是以,人类对可能遭遇风险的预防,根源于风险事件及其结果的可预防性。我们于此而言的风险的可预防性,指的是人类与对象化客体可能建立的紧张或者对抗性关系的可和解性,主要包括以下两个方面的内涵:一是人的主观能动性与事物之间普遍联系所造成的发展演变的规律性,决定了人类对未来可能遭遇的风险事件及其演变结果客观认识、准确预测与科学洞见的可能性;二是人的智慧性生存特征,决定了人类能够尊重并利用客观规律有效回避或者防御风险事件发生的必然性。基于这一理解,我们认为,风险的预防对于人类现实的生存与发展,不仅是可能的,而且也是非常必要的。

(一)风险的可预防性

风险的可预防性,既是一种客观性的存在,也是一种关系性的存在。从可预防的角度而言,风险的可预防性是事物所具有的一种基于普遍联系而生成的能够为人类感觉器官所感知、认识与把握的规律性,是一种客观性的存在;而从预防的角度而言,风险的可预防性则是基于人类作为一种智慧性生命存在所具有的不断发展的感知、认识和把握对象化客体变化能力相对而言的世界的可认知与可把握性,因而是一种关系性的存在。因此,这里所谓的风险的可预防性,主要是基于以下两种客观存在的事实而言的:一是事物普遍联系与发展的规律性,决定了人类对客观事物发展方向、趋势与变化结果认识与把握的可能性;二是作为智慧性生命存在的人的认识与把握对象化客体能力的不断发展性,决定了人类对客观事物发展方向、趋势与变化结果能够客观认识、准确预见与正确把握的必然性。

1. 事物普遍联系与发展的规律性,决定了人类对客观事物发展方向、趋势与变化结果认识与把握的可能性

孕育并支持着包括人类在内的一切生命物质现象存在与发展的客观世界,并非是一个孤立的、静止不动和缺乏联系的个别世界,而是相反。世界上的万事万物,都处在一个由普遍联系所导致的永无止歇的运动、变化与发展状态之中,并由此而呈现着客观的不以人的意志为转移的规律性。不仅宏观世界的万事万物之间存在着普遍的联系(大到宇宙世界的不同星系、不同天体之间,小到同一星系、同一天体所属的万事万物之间,都无不处在这样那样的联系之中),而且微观世界事物构成的诸要素、诸方面、诸过程、诸现象之间,也都始终处在普遍的联系之中;不仅无机世界是如此,而且有机世界同样也是如此。并且,无机界与有机界万事万物之间的普遍联系,完美地构成了一个支持生命现象存在、演化与发展的生态循环系统。

事物的普遍联系及其有规律的演化、变动与发展,既是事物存在本质特征的体现,也是事物之所以发展变化的根源之所在。世界上任何事物的存在,无不是一种关系性的存在。或者说,关系性的存在,构成了事物存在的基本方式。一方面,事物之间的普遍联系结成了一事物与他事物之间千差万别的关系形式,而这些关系形式的结成,则成为事物之所以存在并生成其本质特征的根本理由;另一方面,关系性的存在作为一切事物存在的基本方式,不仅规定着事物存在的本质特征及其一事物与他事物之间的区别,而且也规定着事物的运动、变化与发展的趋势与方向。由此可见,由于事物之间普遍联系生成的关系的存在,不仅使得关系所规定的差别成为事物之间质的区别的重要表征,而且也使得事物在一定关系形式下的演变、变化与发展获得了特定的趋势性与方向性。

通过普遍联系而生成的关系形式,既规定着一事物与他事物存在的本质性差异,同时也规定着事物演变、变化与发展的趋势性与方向性,从而使

得处于一定关系形式之下的事物的演变、变化与发展具有了客观的规律性。正因为如此,透过事物之间关系的结成、关系的变化与发展,人类不仅可以对作为对象化认识客体所具有的本质属性、功能特征等与事物自身存在相一致的本质规定性给出科学的认识、分析与判断,而且也可以对事物未来演变、变化与发展可能出现的趋势性、方向性及其对人类生存与发展可能产生的影响,给出客观、准确与正确的预测性判断。显然,客观事物之间普遍的联系性及其由此而出现的在一定关系形式下运动、变化、发展的规律性,决定了人类对客观事物发展方向、趋势与变化结果认识与把握的可能性。

生命活动对自然世界对象化客体的干预,深刻地改变着自然界万事万物在漫长的演化与发展过程中形成的规律性的联系。尤其是人类为维持生命存在、满足对富足物质生活目标的追求而展开的对物质世界大规模的改造,在彻底改变着自然世界万事万物之间已形成的稳定联系与循环关系的同时,也使得人与自然、人与他人、人与社会之间的关系变得越来越复杂且越来越具有不确定性。并且这一趋势,乃是伴随着人类社会实践与交往活动的多样化发展而不断得到强化与凸显的。在这一背景下,一方面,社会发展的不确定性随着人类活动对固有关系的改变、新的关系的创造而呈递增态势;另一方面,人自身文化性特征的不断开发和认识、改造客观世界的技术手段的日益发展,也使得人类认识和把握客观世界的能力不断得到提升。这种矛盾的态势,在构成现代社会人类认识与把握事物发展风险性生成、演变与发展的现实境遇的同时,也对现代社会人类的风险认识、风险预测与风险预防,提出了更高的要求与更大的挑战。

2.作为智慧性生命存在的人的认识与把握对象化客体能力的不断发展性,决定了人类对客观事物发展方向、趋势与变化结果能够客观认识、准确预见与正确把握的必然性

如果说客观事物普遍联系而形成的发展与演变的规律性为人类对客观事物发展方向、趋势与变化结果的认识与把握提供了重要基础和可能性的话,那么,作为智慧性生命存在的人的认识与把握对象化客体能力在实践与交往活动中的不断拓展、丰富与提升,则无疑为人类对客观事物发展方向、

趋势与变化结果的客观认识、准确预见与正确把握奠定了重要主体条件。显然，风险的可预防性，正是建立在客观事物发展与变化的可认知性与人类对客观事物发展方向、趋势与变化结果能够客观认识、准确预见与正确把握的基础之上的。倘若没有这样一个基础，则一方面客观事物的普遍联系就不可能生成能被人类认识与把握的规律性，另一方面，人类也不可能对无序变动的世界之运行方向、趋势给出客观的认识、准确的预见与正确的把握。

　　人作为一种智慧性的生命物质，其存在与地球上其他一切生命物质的存在有着本质的区别。这一区别主要在于：第一，人是地球上唯一不主要依赖于生物性遗传本能而生存的生命物种，因而人的生存技能主要不是通过生物性的遗传获得的，而主要是通过后天的生存实践、教育活动等学习性的活动有意识地培养、拓展与发展而来的；第二，人是地球上唯一以自己劳动创造而构建的社会这样一种特殊形式的方式生存的生命物种，因而人的存在主要不是一种单个体的存在，而是一种社会性的存在；第三，人是地球上唯一能够依赖并通过自己创造性的劳动尤其是文化性创造活动而追求合理化存在的生命物种，因而人的生命存在是以追求自我价值与社会价值的实现为主要目标的。人的存在与其他生命物质存在的根本区别，决定了人的存在对自我创造的必然性。正是在这一意义上而言，人类是地球上诞生的唯一能够进行自我创造与自我定义的智慧性生命物种。

　　人的存在的自我创造与自我定义性，既决定了人的存在的本质规定性及其人性特征的自我创造性，同时也决定了人的本质与人性特征内涵的不断丰富与发展性。因此，这就意味着，一方面，人的自我创造、自我定义是一个自我开发、自我塑造与自我发展的过程，即人是通过自己现实而具体的实践与交往活动尤其是创造性的实践活动的开展不断开发、丰富与提升自身的内在素质与外在行为应对能力的；另一方面，人的自我创造、自我定义与自身所能够组织并展开的实践与交往活动尤其是创造性的实践活动具有高度的同一性，即"个人怎样表现自己的生活，他们自己就是怎样。因此，他们是什么样的，这同他们的生产是一致的——既和他们生产什么一致，又和他们怎样生产一致。"①显然，人的生命存在与发展的本质特征，决定了人既是通过自身现实而具体的实践与交往活动认识与改造世界的，又是通过自身现实而具体的实践与交往活动不断改造、塑造与发展自己的。

在理论上而言，人类为了生存而展开的实践与交往活动永不停歇的发展性，决定了人对自身的塑造、自我的开发以及人的认识与改造客观世界能力的提升，存在着无限的空间与可能性。而这一想象的事实或者说逻辑上的可能性，不仅意味着人对自身内在素质与品性的开发以及对认识与应对世界能力的提升始终是一个不断拓展与发展的过程，而且也意味着人对客观世界万事万物的认识与改造，也是一个不断深化、不断逼近真相和不断合理化的过程。无疑，作为智慧性生命存在的人的认识与把握对象化客体能力的不断提升与不断发展，为人类对客观事物发展方向、趋势与变化结果的客观认识、准确预见、正确把握奠定了重要的主体基础与可能性，从而也为人类对未来可能遭遇风险的科学预测与准确的判断及其预防应对，创造了重要的条件。

（二）风险预防的本质

与风险的应对与把握不同，风险的预防不是着眼于对既成或已发生的风险的现实应对，而是着眼于对未来可能遭遇或发生的风险的一定的前延性应对。因此，预防的根本要旨包含着两个方面的内涵：一是对未来（至少在一定时期内）可能遭遇到的风险的科学预测与准确把握，包括对风险发生几率的大小、风险性程度尤其是可能造成的危害性的状况等一系列相关性问题的正确分析与判断；二是对基于科学预测与准确判断基础上可能遭遇到的风险的防御性应对，包括应对与不应对或者回避的决策、回避或者干预性应对的相关行动等一系列可以有效预防或回避风险发生的应对措施的实施。由此可见，人类对未知或者未来可能遭遇风险的预防，并不是一种消极被动的防御性行为活动，而是一种与之相反的积极主动的防止与干预性的行为活动。为了进一步的理解与把握风险预防的本质，我们于此还须对以

---

① 马克思、恩格斯:《马克思恩格斯选集》(第 1 卷)，人民出版社 1995 年版，第 67—68 页。

下几个相关方面的问题,给出更为详尽的分析与阐释。

1. 风险的预防是以人类对事物发展风险性的科学预测为重要基础的

在一定意义上而言,没有科学的预测,就不会有风险的预防。所谓预防,乃预而防之之义也。预为基础,而防为目的;预为前提、为条件,而防为行动、为结果。可以说,人类对现实生存与发展过程中可能遭遇到的任何风险的有效预防,都是以对事物发展风险性的科学预测与准确把握为基础的。对事物发展风险性的科学预测与准确把握,之所以对于人类有效的风险预防有着重大的意义,根本原因就在于:第一,对风险的预测及其结果,直接影响和决定着人类对可能遭遇到的风险预防所采取的相应对策的选择;第二,风险预测的科学性、准确性与正确性,直接影响和决定着人类对可能遭遇到的风险预防的有效性。由此可见,对事物发展风险性与未来可能遭遇的风险的科学预测与准确把握,是人类有针对性的预防行动展开的重要前提与基础。没有这样一个前提与基础,则人类的任何防御性应对行为,都是盲目的和无效的。

人类对事物发展的风险性及其可能遭遇风险的预测,是否科学和准确,虽然归根结底取决于实践与事实的检验,但是,其科学性和准确性,无疑与对象化风险客体所具有的风险性的显现程度及其预测者本人所具有的专业素养、专业技能、风险性应对的经验和对未来的正确感知力等因素,有着直接的关联性。一般而言,当预测者本人所具有的专业素养、专业技能、风险性应对经验和对未来正确的分析与感知力等主体性因素愈充分、愈有付诸实践的内在秉性,则预测者对事物发展的风险性及其可能遭遇风险的预测就愈有科学性与准确性;反之,就愈缺乏科学性与准确性。当然,在人对事物发展的风险性及其可能遭遇风险的预测过程中,对象化客体风险性的显现程度对于预测的准确性也产生着重要的影响。通常,对象化客体风险性的显现程度愈高,则人对之准确预测的可能性也就愈大;反之,则会在一定程度上制约人对风险预测科学性与准确性的提升。因此,科学而准确的预测,是在对象化客体风险性的充分显现和人对对象化客体发展与演变方向、趋势的准确判断与把握的基础上实现的。

2. 风险预防的基本目标在于有效防止危害性风险的发生

风险的预防,并不是以根除或者说风险的消灭为目的的,而是在科学预测的基础上以有效防止危害性风险的发生为根本目的的。我们知道,风险作为客观事物发展的不确定性对人的活动及其人自身的生存与发展可能产生的危机性影响的趋势,它的生成,不仅与作为对象化客体的客观事物发展演变的特征有着直接的关系,而且与人的活动与作为对象化客体的客观事物之间所建立的对象化关系的性质及其变动特征,也存在着直接的关系。因此,只要客观事物的发展存在着生成不确定性的可能(如原有关系形式的断裂、新的关系形式的生成等)、人的活动介入对对象化客体自在运行关系或者规律的改变现象存在,则风险的发生就会成为一种不可避免的自然性社会现象。

基于风险的不可避免性这一事实,我们认为,在人类面对越来越频繁且多样化风险的挑战时,风险的预防与风险的应对与把握,具有同等重要的意义。只不过,风险的应对与把握是以促进风险的机遇性转化或者风险的有效化解、危害性功能释放最大化程度的控制为主要目标追求的,而风险的预防则是以对未来可能遭遇到的风险的防御性回避或有效化解为主要目标追求的。当然,无论是风险的应对与把握,还是风险的预防,二者所追求的根本目的或者说基本的出发点都是一致的,即二者都是基于对人类的安全生存与健康发展的有效保障这一根本目的的追求而展开的一种自觉的危机应对行为活动。

3. 风险预防并不是无作为,而是一种"防患于未然"的积极应对

风险的预防虽然不是直接针对于既成或已发生的风险所展开的积极的现实应对,但是,预防也并非只是一种"无作为"的预测性的行为活动,而是包括预测行为在内的一种"防患于未然"的综合性的积极应对活动。风险的预防,以科学的预测为基础,而以有效的防治或者防御为重点。预是防展开的前提与条件,而防则是预的指向与要求。如果说,没有预的防是盲目的话,那么,没有防的预,则是无效的和无意义的。预与防的有机而有效的结合,方能构成切实而有价值的风险预防行为体系。显然,我们于此所讨论的

风险的预防,并非仅仅是一种理论上的逻辑预测和抽象的预防方案的制定与选择,而是包含着理论上的逻辑预测和抽象的预防方案的制定与选择在内的对可能遭遇的风险的有效回避、介入式风险性的改变等一系列积极应对行为的综合。

风险的预防之所以是一种"防患于未然"的积极应对,根本的理由就在于:第一,作为预防重要基础与必要条件的风险发生可能性的科学而准确的预测,虽然只是一种基于主体性认知因素对对象化风险客体风险性生成、演变与发展趋势的客观分析、认知与判断,但是,这一主体性的分析、认知与判断,同样是构成风险预防行为体系的重要行为活动;第二,基于风险生成或发生的科学预测而实施的一些列有效回避、防御或者介入式影响、控制与改变行动,是构成风险预防行为体系的最为重要的行为活动;第三,有效的"防患于未然"的积极应对行为体系既包括了基于科学预测基础上有效应对方案的制定与选择,同时也包括了有效应对最佳方案选择基础上方案的行之有效的实施。由此可见,相对于对已发生风险的应对与把握而言,风险的预防,同样也是人类基于生命安全与健康发展保障要求而展开的一种积极的风险应对活动。

(三) 风险预防的必要性

如果说风险的可预防性决定了风险预防的可能性的话,那么,人的存在与发展对于安全性保障与一定价值性追求的需求,则决定了风险预防的必要性。并且,社会发展的风险性越高,则人的生存与发展对于风险预防的诉求,也就越为强烈。尤其是现代社会,人类社会生活的快速多变与开放而多元化的发展,不仅使得人类社会生活理应固守的一些基本秩序、规范、信念等行为准则遭到了无情的解构与解体,而且也使得人类在现实的生存与发展过程中遭遇风险的几率大为提升。因此,对于现代人而言,不仅对快速多变的社会生活的适应构成了其社会生活的重要内容,而且对于随时随处可能遭遇的风险的有效预防以及对于现实的风险事件的应对与把握,也同样构成了其社会生活的重要内容。如同风险的应对与把握一样,风险的科学预测与有效预防,在现代社会人类生存与发展过程中所具有的重要性,也得到了前所未有的凸显。

1. 风险的预防是人类实现安全生存的必然要求

我们知道,任何生命的存在,包括人类的存在,都是以自然生命体的存在及其生命特征的维系为基础的。是以,无论是对于群体,还是对于个体,自然生命体不受损伤和威胁地安全存在,是人的生存与发展的基本要求,也是一种必然性的要求。客观而言,作为一种具有高度智慧性和强大生命力量的特殊的生命现象,人类的存在、发展虽然以其创造性的实践活动极大地改变着客观世界和人类社会生活的世界,但是,相对于自然力量的神奇与伟大而言,人类始终是一种渺小的存在。尤其是人类自然生命体的存在,更是具有极大的脆弱性。任何异己的力量,都有可能对人的生命体的存在或者种的延续与繁衍,造成巨大的伤害或者灾难性的结果。因此,对于可能危及人类生命安全存在的风险的科学而有效的预防,则必然成为人类社会生活的重要任务和基本要求。

基于人类生命体的安全存在及其种的延续、繁衍的要求而进行的风险预防,主要是针对于可能危及人类生命体安全存在的风险类型而组织并展开的。这些风险主要包括:第一,自然世界事物之间关系的突变导致的重大自然事件可能引发的灾难性自然风险,如地震、火山爆发、流星撞击、飓风、泥石流等自然现象的发生;第二,重大自然事件、人的活动对自然世界过度干预所导致的生态系统的破坏而引发的生态性的灾难风险,如长期而大规模的干旱,或者持续的暴雨、冰冻等异常自然事件的发生;第三,技术、工具的使用所导致的形形色色的生产安全性风险,如核泄漏、人为性病毒感染与传播、工程塌方、连锁性交通事故、坠机、沉船等人为性灾难事件的发生;第四,尖锐的阶层对立、激烈的社会冲突所导致的大规模的社会性风险,如种族屠杀、民族战争、为权力而进行的大规模的异己清洗等重大暴力性事件的发生。上述风险事件的发生,虽然具有一定的偶然性,也存在着重大的预测难度,但是,由于这些风险的发生会给人类的生命安全造成重大的威胁,因而对之有效的预防,就显得特别重要和必要。

2. 风险的预防是人类实现自由、健康与多样化发展的必然要求

除了大规模的阶级对抗、民族屠杀和权力清洗之外，社会生活过程中形形色色风险的发生，虽然并不直接危及人类整体生命安全的存在，但是，却对于人的自由、健康与多样化的发展产生着重大的影响或者制约。因此，风险的有效预防，也是促进人类实现自由、健康与多样化发展的必然要求。

我们知道，人类作为一种社会文化性的存在，其生命存在的价值主要不是表征在生物性本能的开发方面，而是表征在人的内在本质的丰富与良好的人性特征（即人的社会文化性特征）的培养、塑造方面，或者说主要表征为人的自由、健康与多样化的发展。由于人的本质的丰富与人性特征的发展，始终是一个与人的现实而具体的实践与交往活动直接同一的过程，因而人类从事什么样的实践与交往活动及其以什么样的方式展开相应的实践与交往活动，无疑直接决定着人类生存与发展可能实现的状态与程度。显然，人类要实现自由、健康而又多样化的发展，就必须最大程度地降低或者控制所组织并展开的实践与交往活动的风险性。惟其如此，才能为人的自由、健康而多样化的发展创造出更加优化的社会生活环境条件。

立足于保障人的自由、健康与多样化发展的风险预防，主要是针对于可能影响、限制或损害人的自由、健康与多样化发展的风险类型而组织并展开的。这些风险主要包括：第一，制度的非正义性或者制度正义性的损伤可能引发的社会性风险，如制度设计的利益取向化、公共政策决策的偏好化等可能导致的风险事件的发生；第二，技术的异化、规则的反人性化可能引发的伦理性风险，如人体克隆、人工受孕或代孕、反复不歇的技术循环操作等可能导致的风险事件的发生；第三，欲望的冲突、亲密关系的断裂或者变更可能引发的个体性风险，如夫妻关系的终结或变更、亲密者共同生活诉求的冲突等导致的风险事件的发生；第四，多元化资讯的接收、不同价值观念的选择与接纳等可能引发的自我性风险，如人格分裂、自我幻象或自我意识膨胀等导致的风险事件的发生。上述风险的生成及其发生，无疑都会危及到人类自由、健康与多样化的发展，因而对这些风险的预防，同样也是非常重要和必要的。

　　值得指出的是,风险预防的必要性是伴随着社会整体风险性的增大而的不断得到凸显的。通常,社会生活的整体风险性越小,则对风险预防的要求也就越低;反之,如果社会生活的整体风险性越大,则风险预防的必要性也就愈为凸显。与之前人类已经历的任何一个社会形态都不同,现代社会作为一种内含着内生矛盾、冲突与悖论的高度技术化的社会形态,其运行与发展始终是以制造、分配与传播形形色色的风险为重要特征的,因而在现代社会背景下,人类的生存与发展必然会时时处处遭遇到来自社会生产与社会生活各个领域、各个方面形形色色的风险的挑战与侵害。因此,科学而有效的风险预防,对于现代人的安全生存与健康发展而言,其所具有的重要性与必要性,自然也就比任何一个时代都更为凸显。

二、风险预防的基本方法

　　社会的进步与发展,尤其是现代科学技术突飞猛进的发展,在为人类在更广领域、更大范围、更高层级上对客观世界的认识与改造创造了更为强大的技术手段支持的同时,也为人类对社会生产与社会生活过程中不同领域、不同层面、不同范围可能生成的风险性的分析、判断与预测,提供了更为先进和更为有效的专业技术的支持。当然,技术的进步与发展,虽然在不断地推动着人类风险预测能力与有效性的持续提升,但是,对于现代社会人类的现实生存与发展而言,风险的有效预防也并非一件轻而易举的事,而是一项涉及到对对象化客体本身及其与之相关的诸多复杂而多变的关系性因素综合分析、认知与判断基础上有效把握事物发展趋势、方向尤其是风险性生成可能性的系统的智力性实践活动。在这里,不仅主体自身所具有的关于风险预测的专业知识、能力状况以及对象化客体风险性显现的程度等因素对风险预测的有效性产生着重要的影响,而且主体如何选择与运用风险预测的方法、工具,也对风险预测的有效性产生着不可忽视的影响。因此,风险预测方法、工具、技术与手段的正确选择与有效运用,无疑有助于提升人类对风险预测的科学性、准确性与有效性。

(一)预防方法的选择

所谓方法,指的是人类为实现一定的目标或者目的而采取的一切工具与手段的总和。一般而言,人类完成一定的实践任务以达到一定目的的方式与手段具有多样性,而不具有唯一性。因此,人类为追求一定目的实现而展开的任何现实而具体的实践与交往活动,事实上都存在着一个方法的选择问题。无论是风险的预防,还是风险的应对与把握,同样也存在着一个方法选择的问题。

虽然在理论上而言,方法是无所谓优劣的,但是,在方法与目标或者目的之间,却是存在着一定的匹配性要求的。即,一方面,不同目标或目的的实现,其对方法的要求存在着一定的差异性;另一方面,不同的方法对于同一目标或目的的实现,其所具有的有效性也是存在着一定的差异性的。所以,方法选择的根本目的,并不是完全在于确定方法本身的性质与属性,而是在于从多样的方法中选择出最优与最恰当的方法,从而提升方法使用的有效性。

1. 预防方法的分类

我们说,人类对于风险的预防,是一项涉及到对对象化客体本身及其与之相关的诸多复杂而多变的关系性因素综合分析、认知与判断基础上有效把握事物发展趋势、方向尤其是风险性生成可能性的系统的智力性实践活动,因而这一系统性的复杂活动的展开,自然会涉及到对于众多不同的方法、技术、工具与手段的选择使用问题。为了更好和更清楚地阐明人类风险预防对于方法有效选择与运用的问题,我们首先必须对涉及到或者可能运用到风险预防活动之中复杂而多样的方法体系给出相对科学或合理的分类。只有在这一基础上,我们才有可能对人类现实的风险预防活动过程之中不同方法的正确选择与有效运用问题做出更为深入的分析与理解。

尽管分类是现代科学研究惯常使用的一种方法,其目的是对事物的种属问题给出科学与清晰的归类性认识,然而任何分类都是一件相当困难的事。这不仅是因为事物的种属关系存在着一定的复杂性,更重要的是人们对于事物借以分类区分标准的确定,尤其是一件艰巨的工作。一方面,分类标准区分与确定的科学性、合理性,直接影响和决定着对分类对象归属性判定的准确性与客观性;另一方面,在不同分类标准之下,分类对象具有不同的归属性。因此,科学而合理的分类,对于促进我们对风险预防方法性质、功能及其特征的认识,无疑有着重要的意义。

在这里,我们无意于对风险预防方法分类标准的确定问题展开深入的分析与讨论,只能基于研究与分析的需要而对风险预防的方法给出基本的分类,从而为后续我们对"方法的选择与有效运用"这一问题的讨论做出基础性的回应。我们知道,人类风险预防的行为活动,主要是由有着非常密切联系的两个环节构成:一是预的行为活动,二是防的行为活动。二者之间虽然存在着不可分割的关系,但是,它们却是构成人类风险预防活动的两个不同的重要环节和两种不同性质的行为活动,因而二者在方法运用上必然存在着不同的要求。因此,基于风险预防活动预与防的不同要求,我们可以将人类风险预防的方法区分为两大类:一是预的方法,二是防的方法。两类方法的结合,共同构成了人类风险预防活动的方法体系。

在人类风险的预防活动中,预和防之间虽然存在着非常密切的关系,但是,二者在本质上而言是两类不同性质的行为活动。预属于人类认识范畴或者领域的实践活动,而防则属于人类行动范畴或者领域的实践活动。预与防归属性质的不同、目标追求的不同,决定了二者在方法要求上的差异性。预的方法主要归属于人类认知范围类,而防的方法则主要归属于人类行动范围类。作为人类风险预防目标实现必须借助的工具与手段,预的方法与防的方法之间尽管存在着许多共同之处,然而由于二者性质归属的不同,因而必然也存在着一定的差异性。其差异主要是:作为人类认识范畴的预的方法,主要是与人的认知兴趣、认知态度、认知取向等主观性因素相关联的方法;而作为人类行动范畴的防的方法,则主要是与人的行动目的或行动目标、行动组织与行动展开等因素相关联的方法。因此,预的方法主要是人类认识事物的方法,而防的方法则主要是人类改造或者改变事物的方法。

当然,从预与防的角度对人类风险预防方法的分类,并非是唯一的分类法。事实上,人类对于任何事物的分类,都存在着标准的多元性,因而在不同的分类标准之下，事物的分类呈现着不同的状况。风险预防方法的分类，同样也是如此。除从预与防的角度分类之外，人类风险预防方法的分类，还可以从目的要求、性质属性、功能特征等多种维度进行分类。如果从分类学的角度而言，这种多元性的分类，对于促进人们更好地认识人类风险预防方法本身，无疑具有重要的意义。但是，对于风险的预防而言，简单分类的认识，即可以达到风险预防对于方法选择的基本要求。故此，我们对于预与防角度之外的风险预防方法分类的讨论，只能于此存而不论。

2. 预防方法选择的基础

人类借以实现一定目的的手段、工具、方法的多样性，决定了方法选择的必然性；而不同方法对于一定目的实现所具有的功能有效性的差异，则决定了方法选择的必要性。因此，我们可以说，无论从人类实现一定目的所使用方法、工具、技术、手段等介体性因素的多样性而言，还是从不同的方法、工具、技术、手段等介体性因素对于一定的目的实现所具有的有效功能的差异性而言，抑或是从主体对于不同的方法、工具、技术、手段等介体性因素使用的适用性的差异上而言，人类行动目的的实现、目标的达成对于方法的选择，都是必然的和非常必要的。

风险预防活动作为一种人类有效应对未来可能遭遇风险的现实而具体的实践活动，无论对可能遭遇风险的科学认识、正确判断与准确预测，还是对之可能变为现实的有效防治，无疑都必然会涉及到对不同方法、工具、技术、手段等介体性因素的选择性。方法选择的必要性，一方面构成了人类风险预防方法选择的重要基础，另一方面，也对人类风险预防方法的运用提出了基本的要求。

首先，人类借以实现一定目的的手段、工具、方法的多样性，决定了方法选择的必然性，同时也构成了人类风险预防方法选择的重要基础。我们知道，在目的与实现目的手段、工具、技术、方法等介体性因素之间，目的的实现，制约和决定着对于手段、工具、技术、方法等介体性因素的选择。根本的理由就在于：第一，目的是人类一切实践活动追求的最终结果，在人类实践活动一切构成要素之中居于首要之位置，手段、工具、技术、方法等作为目的借以实现的介体性因素,必然受制于目的实现要求的制约;第二,不同目的的人类实践活动,对于目的借以实现的手段、工具、技术、方法等介体性因素,有着不同的要求。因此,人类风险预防活动的展开对于有效方法的选择,无疑有着现实的必然性。

其次,不同的方法、工具、技术、手段等介体性因素对于一定的目的实现所具有的有效功能的差异性,决定了方法选择的必要性,这一点也同样构成了人类风险预防方法选择的重要基础。方法、工具、技术、手段等作为人类一定的实践活动目的借以实现的介体性因素,虽然对于人类一定的实践活动目的的实现都有着重要的工具价值,但是,由于不同的方法、工具、技术、手段等介体性因素对于一定的实践活动目的的实现所具有的价值具有一定的差异性,因而对于更有利于目的实现的方法、工具、技术、手段等介体性因素的选择,自然就成为人类一切实践与交往活动展开及其目的实现的基本要求。人类的风险预防活动,同样要求对于更高价值与效力方法的选择性使用。

此外,主体对于不同的方法、工具、技术、手段等介体性因素使用的个体适应性要求,也在一定程度上决定了主体对于方法运用的选择性。人作为一定目的实现的实践活动的组织者,自然也是一切方法、工具、技术、手段等介体性因素的具体使用者,因而人对于方法的理解、技术与工具的掌握及其个人的方法性偏好,无疑也在一定程度上影响和制约着其对方法的选择性使用。这种基于个人的素质、技能和偏好而产生的对实现一定实践活动目的方法的选择,是人类方法运用过程中出现的一种特殊现象,它反映了人与工具、技术、方法之间所具有关系的复杂性。现代社会风险的预防,自然在方法、工具、技术的使用上,同样也存在着这一复杂的互动关系。

3. 预防方法选择的原则

对于有效方法的选择,是人类一切现实而具体的实践与交往活动展开和一定的实践活动目的实现的必然要求。没有科学、适宜、恰当和有效的方法、技术、手段与工具的支持,则人类一切现实而具体的实践与交往活动也就无法展开,其所追求的目的或者目标,自然也不可能实现。所以,人类任何实践与交往活动的展开,都需要根据目的或目标实现的要求,对可能运用的方法、技术、手段与工具等介体性因素给出科学而有效的选择。方法选择的根本目的在于实现方法、技术、手段与工具等介体性因素与诸实践活动构成要素的最佳匹配,从而最大化地提升方法、技术、手段与工具等介体性因素运用的有效性。为此,方法选择必须遵循的基本原则是:(1)科学性原则,(2)价值性原则,(3)适宜性原则,(4)有效性原则,(5)操作性原则。

第一,科学性原则。科学性原则是现代社会人类一切活动都必须遵循的基本原则,在人类现实而具体的实践与交往活动的展开中发挥着重要的作用与价值。从方法选择的角度而言,所谓科学性原则,其内涵主要包括两个方面:一是方法、技术、手段与工具等介体性因素本身必须具有科学性,是人类劳动创造并经实践检验行之有效的智慧成果;二是一切方法、技术、手段与工具等介体性因素,必须与构成实践活动的诸要素实现科学的匹配。即方法的选择,必须在方法因素自身和方法因素的运用两个方面体现出科学性。为此,要求人们在风险预防方法的选择过程中必须做到:一是必须立足于风险的科学预防而对方法、技术、手段与工具等介体性因素进行科学性的分析与考察,二是必须着眼于方法运用的有效性而对方法、技术、手段、工具等介体性因素与预防活动构成诸要素的匹配性进行科学性的分析与考察。

第二,价值性原则。价值性原则也是人类活动遵循的基本原则,是人类行动目的性追求的反映与体现。从方法选择的角度而言,所谓价值性原则,主要指的是方法、技术、手段与工具等介体性因素的选择性运用必须有利于促进人类实践活动目的的实现,从而使方法、技术、手段与工具等介体性因素本身的工具价值与对实践活动目的实现的使用价值实现高度统一。为此,要求人们在风险预防方法的选择过程中必须做到:一是必须着眼于有效促进风险预防目的的实现而对一切方法、技术、手段与工具等介体性因素所具有的价值性给出科学的分析与判断,二是从有效预防风险这一根本目的出发,对最具有促进风险预防目的实现的方法、技术、手段与工具等介体性因素做出选择性使用。

第三,适宜性原则。适宜性原则或称恰当性、契合性原则,是人类方法运用必须遵循的基本原则之一。人类实践活动对方法的选择性运用,根本的目的就在于通过对方法、技术、手段与工具等介体性因素及其与构成实践活动诸要素关系的客观分析与准确把握,从而选择出最恰当、最有利于活动目的或目标实现的方法、技术、手段与工具等介体性因素。因此,所谓适宜性原则,指的就是实践活动展开所运用的方法、技术、手段与工具等介体性因素必须与构成实践活动诸要素实现最佳匹配的原则。为此,要求人们在风险预防方法的选择过程中必须做到:一是必须着眼于风险预防的目的性要求而选择最恰当与最有效的预防方法,二是必须着眼于与预防活动诸要素协调统一的要求而选择最恰当、最匹配的预防方法。

第四,有效性原则。有效性原则是现代社会风险预防方法选择与运用必须遵循的最重要的原则。虽然预防方法的有效性不能从根本上决定人类风险预防活动有效性的获得,但是,预防方法的有效性却无疑极大地影响着风险预防活动有效性的获得与提升,因而对于有效性的追求,同样也会成为风险预防方法选择与运用必须遵循的重要原则。所谓有效性原则,指的就是人类实践活动展开所运用的方法、技术、手段与工具等介体性因素,不仅应与实践活动目的的要求相一致并与实践活动诸构成要素之间实现协调统一,而且方法、技术、手段与工具等介体性因素的内在组合必须产生最大的效用性。为此,要求人们在方法的选择过程中必须做到:一是必须基于目的、实践活动、方法等诸要素的协调统一性要求而选择方法的组合与运用,二是必须克服和防止方法组合与运用过程中矛盾、冲突现象的发生。

第五,操作性原则。操作性原则是一切方法选择与运用必须遵循的基本原则。无论是人类为实现一定的行动目的而做出的选择性方案,还是人类行为活动的展开而选择的工具性方法,都必须具有一定的操作性。否则,一切作为方法、工具、技术、手段等介体性因素的效用性,就无法在现实的层面上得到具体的表达。风险预防方法的选择,同样也必须体现出操作性的要求。所谓操作性原则,指的就是一切方法、技术、手段与工具等介体性因素在人类现实而具体的实践与交往活动中可有效运用的原则。操作性原则的遵循,要求人们在风险预防方法的选择与运用时必须做到:一是必须着眼于可实现性而对风险预防的行动方案做出最优化的选择,二是必须着眼于主体的驾驭能力而对风险预防涉及到的方法、技术、手段与工具等介体性因素做出最优化的选择。

(二)预防的基本方法

着眼于预与防的区别,现代社会人类风险预防的方法,大体上可以区分为预的方法与防的方法两大类。这一区分,既是从预与防活动所具有的差异性角度而进行的区分,也是从预与防活动所适用方法、技术、手段与工具等介体性因素的区别性而进行的划分。根据我们在"预防方法的分类"问题的讨论中所做的分类,我们认为,预的方法是一种属于人类认识范畴的方法,主要是一些与人的认知兴趣、认知态度、认知取向等主观性因素相关联的方法;而防的方法,则是一种属于人类行动范畴的方法,主要是一些与人的行动目的或行动目标、行动组织与行动展开等因素相关联的方法。预与防的方法的有机结合,构成了人类风险预防活动展开的基本方法体系。

1. 预的基本方法

风险的科学预测与准确判断作为人类风险预防活动的重要构成,它是人类风险预防活动预这一阶段的主要内容,因而预这一阶段的主要任务是对一定时期内可能遭遇到的风险给出科学的预测与准确的判断。由于人类对可能遭遇风险的科学预测与准确判断主要是基于对对象化客观事物及其在一定的对象化活动关系之中发生的变化而分析、考察与判断事物发展可能出现的风险性状况的,因而风险预防之预的方法主要从属于人类认识范畴,是人类认识事物的方法在风险预防活动之中的具体运用与体现。从人类对事物有效认知的角度出发,我们认为风险预测与判断的方法主要包括以下几种:一是系统观察法,二是综合分析法,三是逻辑推论法,四是模拟实验法。

第一,系统观察法。观察法是人类认识事物的基本方法,主要指的是人类运用自身的感觉器官对对象化认识客体进行有效的感知、反映并在头脑中建立起关于对象化客体之整体概念或整体映像的方法。观察法运用的有效性,主要取决于人类对对象化客体所进行的感知、反映是否具有客观性、系统性与整体性。通常,人类对对象化客体所进行的感知、反映愈具有客观性、系统性与整体性,则意味着人类对对象化客体的观察与认识愈准确、愈符合客观事实和愈有效;反之,则可能会出现错误、扭曲或虚假的反映。因此,在风险的预测与把握活动中,观察法的有效运用。要求人们必须做到:一是必须对对象化的认知客体进行完整、系统与准确的观察,二是必须实事求是和客观地反映对象化认知客体属性、特征及其在对象化关系中的变化,三是必须以发展与辩证的态度看待对象化认知客体的属性、特征获得及其变化。

第二,综合分析法。综合分析法是在对对象化认知客体属性、特征及其在对象化关系中的变化进行完整、系统、准确而有效观察的基础上,对反映在头脑中的对象化认知客体的属性、特征及其在对象化关系中的变化进行客观的分析、判断、归纳从而形成关于对象化客体整体映像的认知方法。综合分析法是人类在对对象化客体完整、系统、准确而有效观察的基础上展开的,因而其有效性一方面取决于认知主体对对象化客体有效观察的状况,另一方面也取决于认知主体对观察而获得的关于对象化客体反映的综合性分析、判断、归纳的状况。分析法的有效运用,要求我们必须做到:一是必须对观察反映结果的真实性进行认真的分析、判断与甄别;二是必须基于有效的观察,通过综合而客观的分析、归纳,对对象化客体的属性、特征及其在对象化关系中的变化做出客观、完整与准确的反映性认知或判断;三是在以上基础上,做出关于事物发展风险性及其风险性程度的客观判断。

第三,逻辑推论法。逻辑推论法是根据事物之间普遍联系及其所结成关系变化的规律性而对事物发展演变的趋势与方向做出分析与判断的方法,是人类认识事物的重要方法之一。逻辑推论法的有效性,主要取决于认识主体对对象化客体属性、特征及其在对象化关系中变化趋势、方向与可能出现状态的认知和把握所达到的准确性程度。当然,这一能力的获得,既与认识主体所具有的对事物发展规律、趋势准确的感知力、判断力有着直接的关系,同时与认识主体所具有的相关经验也有非常密切的关系。在风险的预测与把握活动中，逻辑推论法的有效运用，要求我们必须做到：一是必须对处于对象化关系之中的认识客体的变化、发展及其趋势做出系统的观察、分析与判断，二是必须基于风险预测的要求而对可能引起对象化客体风险性生成的诸因素做出客观的分析与准确的判断，三是必须根据事物发展演变的规律性对对象化客体风险性生成的可能性、趋势、特征等做出科学的分析与正确的判断。

第四，模拟实验法。模拟实验法是人类利用事物的普遍联系与发展的规律性特征，通过人为地设置一定的环境而观察对象化客体在这一特定环境之下的发展、演变与变化状况，从而达到科学预测与有效把握对象化客体在特定条件之下风险性的生成、演变状况的一种认知方法。模拟实验法运用的目的在于通过科学地创设模拟性环境而观察对象化客体在这一特定环境之中运行与发展的状况，以实现对未来可能遭遇到同样情境下风险的有效预测。模拟实验法运用的有效性，从根本上而言，取决于对于模拟性环境的科学创设及其符合客观实际的有效控制。因此，模拟实验法的运用，要求我们必须做到：一是严格按照未来可能遭遇的情境或者现实呈现的环境创设特定的模拟实验环境，二是整个模拟实验的过程必须基于实验的目的要求给予科学的设计与有效的控制，三是对模拟实验的每一个环境、每一个因素的变动都必须给予准确的观察与分析，结论必须具有可靠性。

2. 防的基本方法

有效地防止风险的发生或者风险倾向性转化为现实性之前而对风险发生的科学预测，是风险预防的重要内容和重要基础。风险预防之预的阶段的主要任务是对可能遭遇的风险给出科学的预测和准确的判断，因而预的基本方法主要属于人类认识的范畴。但是，与风险预防之预的阶段不同，风险预防之防的阶段的主要任务是有效地防止或防治风险的发生，因而防的基本方法主要属于人类行动范畴。由于科学而准确的风险预测是有效防治风险的基础，因而在风险的预防活动中，风险防止或防治方法的运用并非是可以凭着预防主体的主观臆断而任意选择的，而是必须根据风险预测的结果状态而有针对性地选择使用。根据风险预测可能出现的结果及其对人的生存与发展的影响,我们认为,风险预防之防的基本方法主要包括了科学规避法、趋势改变法、疏导利用法等几种。

第一,科学规避法。科学规避法适用于以下两种情况:一是在一定时期内可能遭遇到人力无法克服、无法控制的风险,二是无法判定一定时期内可能遭遇的风险的性质、风险的程度及其风险可能产生的后果。当人类对一定时期内风险的预测出现上述两种情况时,一般适合运用科学规避法而进行预防应对。科学规避法运用的根本目的虽然是回避可能遭遇的风险,但是,科学规避并非意味着不作为或无所作为,而是相反。科学地规避风险指的是人类在明确地意识到风险的不可控或者不确定时而展开的积极的风险回避,是一种在风险生成或者转化为现实存在之前的积极的风险预防行为。因此,科学规避法的运用,要求我们必须做到:一是必须根据风险的生成与演变的状况而制定出科学有效的风险规避预案,二是组织并严格实施预案,三是对预案实施过程、结果等预防行为活动进行客观的评估并总结出经验与教训。

第二,趋势改变法。趋势改变法是一种通过合理地干预事物发展的条件而改变事物风险性生成趋势的风险预防方法。与科学规避法不同,趋势改变法一般不适用于对无法判定、无法控制的风险的预防,而是适用于可控或可改变性的风险的预防。趋势改变法运用的根本目的就在于通过有针对性地改变可能引致对象化客体风险性生成的条件性因素从而达到改变其风险性生成的趋势或者说控制其风险性的生成。因此,趋势改变法的运用,要求我们必须做到:一是必须准确判定可能遭遇的风险是否具有可控性或者说具有风险趋势改变的可能性,二是必须对可能引致对象化客体风险性生成的条件性因素做出科学的分析、审视与判断,三是必须根据事物发展的规律和风险性化解的要求而对可能引致对象化客体风险性生成的条件性因素给出有效的控制或者改变。

第三,疏导利用法。疏导利用法是在科学预测和准确判定可能遭遇风险的性质、功能性影响及其结果的基础上,通过有目的性的干预、控制和影响对象化客体风险性的生成而实现有效利用风险的一种风险预防方法。如同趋势改变法一样，疏导利用法也是一种积极的风险预防方法，但是，就其适用的条件而言，是与趋势改变法存在着一定区别的。疏导利用法主要适用于主体可控制、可把握、可转化与可利用的风险类型，或者说主体在可能遭遇完全可控并能够有效利用其积极的功能影响而促进自身安全生存与健康发展的风险的情况下，适用于运用疏导利用法对之进行预防。疏导利用法的运用，要求我们必须做到：一是必须准确地判定可能遭遇的风险是否适合疏导利用的方法而进行预防，二是必须有目的有针对性地对于可能促进风险实现机遇性转化的条件性因素给予有效的刺激、优化并使其处于激活状态，三是必须切实而有效地控制可能引致危害性结果出现的风险性因素。

　　这里，我们必须指出的是，风险预防之防的基本方法，只是人类在对在一定时期内可能遭遇风险的科学预测与准确把握的基础上对处于现实化显现之前的对象化客体风险性生成及其演变倾向性的一种积极应对与防御的方法，因而与人类风险应对与把握活动所使用的方法存在着本质的区别。无论是风险预防之预的方法，还是风险预防之防的方法，都是在一定的风险倾向性在演变、发展并转化为现实化显现存在的状态之前而使用的方法，而不是在已经遭遇现实化的风险过程中使用的应对与把握的方法。显然，风险预防之方法与风险应对与把握之方法之间，存在着适用性要求的根本区别。

（三）预防方法的有效运用

　　人类风险预防的根本目的在于有效防止风险的发生或者有效促进风险倾向性的机遇性转化，因而一切方法的运用都必须围绕着这一根本目的而展开。为此，人类对于风险的预防，不仅需要对相应的方法、技术、工具、手段等介体性因素给出选择性的使用，而且在对方法、技术、工具、手段等介体性因素具体的运用过程中，必须根据预防目的的要求和预防活动展开的需要，使所选择运用的方法、技术、工具、手段等介体性因素与预防的目的、预防活动过程的诸构成要素以及预防主体个人所具有的个体化特征实现高度的和谐统一。惟其如此，才能促使方法、技术、工具、手段等介体性因素的运行产生最大化的效力，也才能最大程度地提升人类风险预防活动的有效性。

1. 方法与目的的统一

方法与目的或目标的统一,是风险预防方法运用的基本要求。关于方法与目的或目标之间所具有的关系,我们在前文已进行过一定程度的分析与讨论,故在此不做赘述。我们于此所关注的问题,乃是在具体的风险预防活动中如何实现方法与目的或目标的有效统一问题。因此,这是一个只有在具体的风险预防活动之中产生并且只能在具体的风险预防活动之中有效解决的问题。

所谓方法与目的或目标的统一,指的是作为工具的方法必须具有充分实现一定的风险预防目的或目标的功能有效性。我们知道,一定的方法、技术、工具、手段等作为人类活动展开与目的或目标实现的介体性因素,其主要的功能在于行动的组织性与目的或目标实现的联结性。但是,由于不同方法、技术、工具、手段等介体性因素对于不同目的或目标实现所具有功能有效性的差异,因而决定了人类活动对于方法、技术、工具、手段等介体性因素选择的必要性。

因此,在风险的预防中,方法运用与一定的预防目的或目标有效统一的实现,其根本的要求在于:一是必须根据风险预防活动总体目的或目标的要求,选择建构能够最有效实现目的或目标的方法、技术、工具、手段等介体性方法体系;二是在风险预防的活动过程中,必须根据每一阶段的中心任务、每一项任务的不同目标,选择运用能够最有效达成目标的具体的方法、技术、工具、手段;三是必须有效控制影响目的或目标实现的工具性因素的干扰。

2. 方法与过程的统一

任何方法的运用,其有效性的产生,除了必须与一定的目的或目标要求协调统一之外,还必须与活动过程的每一个阶段、每一项任务、每一个因素实现协调统一。当然,这里所谓方法与过程的统一,主要指的是方法的选择性运用与人类风险预防活动过程诸要素的协调统一,或者更确切地说,乃是与风险预防活动展开的内外环境构成要素的协调统一。其统一主要体现在以下三个方面:一是与对象化客体风险性生成的环境制约性因素的协调统一，二是与预防活动组织、展开的秩序性与程序性要求的协调统一，三是与方法、技术、工具、手段等介体性因素运用的支持性因素的协调统一。

一定的方法、技术、工具、手段等介体性因素，虽然是人类活动组织、展开和目标或目的的实现必须依赖的工具性因素，但是，这些工具性因素所具有的功能性价值的实现及其实现的程度，主要不是取决于这些方法、技术、工具、手段等介体性因素自身的属性特征，而是取决于对这些方法、技术、工具、手段等介体性因素的运用。而这些方法、技术、工具、手段等介体性因素的有效运用，无疑必须得到人类活动过程所涉及到的诸要素的支持，即一定的方法、技术、工具、手段等介体性因素的运用，必须与人类活动过程所涉及到的诸要素的要求协调统一。

在人类现实而具体的风险预防活动之中，方法运用与预防活动过程协调统一的实现，要求我们必须做到：一是必须根据有效遏制对象化客体风险性生成条件因素生成的要求，选择运用恰当的方法、技术、工具、手段等介体性因素；二是必须根据有效组织、展开风险预防活动秩序性与程序性的要求，选择运用恰当的方法、技术、工具、手段等介体性因素；三是必须根据风险预防活动展开环境条件的支持性要求，选择运用合适的方法、技术、工具、手段等介体性因素。

3. 不同方法之间的统一

不同方法之间的协调统一，也是方法有效运用的基本要求之一。我们知道，作为人类实践活动赖以组织、展开和目标实现重要介体性因素的方法、技术、工具与手段，既是人类劳动与智慧创造的结晶，也是人类知识、经验等精神性因素的凝结与体现。因此，不同方法、技术、工具与手段等介体性因素之间的协调统一，有利于人类活动过程之中不同性质、不同类型、不同形态、不同功能的方法、技术、工具与手段等介体性因素之间形成有效的合力，从而更有效地促进和推动人类实践活动目的或目标的实现。人类风险预防活动的开展对不同方法、技术、工具与手段等介体性因素的运用，同样也是如此。

所谓不同方法之间的统一，主要指的是不同方法、技术、工具与手段等介体性因素的运用,必须实现相互匹配和功能互补,而不是相反。这里,既包括了不同方法、技术、工具与手段等介体性因素之间的科学性、逻辑性与操作性的匹配,同时也包括了不同方法、技术、工具与手段等介体性因素之间的功能性匹配或者互补。显然,不同方法、技术、工具与手段等介体性因素之间匹配性、互补性的实现,为人类风险预防活动对这些方法、技术、工具与手段等介体性因素的运用,提出了更高的要求。

在人类现实而具体的风险预防活动之中,不同方法、技术、工具与手段等介体性因素运用的统一性的实现,要求我们必须做到:一是必须根据风险预防活动组织、展开与目的或目标实现的总体要求,科学而合理地选择运用科学性、逻辑性与操作性相互匹配的方法、技术、工具与手段等介体性因素;二是必须根据方法组合的最有效原则,科学选择和运用功能性匹配或者互补的方法、技术、工具与手段等介体性因素;三是必须在风险预防活动展开的过程中,及时有效地消除因不同方法、技术、工具与手段等介体性因素的不当运用而生成的各种冲突与矛盾。

4. 方法与主体的统一

人是一切方法、技术、工具与手段等介体性因素运用的主体,因此,方法与主体的统一,也是方法有效运用的基本要求。应该说,人作为风险预防活动主体,人自身的一切,对风险预防活动的展开,以及方法、技术、工具与手段等介体性因素运用及其有效性的实现,都产生着重要的影响。然而,在现实的风险预防活动之中,作为风险预防活动主体的人,其主体力量的发挥,也只有在与一切客体因素的协调统一之中,才能够得到充分的激发并有可能最大化的实现。

作为方法运用的基本要求,方法与主体的统一,指的主要是方法、技术、工具与手段等介体性因素的运用与作为活动主体的人自身所具有的主体性特征的协调统一。其内涵主要包括两个方面:一方面,作为风险预防活动主体的人,必须具备对一定的方法、技术、工具与手段等介体性因素驾驭与有效运用的能力;另一方面,风险预防活动组织、展开所运用的方法、技术、工具与手段等介体性因素,必须与主体所具有的能力素质相匹配,或者说,相对于主体的能力与素质而言,必须具有可运用与可驾驭性。

方法与主体的统一,既是一个主体对一定的方法、技术、工具与手段等介体性因素选择性运用的过程,也是一个主体在具体的实践活动中习得性运用的过程。是以,风险预防活动过程中,方法、技术、工具与手段等介体性因素的运用与主体统一性的实现,要求我们必须做到:一方面,必须根据主体的专业知识、技术素养和方法驾驭能力,选择运用与主体最相匹配的方法、技术、工具与手段等介体性因素;但是,另一方面,主体在对一定的方法、技术、工具与手段等介体性因素运用的过程中,必须通过有效的学习而最大化地提升运用相应的方法、技术、工具与手段等介体性因素解决问题的能力。

三、风险预防的主要策略

现代社会的风险预防,并非仅仅是一个涉及到个体的现实生存与发展应对问题,而是一个涉及到社会结构的合理化与有序运行的问题。在人类现实的生存与发展过程中,个体虽然是一切社会风险风险性影响的具体承担者(当然,在一定意义上而言,个体也是一切社会风险的制造者与传播者),但是,究其根源而言,人类社会生活过程中所遭遇到的一切风险,无不根源于社会生活的内在矛盾性与冲突性。因此,风险的个体性预防,显然不是人类风险预防的主要形式。人类风险生成、分配、传播与传导的社会性特征,决定了社会性风险预防的必要性。即人类必须着眼于最大化地消除或控制引致一切风险生成的社会性影响因素,才能实现对风险的有效预防。

基于风险整体预防的策略制定与选择,是一项旨在通过人类生存与发展环境的整体优化而有效消除或者控制社会风险性因素生成的策略性行动,因而必然是一项与社会构成主体素质的提升、社会结构的合理化改造和社会运行环境的优化等一系列复杂问题的应对、处理有着高度关联性的战略性决策行动。正因为如此,社会性的整体风险预防,不仅涉及到人类社会生活构成各个层面、各种要素的改造与优化,而且也包含着不同层面的主体为消除风险而展开的合作性的行动。显然,这里我们不可能也无法对作为社会性风险整体预防的策略制定与选择问题做出详尽的分析与讨论,而只能就关涉到社会性风险整体预防策略选择与制定的几个核心问题,给出必要的分析与探索。

(一)风险意识的全面提升

社会成员风险意识的养成及其整体化的提升,既是人类风险预防、风险应对与把握活动组织并展开的基础与重要条件,也是人类风险预防的重要策略之一。尽管人类风险意识的提升并不能直接消除社会运行的风险性,但是,社会成员风险意识的养成及其整体化的提升,对于人类有意识的风险预防、风险的应对与把握,无疑有着重大的意义。这里的意义就在于:风险意识不仅是人类自觉的风险预防行为生成的基础,更是人类有意识的化解与防治事物发展风险性生成的重要的行为驱动力。正是在这个意义上而言,没有社会成员风险意识的养成及其整体化的提升,也就不可能有人类对风险的自觉预防。

1. 风险意识提升对风险预防的意义

人作为一种智慧性的生命存在,有意识的存在是其区别于其他生命物质的重要特征。所谓有意识的存在,指的就是人类不仅能够明确而清晰地意识到自身的存在,而且也能够明确而清晰地意识到自身如何存在才更有意义和更有价值。因此,人的一切行为不仅是在明确的意识主导下展开的,而且也有着明确的目的性与价值性的追求。人类对一切可能遭遇风险的预防,同样也是如此。这里所谓明确的风险意识,主要包括两个方面的内涵:一是人类的一切行动都有可能导致风险生成的意识,二是明确的风险防范意识。前者是针对于人类行动可能产生的风险性后果而言的,而后者则是针对于风险行动的有效防止而言的,二者共同构成了人类风险意识的基本内涵。

风险意识的养成及其提升,是有效防止人的风险性行为发生或出现的重要策略。我们知道,人的行为的意识性,直接影响着行为的发生及其结果的出现。或者说,人类为了实现现实的生存与发展而产生的任何行为或者行动,都是在明确的意识支配下出现的。人类行为的意识支配性,决定了人类确立或者持有什么样的行动观念,就会有什么样的行动及其与之相应的结果。因此,对于人类的行动及其可能产生的行动结果而言,明确、科学而内涵着健康与正确价值追求的行动观念的确立,对于人类为了实现现实的生存与发展而组织的多样化的实践活动的展开及其可能产生的结果,无疑有着重要的方向性导引与价值性规约的作用。正是在这一意义上而言,我们认为,现代社会人类风险意识的养成及其提升,从有效降低或者减少人类风险性行为的角度而言,不啻为一种风险有效预防的应对策略。

明确的风险意识的养成及其提升,也是人类自觉的风险预防行为活动展开的重要基础。没有明确的风险意识,自然就不会有人类风险的自觉预防。并且,人所具有的风险意识愈明确、愈强烈,则人的风险预防的自觉性也就高、愈充分。从意识对人类行为驱动所具有的功能性意义的角度而言,明确的风险意识的养成、确立及其意识性的提升对于人类风险预防所具有的意义,主要表征在:一是行动的风险意识是有效预防与降低风险性行动发生的必要条件,人只有在明确的风险意识的支配下,才不会展开具有风险性的行为活动;二是明确的风险意识是人类行动风险性的有效预警系统,人的行动对风险性的科学而有效的预测,都是在明确的风险意识的支配下得以展开的;三是明确的风险意识是人类风险预防活动自觉展开的有效驱动系统,没有这一系统的有效驱动,则即使人类在面对可能遭遇的风险时,也难以展开自觉的风险预防行为活动。

2. 风险意识提升的基本途径

人类风险意识的养成及其提升,有两条重要途径:一是实践的途径,二是教育的途径。所谓实践的途径,指的是人类通过遭遇一定的风险性实践活动教训而从实践经历的亲身体验与感受中获得并形成一定的风险意识的途径,这是一条由实践上升到人的意识的反映的途径;而所谓教育的途径,则指的是通过一定的风险教育活动的开展而获得并形成一定的风险意识的途径,这是一条间接学习、认知、接受与获得的途径。对于人类风险意识的养成与提升而言,无论是实践的途径,还是教育的途径,都有着重要的意义。当然,两条不同的途径对于人的风险意识养成及其提升所具有的功能效果,并非具有一定的等效性,而是存在着一定的差别的。这一差别主要表现为两种途径所构造并形成的风险意识所具有的稳定性、感受性体验程度存在着比较明显的差异。一般而言,通过实践途径而构造并形成的风险意识,其稳定性与感受性体验程度要高于通过教育途径所养成的风险意识。

在本源上意义而言,人类关于客观世界的一切意识性的反映,都无不根源于人类为了实现现实的生存与发展而组织并展开的多样化的实践活动,是人类在实践活动之中对对象化的客体认知与反映的结果。风险意识的生成、建立及其发展演变,同样也是如此。无论是人类关于事物发展不确定性之于风险性生成的意识,还是关于人与风险性事物关系的结成及其可能导致结果的意识,都与人类风险性的实践活动或者在现实而具体的实践与交往活动过程之中对于所遭遇的风险性事件、现象的应对性经验有着直接的关系。实践的途径之所以是人类风险意识养成及其提升的重要途径,根本的原因就在于:一方面,实践是人类一切观念意识生成、发展与变化的唯一根源,人对世界的认识只有从感性认识上升到理性认识,才能转变为稳定的观念意识;另一方面,实践是检验人类一切观念是否具有真理性的唯一标准,人类在具体的实践活动之中所建立的观念性的认识,只有回归到实践之中,才能确证其客观性与正确性。

教育的途径,也是人类风险意识养成及其提升的重要途径。虽然在本源意义上而言,实践是人类一切观念意识的来源,但是,人类文化性创造生存的特征,决定了人类可以通过接受一定形式的教育而学习、掌握他人的知识经验,从而获得并建构起关于世界认知的观念意识系统。我们知道,人的生命的有限性及其实践活动的局限性,决定了人对世界的认识、关于世界观念的建立,不可能都需要经历直接的实践活动才能够实现。事实上,人类关于世界认知的绝大多数观念,都不是实践亲历的结果,而是通过一定形式的学习与教育而获得的。尤其是在现代社会,社会分工的精细化发展、社会生活的高度分化,一方面使得人类不同实践活动之间的跨越性越来越大,另一方面也使得人类对于世界多样化与深层次的认识越来越依赖于专业教育。显然,在一个高度分化而又变动不居的时代,人类对世界的认识与把握,越来越依赖于接受更专业更高层级的教育。正是在这一意义上而言，我们说关于风险知识的学习和教育，无疑也是促使人类风险意识养成及其提升的重要途径。

（二）危机预案的策略制定

如果说风险意识的养成与提升对于人类自觉的风险预防活动的开展、风险性行为活动的有效减少有着重要的策略性支持意义的话，那么，为了有效防止风险的发生及其对可能发生的危机性事件策略应对方案的制定，则是人类风险预防的重要策略。在本质上而言，危机应对预案的制定，并不是直接针对于事实发生的危机性事件或者说风险性事件的现实应对与处理而展开的，而是针对于有效地应对与处理未来可能遭遇或发生的危机性事件或者说风险性事件而进行的，因而危机应对预案的制定也就不能称之为一种风险化解、应对与处理的活动，而只能称之为一种人类为了应对可能遭遇的危机性事件或者说风险性事件而采取的先行预防的策略性活动。

危机预案的策略制定，根源于人类在明确的风险意识支配下所产生的生存与发展的危机感。这种危机感不仅普遍地存在于个体的生存与发展对于未来的预期之中，也广泛地存在于一个民族、一个社会或一个国家的生存与发展对于未来的预期之中。因此，从风险整体预防的角度而言，人类生存与发展对于可能遭遇的危机性事件或者说风险性事件的策略性预防，主要是从三个不同的层面展开的。这三个层面分别是个体的层面、群体或组织的层面、社会或国家的层面。当然，基于全球人类整体生存与发展的风险预防与应对，也正在随着现代信息技术尤其是计算机及网络技术突飞猛进的发展对于人类社会生活一体化程度的不断促进而成为人类风险预防的一种重要趋势。

1. 个体策略的制定

个体的策略性应对，是人类风险预防的最基本的层面。个体作为人类社会的基本构成，既是人类一切实践与交往活动（包括风险性实践与交往活动）的具体承担着，也是人类一切实践与交往活动结果（包括风险性的实践与交往活动的结果）的直接承受着。因此，作为个体生存与发展对于可能遭遇风险的预防,乃是人类风险预防活动展开的最基本的层面。与群体(或组织)、社会(或国家)层面的风险预防不同,个体的风险预防通常不涉及关乎自身现实与现世生存之外的自然风险事件、社会风险事件的预防,因而个体风险预防策略的制定,其本质在于通过有效地谋划个体人生的现世活动与发展状态,从而达到有效规避和预防人生发展风险的目的。正是在这个意义上而言,个体风险预防策略的制定,无疑关乎着个体人生发展的未来谋划。

个体生存与发展的个体性特征,决定了个体对于可能遭遇风险的预防,主要是基于个体生命的安全存在、个体自我价值的实现及其自我健康发展的诉求而展开的。个体风险预防的这一现实诉求,决定了个体风险预防策略的制定,主要是从两个方面或者说是从两个相互关联而又不同的层面展开的:一是基于个体人生发展的目标与价值追求而展开的对于未来生存与发展状态及其实现过程、路径的谋划,二是基于个体生命安全存在和活动安全的追求而展开的对于现实而具体的实践与交往活动如何有效组织与开展的综合谋划。前者是个体基于人生发展与自我价值实现的目标诉求而进行的人生发展规划,而后者则是个体基于活动安全的诉求而进行的关于行动安全的预案规划,二者共同构成了个体现实生存与发展风险预防的策略体系。

基于人生发展与自我价值实现的目标诉求而进行的人生发展规划,是个体人生发展对于风险预防的主要策略。对于未来自我发展理想状态的追求,是人的存在与发展所呈现出来的最为显著的特征之一。因此,对于每一个体而言,其自我意识觉醒并建立之后而进行的关于自我发展的人生规划,无疑是一个人作为独立个体存在与发展的主要标志。个体关于未来人生发展的谋划,其内容主要包括了未来人生发展的目标、实现人生发展目标的职业规划、路径选择等。显然,在个体的人生发展规划中,风险的预防并不是规划的重要内容,但也是不可或缺的重要方面。当然,个体的人生发展谋划对于风险预防所具有的意义,也并不止于将风险的预防纳入到人生发展的规划之中。事实上,一个科学、合理和切实可行的人生发展规划的制定,本身就构成了个体人生发展风险预防的重要策略保障系统。

基于活动安全的诉求而进行的关于行动安全的预案规划，是个体在现实而具体的实践与交往活动过程中对于可能遭遇的风险展开有效预防的重要策略。人类在现实的生存与发展过程中所展开的任何行动，都有着明确的意识支配性。这种意识支配性，不仅包含了人类行动对一定目的或目标追求的预期反映，而且也包括了对于如何更有效地实现行动目的或目标的组织性、程序性、过程性预期谋划性的反映。这里，自然也包含了对于可能遭遇风险的预测及其预防性应对策略的安排。事实上，个体作为一种有意识的生命存在，其生命活动的展开，必然是一个由明确的意识性、目的性主导的过程。因此，个体对现实生存与发展过程中每一次、每一项活动组织与展开的预期性谋划（包括对预期结果与目标或目的、实现目标或目的的行动策略、危机性事件的应对预案等），都无不体现或者反映出个体生存与发展对于生命安全和安全行动追求的策略意识。

2. 组织策略的制定

群体或组织层面的风险预防，也是构成人类整体风险预防的重要方面。集群性的生存，是人类生存活动组织与展开的主要形式。尤其是在现代社会，社会生活的高度分化、劳动分工的专业化与精细化发展，不仅为人类专业性的劳动组合奠定了重要的基础，而且在真正意义上开启了个体自由组合与人类高度组织化生存时代的大门。因此，组织化的风险预防与应对，乃是现代社会人类风险预防的重要形式。如同个体生存与发展对可能遭遇的风险的预防一样，组织化的生存对于发展风险的预防，也主要是通过组织发展战略、组织活动有效展开的策略谋划而实现或者说给予体现的。当然，对于组织的生存与发展而言，对于可能遭遇的危机性事件、风险性境遇的科学预测与有效防范，显然比个体生存与发展对于风险预防的诉求，则要更为强烈与凸显。

现代社会运行与发展所呈现出的快速多变性与不确定性，使得人类任何形式的生存与发展都不可能不高度重视和认真面对由社会生活的快速多变与不确定而可能导致的风险事件的发生或者危机状况的出现。因之，通过对组织未来发展的战略谋划尤其是对可能遭遇到的发展危机、生存困境预防与应对的策略方案的制定而达到有效回避与防御风险事件的发生或者危机状况的出现，已成为现代社会人类不同社会生活组织进行风险预防与危机应对的主要策略。通常，组织对未来发展的战略谋划，被称之为组织发展的战略管理。它不仅包括了基于组织优势保持或新的优势获得的战略目标的确定及其实现的过程谋划，而且也包括了对组织发展可能面对的风险、危机与挑战的回应。无论是前者，还是后者，对于组织的发展而言，都不仅仅意味着一种发展的谋划，而且也意味着一种发展危机的回避与防范。

此外，组织在维系正常的运行与发展的过程中对于一切组织化活动有效展开和安全运行的设计与维持，也是组织应对和有效防御风险性事件发生的重要策略。一般而言，组织在维系正常的运行与发展的过程中对于一切组织化活动有效展开和安全运行的设计与维持，既是对组织发展战略谋划实施的具体体现，也是组织为了实现正常的运行与发展而对组织化活动安全有序展开的策略性设计，其根本目的在于有效地预防因组织化活动的失序而可能造成的风险性事件的发生或危机性境遇的出现。这里，无疑涉及到两个密切关联而又必须认真解决的问题：一是组织发展对于维系正常运行与发展的一切组织化活动有效展开和安全运行的设计与维持是否与组织发展的战略设计相适应，二是组织发展对于维系正常的运行与发展的一切组织化活动有效展开和安全运行的设计与维持是否能够有效回避和预防可能造成组织发展困境的风险性事件的发生或危机性境遇的出现。显然，只有切实解决好上述两个问题的组织化活动安全有序展开的策略性设计，才能够成为组织实现风险预防的有效策略。

3. 国家策略的制定

如同个体、组织层面的风险预防一样，国家层面的风险预防，也是构成人类风险预防的重要方面。国家作为迄今为止人类社会生活的最高组织形式，在人类现实的生存与发展中扮演着非常重要的角色，因而国家层面的风险预防作为人类社会风险的重要形式，对于人类社会生产、社会生活过程中可能遭遇的风险性事件、危机性境遇的有效防御，无疑有着重大的作用。尤其是在现代国家诞生以来，人类现实生存与发展过程中所遭遇的一系列风险性事件或者危机性境遇，都与国家自身的运行与发展有着直接的关系。在一定程度上而言，国家的存在及其运行本身就是现代社会人类社会生产与社会生活一系列风险的制造者。正是基于这一事实，我们认为，国家层面的风险预防，对于有效化解和消除社会运行的风险性因素从而实现风险的有效预防，有着任何形式的风险预防都无法代替的功能作用。

与个体、组织层面的风险预防不同，国家发展的战略策划虽然对于社会风险的预防有着重要的价值与意义，但是，这一谋划活动并不构成国家层面风险预防的重要方面。现代社会，国家层面的风险预防通常是以针对于国家发展可能出现的一系列危机性事件应对预案的制定及其实施的相应保障机制的建构作为重要的标志或表征的。由此可见，国家层面的风险预防活动，主要包括了两个方面的内容：一是基于保障国家发展战略实现的对未来可能遭遇的一系列风险性事件、危机性境遇有效应对的策略性预防方案的制定及其实施，二是与之相应的风险性事件、危机性境遇有效应对的保障条件及其运行机制的建构。这两个方面内容的结合，构成了国家层面发展风险预防的战略体系。

基于保障国家发展战略实现的危机应对策略方案的制定及其实施，是国家发展风险预防的重要策略。应该说，现代社会运行与发展的不确定性以及全球一体化的发展，对国家发展的风险预防与危机应对，提出了越来越高的要求。因此，在国家发展的战略谋划中，基于对未来发展不确定性的科学预测而对可能出现的风险性事件、危机性境遇应对策略方案的制定，已构成了现代社会国家发展战略谋划的重要内容，也成为一个国家实现有效风险预防的重要应对策略。一般而言，一个国家发展的危机性应对预案包括的方面主要有：一是对未来可能出现的发展风险的科学而准确的预测，二是基于风险预测而展开的有效化解、预防风险性事件和危机性境遇的行动策略安排，三是对危机应对程序启动的条件、程序、运行等实施性问题的设计与安排。

基于对未来发展可能出现的风险性事件、危机性境遇有效应对保障条件及其运行机制的建构,是国家风险预防与危机应对策略实现不可或缺的支持要件。国家发展对于风险与危机的战略预防,并不仅仅只着眼于社会发展可能遭遇的风险性事件、危机性境遇的有效应对,而是更着眼于确保社会的善治与国家的长治久安。因此,基于切实保障社会长治久安与健康发展的国家发展危机应对体系及其运行机制的建构,无疑对于国家层面风险预防的有效展开,有着重大的现实意义。这一应对体系及其运行机制既包含了风险与危机应对的国家不同层面的主体设计,也包含了日常与应急性运行的规则、制度、程序等保障性机制的设计与安排。由于这一应对体系及其运行机制的建构对于社会发展风险性因素的化解、控制以及危机性事件的处理发挥着重要的保障功能,因而我们可以将之视为国家发展风险预防的重要策略构成。

(三)社会环境的整体优化

我们知道,人类在现实的生存与发展过程之中所遭遇的一切风险事件、风险结果的发生,都根源于人类活动所引发的与环境的紧张、冲突或对立,是以,社会环境的整体优化,对于有效化解或控制环境关系中风险性因子的生成,无疑有着重要的功能意义。正是基于这一事实,我们认为,社会环境的整体优化,也是人类实现风险有效预防的重要策略。特别是在现代社会,人类生存环境的整体优化,不仅有助于有效化解人与环境之间的紧张与对立所导致的诸多的矛盾与冲突,而且也有助于改善人与自然、人与社会、人与他人之间的关系,从而在本源上达到或者实现对人类生存风险的有效预防。

基于风险预防而展开的社会环境的整体优化,主要是一种关系的优化,即着眼于人与自然、人与社会、人与他人、人与自我和谐关系的建立而展开的关系的选择、改造、重组与调整,其根本的目的在于建构一种有利于促进人类健康生存与自由而多样化发展的关系环境。因而,社会环境的整体优化,不仅体现出人类生存对于环境变动与发展的一种目标性诉求,而且也体现出对于环境变动与发展的一种价值性诉求。正是由于这种诉求的存在,才从根本上保证了社会环境的优化对于风险预防功能的生成性。

人类生存所展开的对于社会环境整体的优化,通常是从个体、群体或组织、社会或国家三个不同的层面展开的。由于不同层面展开的环境优化存在着目标追求的差异性,因而不同层面环境优化的方面、重点及其方式,自然也就存在着一定的差异性。当然,这种差异性的存在,并不会改变人类环境优化对于风险预防所具有功能的生成。因为环境优化之风险预防功能的生成及其大小,主要取决于环境优化所实现的程度,而不是取决于环境优化的方式与过程。

1. 个体生存环境的优化

在总体上,个体生存环境的优化有利于帮助个体有效回避、降低或者控制现实而具体的实践与交往活动过程中可能遭遇的风险,因而成为个体实现风险预防的有效策略。所谓个体生存环境的优化,主要指的是个体在一定的价值目标指导下,对构成自我存在与发展的关系环境所进行的有意识、有目的的选择、调整与改造的行为活动,这一活动展开的根本目的就在于为个体的生存创设和营建更为优化的关系环境,从而达到更好地促进个体生命体的安全存在与自由、健康而又多样化的发展。显然,这一活动的展开及其有效性的实现,无疑有助于有效化解、消除或控制可能引发个体生存危机与发展困境的环境性因子。

个体对生存环境的优化,主要是围绕着有利于促进自身生命安全存在、行动目标实现、自我价值实现与发展对关系环境的诉求而展开的,优化的方面主要包括了以下几点:一是对个体生存与活动展开的物理环境的优化,二是对个体生存与活动展开的人际关系环境的优化,三是对个体生存与活动展开的知识、信息环境的优化,四是对个体生存与活动展开的规则与制度环境的优化,五是对个体生存与活动展开的自我关系环境的优化。以上五个方面,基本上涵盖了个体生存活动赖以展开且必然要依赖的重要环境方面。物理环境的优化,根本着眼点在于实现个体与自然友善关系的建立;人际关系、信息、规则与制度环境的优化,其着眼点则在于实现个体与他人、社会和谐关系的建立;而自我关系环境的优化,则主要是个体基于自我统一与健康人格的建立而进行的一种自我关系的选择、调整与重构活动。

个体生存环境的优化,是个体基于自身生命安全存在、行动目标实现、自我价值实现与发展的诉求而自觉展开的对于环境建构的一种关系选择、调整、协调与重组的行为活动,因而个体对生存环境的优化,主要是在个体的主导下展开与进行的。从实现个体生存与发展对风险的有效预防这一角度而言,个体对生存环境优化的方式主要有两种:一是对环境的选择性建构与适应,二是对环境的创造性建构与适应。前者是个体根据自身生命安全存在、行动目标实现、自我价值实现与发展的要求而对构成自我生存环境的关系性因素进行有目的的甄别与选择建构的方式,而后者则是个体基于自身生命安全存在、行动目标实现、自我价值实现与发展的要求而对构成自我生存环境的关系性因素进行合目的的改造、调整或者创造性建构的方式。当然,在具体的优化活动中,个体选择什么样的方式,乃是由任务的性质与个体的需要而决定的。

由于个体是个体生存环境优化活动的主导者,因而个体生存环境优化可能实现的效果及其有效性,必然与个体自身的状况有着直接的关系。一般来说,个体对生存环境的优化是在明确的意识性、目的性与价值性主导下展开的,是以,个体对环境优化所持有的意识性、目的性与价值性愈明确,则愈有利于促进优化活动合目的性的展开并且获得最大化的有效性;反之,则不利于优化活动的展开,并且也在很大程度上制约着优化活动有效性的提升。此外,个体是否具有主导环境优化活动展开的能力及其能力的大小,也直接影响和制约着其对生存环境优化可能实现的效果及其有效性可能达到的程度。通常,个体主导环境优化活动展开的能力愈强,则愈有助于优化活动合目的性的展开和有效性的最大化提升;反之,则会严重制约优化活动的合目的性展开和有效性的提升。因此,在个体展开的现实而具体的环境优化活动过程之中,必须将个体所具有的对环境优化的意识性、目的性、价值性要求与其可能具备的能力密切协调起来。

2.组织发展环境的优化

如果说个体生存环境的优化是个体为了实现安全生存与健康发展而选择的风险预防的重要策略的话,那么,组织发展环境的优化,则是人类群体为了实现安全生存与健康发展而选择的风险预防的重要策略。组织发展环境的优化作为人类社会环境整体优化的重要构成，指的主要是以社会组织为主体而展开的对人的存在及其发展的现实环境尤其是关系环境进行优化的形式，其根本目的在于通过合目的地创设、改造与调整有利于组织健康发展的环境因素或者有效地化解、消除、控制可能影响与制约组织健康发展的环境因素而最大化地促进和保障组织的安全生存与健康发展。因此，组织发展环境的优化，无疑对于化解、消除、控制组织发展环境构成中可能引发或导致风险性事件发生、危机性境遇出现的风险性因素，有着重要的功能意义。

与个体生存对环境的选择性优化不同，组织发展环境的优化虽然也重视对构成组织发展环境因素的选择，但是，选择性优化并不构成组织发展环境优化的重要内容。对于组织的生存与发展而言，其自身的构成及其运行本身就已形成了重要的环境，并且对组织自身的安全存在与健康发展产生着重要的影响。因此，组织发展环境的优化除了着眼于对积极有利的社会环境因子选择之外，更重视对组织本身自组织环境的建设与优化。基于组织安全生存与健康发展保障的要求而言，组织发展环境的优化，主要包括以下几个方面的内容：一是组织的物理空间与自然环境的选择性创设及其优化，二是组织的结构、运行规则与程序线路等制度性环境的创造性优化，三是组织的心理、人际关系与文化环境的创设及其选择性优化。上述三个方面的因素，事实上是一个组织存在与发展的自组织环境的重要构成，因而所谓组织发展环境的优化，在根本上而言，主要指的就是组织自组织环境的优化。

由此可见，组织发展环境的优化是一个组织着眼于自身的安全生存与健康发展而组织并展开的对组织内在环境构成的各种关系性因素进行的合目的性建构、改造、创设、调整与重组的行为过程。显然，这一优化活动可以以两种方式而展开：其一是组织环境的创造性试验的形式，即根据组织发展的要求创设、建构一种具有新兴功能与特征的环境；其二是对组织发展的现实环境给予结构性的调整与改造，即对组织现有制度、结构关系、管理方式、文化性特质进行合目的的改造、调整与重组。两种方式的环境优化，虽然存在着重点指向的差异，但是，对一个组织而言，发展环境的优化无论以何种形式展开，其根本的目的追求都在于创设和建构一个更加有利于促进组织健康发展与健康运行的环境系统。其中，自然也包含了对于组织运行风险有效预防的要求。

3. 社会运行环境的优化

社会运行环境的优化，是人类实现风险预防和保障社会安全运行的重要策略。我们知道，现代社会人类在现实的生存与发展过程中所遭遇的一切风险，都与现代社会运行与发展过程中滋生并制造的各种内在冲突、矛盾有着直接的关系。因此，倘若人类试图从本源上去消解或控制社会风险的生成，则必须从对社会运行环境的有效优化着手。正是在这一意义上而言，社会运行环境的优化，乃是人类为了实现预防社会运行风险发生而展开的重要行动策略。社会运行环境的优化之所以能够实现对风险的有效预防，根本的原因就在于社会运行环境的优化是促进社会运行过程中一切社会矛盾、冲突和非健康环境因子有效化解、消除与控制的重要途径，是实现人与自然、人与社会、人与他人之间和谐关系建构的重要保障。是以，作为人类用以促进和保障社会安全运行与健康发展重要手段的社会运行环境优化的行为活动，构成为人类社会风险预防的重要策略之一，自然也成为人类风险应对的一种必然选择。

社会运行环境的优化，是一个人类统摄与协调社会多元力量而展开的对社会构成诸要素、诸关系、诸结构形式、运行方式与过程等环境性因子进行的合目的的改造、调整、协调、重组等建构性的行为活动过程，因而社会运行环境的优化只有在国家力量的主导下才能够有效展开。可以说，离开国家力量的主导，则任何形式的社会运行环境的优化活动都将不可能展开。正因为如此，社会运行环境的优化既不同于个体生存对自我生存与发展环境所进行的选择性优化，也不同于组织发展对组织运行环境所进行的建构性优化。国家力量主导下的社会运行环境的优化，"不是着眼于局部的或者微观的社会关系环境进行优化,而是着眼于社会整体的关系环境进行优化",①因而这一层面所展开的社会环境的优化活动,必然具有整体性、综合性与系统性的特征。因此,社会运行环境的优化,并非是一种旨在对影响社会正常运行的微观性、局部性环境因子的改造与调整,而是基于社会整体安全运行与健康发展的诉求所展开的对社会整体运行与发展环境的改造、调整、重组与建构。

一般来说,国家对社会运行环境的改造与优化主要有两种形式:一是通过促进社会结构、社会关系的整体变革而对不合理的社会结构、关系形式等社会构成性因素进行大规模的改造,并由此而促进和推动社会运行环境的整体变革与发展;二是通过对社会运行与发展过程中不合理或非健康的社会环境因子的改造、重构而推动社会运行环境的改变与发展,并由此而逐步实现对社会运行环境的整体优化改造。第一种形式的优化,是同对旧的社会环境尤其是关系环境的改造联系在一起的,是一种社会的全面转型与全面变革,具有突变性;而第二种形式的优化,则是一种对现实社会运行环境中非合理、非健康或风险性因子所进行的调整、重组与改造,具有渐变性。当然,无论是质变与突变式的环境改造,还是渐变式的环境调整与优化,国家主导下的社会运行环境的整体优化,总是与一定时期国家发展的战略目标追求直接联系在一起的。也正是因为如此,国家主导下的社会运行环境的整体优化行为,才构成了人类社会发展风险有效预防的重要策略行动。

在这里,我们必须要指出的是,在人类通过社会整体环境的优化而进行的发展风险的预防策略中,无论是个体生存对自我生存与发展环境所进行的选择性优化,还是组织为了维系自身的安全生存与健康发展而展开的对组织运行环境的建构性优化,抑或是国家为了实现一定的战略发展目标而展开的对社会整体运行环境的改造与优化,事实上都是密切地结合在一起的,三者具有不可分割性,它们共同构成了人类为了实现安全生存与健康发展而对可能遭遇的危机与风险进行有效预防及应对的重要策略体系。

---

① 张治库:《现代社会关系视阈下人的发展研究》,光明日报出版社 2010 年版,第 191 页。

参考文献

1. 马克思,恩格斯:《马克思恩格斯选集(1－4卷)》,人民出版社 1995 年版。

2. 马克思,恩格斯:《马克思恩格斯全集(第 1－3、42 卷)》,人民出版社 1979 年版。

3. 马克思:《1844 年经济学哲学手稿》,人民出版社 1979 年版。

4. 庄友刚:《跨越风险社会—风险社会的历史唯物主义研究》,人民出版社 2008 年版。

5. 周海林,谢高地:《人类生存困境—发展的悖论》,社会科学文献出版社 2003 年版。

6. 赵鑫珊:《人类文明的功过》,作家出版社 1999 年版。

7. 韩民青:《哲学人类学》,当代世界出版社 2000 年版。

8. 郑永廷等:《人的现代化理论与实践》,人民出版社 2006 年版。

9. 潘斌:《社会风险论》,中国社会科学出版社 2011 年版。

10. 韩震:《生成的存在—关于人和社会的哲学思考》,北京师范大学出版社 1996 年版。

11. 罗荣渠:《现代化新论—世界与中国的现代化进程》,北京大学出版社 1993 年版。

12. 张治库:《现代社会关系视阈下人的发展研究》,光明日报出版社 2010 年版。

13. 张治库:《生存与超越—人的存在与发展的文化性解读》,人民出版社

2012 年版。

14. ［德］乌尔里希·贝克:《风险社会》,何博闻译,凤凰传媒出版集团译林出版社 2003 年版。

15. ［英］安东尼·吉登斯:《失控的世界》,周红云译,江西人民出版社 2001 年版。

16. ［加］约翰·莱斯利:《世界的尽头》,刘魁译,江苏人民出版社 2001 年版。

17. ［英］拉尔夫·达仁道夫:《现代社会冲突》,林荣远译,中国社会科学出版社 2000 年版。

18. ［英］赫·乔·韦尔斯:《世界史纲—生物和人类的简明史》,吴文藻等译,广西师范大学出版社 2001 年版。

19. ［德］米夏埃尔·兰德曼:《哲学人类学》,张乐天译,上海译文出版社 1988 年版。

20. ［德］诺贝特·埃利亚斯:《个体的社会》,翟三江、陆兴华译,译林出版社 2003 年版。

21. ［美］英克尔斯,史密斯:《从传统人到现代人》,顾昕译,中国人民大学出版社 1992 年版。

22. ［英］齐格蒙特·鲍曼:《个体化社会》,范祥涛译,上海三联书店 2002 年版。

23. ［德］恩斯特·卡西尔:《人论》,甘阳译,西苑出版社 2003 年版。

24. ［美］露易斯·摩尔根:《古代社会》,刘峰译,京华出版社 2000 年版。

25. ［美］阿尔温·托夫勒:《第三次浪潮》,朱志焱、潘琪、张焱译,生活·读书·新知三联书店 1984 年版。

26. ［美］保罗·库尔兹:《21 世纪的人道主义》,肖峰等译,东方出版社 1998 年版。

后 记

本书是笔者主持的"海南省哲学社会科学 2012 年规划课题"(项目编号为 HNSK(Z)12—50)《风险社会境遇下人的发展问题研究》的最终成果，也是本人关于人学问题研究的第四本专著。涉猎人学研究之初，原计划针对人学问题的理论梳理、任务转换和现实分析撰写三部著作，但是，随着研究的深入，却发现人的生存与发展所面临的现实问题要远远比理论梳理来得更为迫切，因而研究兴趣也随之发生了转变。本书基于风险时代社会发展风险性的变化而展开的对于人的发展风险问题的探讨，正是本人研究兴趣转变之后关于人学问题研究转换与拓展的一种尝试。

书稿的撰写，是在教学工作之余的时间中断断续续展开的。杂事的困扰，思路的不连贯，以及相关研究资料的匮乏，都使得本书的写作过程充满了艰辛与煎熬。好在时间可以弥补一切缺憾，历时一年有余的坚持，终于码完了书稿的最后一个字。德国大诗人歌德说："理论是灰色的，而生命之树常青"。每每忆及这句颇带警示意义的话语，心里便不能不充满无限的惊秫与惶恐。生命之鲜活，生活之多彩，都是任何乏味与苍白的理论所不能解释的。理论的困境，也许正在这里。而这，也恰恰是本书难以幸免之处。

书稿的出版，有幸获得海南大学学科建设专项资金和海南省社科基金的资助，并得到人民出版社陈寒节先生的大力支持，谨于此深表谢忱！

张治库

2015 年 3 月；海南，海口